HERMES

在古希腊神话中，赫耳墨斯是宙斯和迈亚的儿子，奥林波斯神们的信使，道路与边界之神，睡眠与梦想之神，亡灵的引导者，演说者、商人、小偷、旅者和牧人的保护神……

西方传统 经典与解释 **HERMES**
Classici et Commentarii

古典学丛编

刘小枫 ◉主编

探究希腊人的灵魂

The Soul of the Greeks: An Inquiry

[美]迈克尔·戴维斯 Michael Davis | 著

柯常咏　陈明珠　戴智恒 等 | 译

華夏出版社

本成果受到中国人民大学
"统筹支持一流大学和一流学科建设"经费的支持

"古典学丛编"出版说明

近百年来,我国学界先后引进了西方现代文教的几乎所有各类学科——之所以说"几乎",因为我们迄今尚未引进西方现代文教中的古典学。原因似乎不难理解:我们需要引进的是自己没有的东西——我国文教传统源远流长、一以贯之,并无"古典学问"与"现代学问"之分,其历史延续性和完整性,西方文教传统实难比拟。然而,清末废除科举制施行新学之后,我国文教传统被迫面临"古典学问"与"现代学问"的切割,从而有了现代意义上的"古今之争"。既然西方的现代性已然成了我们自己的现代性,如何对待已然变成"古典"的传统文教经典同样成了我们的问题。在这一历史背景下,我们实有必要深入认识在西方现代文教制度中已有近三百年历史的古典学这一与哲学、文学、史学并立的一级学科。

认识西方的古典学为的是应对我们自己所面临的现代文教问题:即能否化解、如何化解西方现代文明的挑战。西方的古典学乃现代文教制度的产物,带有难以抹去的现代学问品质。如果我们要建设自己的古典学,就不可唯西方的古典学传统是从,而是应该建设有中国特色的古典学:恢复古传文教经典在百年前尚且一以贯之地具有的现实教化作用。透彻了解西方古典学的来龙去脉及其内在问题,为的是深入理解前车之鉴:古典学成了满足于"钻故纸堆",与现代问题聊不相干。认识西方古典学的成败得失,有助于我们体会到,成为一个学人仍然必经研习古传经典之途,从而中国的古典学理应是我们已然现代－后现代化了的文教制度的基础——学习古传经典将带给我们的是通透的生活感觉、审慎的政治立场、高贵的伦理态度,永远有当下意义。

本丛编旨在译介西方古典学的基本文献:凡学科建设、古典学史发微乃至种种具体的古典研究成果,一概统而编之。

古典文明研究工作坊

西方经典编译部乙组

2011 年元月

目　录

中译本说明

　　本书作者戴维斯教授是著名古典学家伯纳德特的高足和得意门生，长期在美国的一所博雅学院任教，讲授古希腊经典。他解读亚里士多德《政治术》和《诗术》的两种专著均已有中译本，本书是他解读希罗多德、欧里庇得斯、柏拉图和亚里士多德的文录，加上导言解读荷马，共解读了五位古希腊经典人物的作品。

　　先后参与翻译的共八人，加上参与组译的张爽博士与郭振华博士共十人——我们曾先后同学，如今各位译者天各一方，谨将此译本献给我们从广州到北京的共学时光。

译者

2015 年 5 月

柏拉图颂

塔普罗(Gracie Taplo)

安 葺 译

那牢牢根植于
我们里面的疑问——
我们是依然
生在一个不动的世界
还是被迫
抵御混沌的碾压,
在属人的耳中
听起来却是可笑。

假如我们生来不动
那么我们依然还会出生
而时间也就
不再是威胁
我们可以在
无限的闲暇中
忘我地将时间打发
在这严肃的谜题上。

然而，我们
同样迷失
当我们卷入
搏斗
与混沌，
因为我们
不惜一切
致力于其中的事物，
也将不惜其余一切
将我们占据。

而这一困惑的奇妙之处就在于
我们发现自己就在其中。

致　谢

我要在此感谢我的好友伯曼(Rober Berman)、伯格(Ronna Burger)和维克利(Richared Velkley),多年来,读他们的书、与他们交谈,帮助我了解到灵魂问题是何等艰深复杂。感谢格瑞瓦尔(Grew Grewal),他亲自读过本书中讨论的许多文本,与我共同探讨,惠赐我许多宝贵意见。感谢亲爱的苏姗(Susan Davis),她一向也永远给予我最诚实的批评。我也要感谢埃尔哈特基金会(Earhart Foundation)和劳伦斯学院(Sarah Lawrence College)再次为我的工作提供资金支持。还应当感谢特里内斯基(John Tryneski)和芝加哥大学出版社的两位无名读者,他们都温和但坚定地劝我把这本《探究希腊人的灵魂》全书的结构安排得更清晰些——希望我有几分做到了。

书中有几章曾以不同的形式公开发表。第二、三章的部分内容是对《逻各斯之父:亚里士多德〈尼各马可伦理学〉中的灵魂问题》("Father of the Logos: The Question of the Soul in Aristotle's *Nicomachean Ethics*")一文的改动(见 *Epoché*, vol. 7, no. 2 [Spring 2003]: 169–187)。第六章的部分内容曾以"千船之索:欧里庇得斯〈海伦〉中的身份问题"("The Fake That Launched a Thousand Ships: The Question of Identity in Euripides' *Helen*")为题发表。第十二章部分内容曾以《逻各斯与神话》(*Logos and Mythos*)出版(William Wians 编, Albany, NY: SUNY Press, 2009)。第七章部分内容曾以"雅典人中的欧里庇得斯"("Euripides among the Athenians")为题

发表(见 *St. John's Review*, vol. 44, no. 2 [1998]:61 – 81)。第八章
部分内容曾以"法的悲剧:希罗多德和柏拉图笔下的巨吉斯"("The
Tragedy of Law: Gyges in Herodotus and Plato")为题发表(见 *Review
of Metaphysics*, vol. 53, no. 3[March 2000]: 635 – 655)。第九章部
分内容曾以"柏拉图《克莱托普芬》的意图"("On the Intention of
Plato's *Cleitophon*")为题发表(见于 *Metis: Revue d' anthropologie du
monde grec ancient*, vol. 13[1998]: 271 – 285)。第十章部分内容曾
以"从无到有的创造:论柏拉图的《希普帕库斯》"("Making Some-
thing from Nothing: On Plato's *Hipparchus*")为题发表(见于 *Review of
Politics*, vol. 68, no. 4[Fall 2006]: 547 – 563)。第十二章另一部分
内容曾以"灵魂的语法:论柏拉图的《游叙弗伦》"("The Grammer of
the Soul: On Plato's *Euthyphro*")为题,收于 Nalin Ranasinghe 编的
《逻各斯与爱若斯》(*Logos and Eros*, South Bend, IN: St. Augustine's
Press, 2006),页 57 – 71。

最后,我还要向已故的伯纳德特(Seth Benardete)致以谢忱——
某种意义上,灵魂问题是他毕生之事业。本书每一页都带着他的印
记,而我唯一的希望是:这印记是真确的。

导言:阿基琉斯的灵魂

柯常咏 译

[1]"探究希腊人的灵魂"——这一题目本身已将我们置于险境。灵魂? 希腊人? 倘若本书接下来意在历史地探究希腊灵魂与其他文化中呈现出来的灵魂有何区别,就跟其他历史探究一样,那么,真有必要这么做吗? [古]希腊人难道不是已经"湮没了"吗?再者,考虑到我们所处的后现代的智术之风,可能以任何方式来作这样的对比吗? 又,倘若本书并不打算作历史分析,而是要以希腊人为前导,哲学地探究灵魂的本性,那么,为何独独希腊人获此"殊遇"? 此外,难道整个课题不是已经回避了一个更为基本的问题,即"真有灵魂这样的东西吗"?①

---

① 也许有人怀疑这真是个问题。我们可以想想亚里士多德的《论灵魂》(希腊文 Peri Psuchēs),该书似乎尝试全面解释灵魂,也是第一本专门探讨灵魂的书,但书中从未提出有没有灵魂的问题。亚里士多德观察大千世界,并注意到存在物中两种鲜明的区别:一些有生命,另一些则没有;一些有意识,另一些则没有。如今,甚至这其中的一种区别或两种区别都被证明是虚幻的——比方说,生命可以完全根据无生命的要素得到解释。然而,如此鲜明的区别作为表象存在,个中必有因由。我们可能颇为自信地断定这因由就是灵魂,而并不预先设想灵魂到底是什么。反正不管灵魂是什么,它不可能不存在。我们无比肯定这一点,就像我们"观察婴儿的眼睛"就能肯定他有"觉醒和接受的能力"(Jacob Klein,《亚里士多德引论》["Aristotle: An Introduction"],收于 *Ancients and Moderns: Essays on the Tradition of Political Philosophy in Honor of Leo Strauss*, Joseph Cropsey 编, New York: Basic Books, 1964, 页62)。

在西方,灵魂问题由基督教塑形而成。虽然基督教的灵魂以其多种面相对我们[西方人]的生活有重要影响,但它是否源自日常经验却并不那么明了。一般认为,基督教的灵魂赋予我们超越时间的身位,因此,它本身在某种意义上不是时间性的。但这灵魂也不是身体性的,因为我们的身体时刻都在经历改变。我们周遭一切事物看起来都缠绕在因果网之中,而这灵魂本身却是因,而非果。如果说基督教的灵魂自由得近乎神秘,那么它也自由得令人瞠目。[2]灵魂作为肇因,使我们成了负有责任的道德施动者,并因此而当受惩罚或配得奖赏。这些成了非常严肃的问题,因为无形的、非时间性的、自由的灵魂可以理解成不朽的灵魂,它最终关涉的并非我们在[人世]流泪谷①中所遭遇的一时之需和片刻享乐,而是更终极、更实在的事物。我们常听常说的灵魂是非常严肃的事。当然,这样理解灵魂自有其理由;作为基督教的灵魂,它成了对我们而言最为现成的灵魂观,但它似乎与我们有时在别处——比如在柏拉图的《斐多》中——遇到的灵魂观也并非迥然有别。至于这样的灵魂观是否反映了我们起初如何遭遇灵魂,以及因此而导致我们起初如何开始谈论灵魂,却不那么明了。基督教的灵魂并非明显就是日常生活中的那个灵魂。难道灵魂音乐的设计就是为了吸引某个无动于衷、无形无体、不朽不灭的存在者吗?② 对灵魂的思考也许另有一种更自然的开端,只是被基督教所主导的传统灵魂观所遮蔽了?这个自然的开端未必得是灵魂存在的事实,但也许可以是灵魂起初

---

① [译按]《圣经·诗篇》84:6:"他们经过流泪谷,叫这谷变为泉源之地,并有秋雨之福盖满了全谷。"作者在这里用流泪谷喻指我们生活其中的尘世。

② 倾向于怀疑这种论证的人——即怀疑事物在普通生活中的显现方式与其深层实在之间的关系,或表面与深层之间的关系,可以想想毋庸置疑的"深刻"的《僭主俄狄浦斯》(*Oedipus tyrannus*)与街头最脏的骂人话之间的显著重叠。

显为怎样的事实。即便这些起初的印象随后被证明很成问题,也始终值得我们思考:事物起初为何会如是表现? 因此,追问希腊人的灵魂,可以为我们提供一个比现在直接可用的方式更为自然的开始。思考任何事情都意味着从表象开始,从关于事物的某些预先形成的意见——即成见——开始。既然思考是从事物的仅仅看似所是(what only seems to be)转向事物的真实所是(what is),那么思考自然必须始于错误,始于非是(what is not)。但是,我们从这些成见当中的某些更加未经反思的——某种意义上也是更自然的——成见开始,而非从另一些成见开始;后者可能是随后出现的、精致化了的意见作用于我们起初更为直接的开端而产生的结果。灵魂探源学(archaeology)可以帮助我们回到这些更自然的开端,好让我们更严肃地思考:我们如此严肃地对待灵魂到底意味着什么? 如果一切人类思想都始于意见,始于事物的看似所是,如果如柏拉图所言,做人意味着居于洞穴,与阳光隔绝,那么,我们当今的处境正可谓"洞穴下的洞穴"。[①] 要把自己从洞穴中解放出来,希腊人也许颇有助益,因为希腊人最早、最著名的诗歌首句便已明显体现出灵魂对于希腊人的重要性。

可是,这样一门灵魂探源学会像什么样子呢? 虽然现代英语中我们仍然可以用[3]"没灵魂"来说某些东西,但如此表达怎么都让我们觉得有点过时(我们会由此想到沙皇治下俄国地主的派头,那会儿他们以灵魂[②]的数目来度量财产的多少),此非偶然。我们的语言中似乎不再有哪个词能妥帖地涵盖曾经属于灵魂一词的意涵。

---

① 见《王制》514a – 518d,以及施特劳斯,《迫害与写作艺术》(*Persecution and the Art of Writing*),Glencoe, IL: Free Press, 1952,页 155 – 157。

② [译按]沙俄地主们对农奴的称呼。可参看果戈里的小说《死魂灵》。

"自我"一词虽然够常见,却总有反身的意味,而且总带点自私的味道。无论我们谈到"灵魂音乐"时所指为何,都无法由"自我音乐"这个词捕捉到那种含义;"美丽的自我"也缺乏"美丽的灵魂"的庄严气象。当然,在宗教背景中,我们还在谈论灵魂,并用这个字眼来指某种非常重大的东西,但此时我们通常指的是我们"不朽灵魂"的命运,而且我们理所当然地预设了灵魂的职责以及相伴而来的赏罚。这种道德灵魂可有留给我们有时称为"人格"的东西?在这个[关于灵魂的]伟大传统中,酷爱咖啡冰淇淋可是灵魂的一种属性?在临床上,我们也常常用到"心理/灵魂"(psyche)这个词,①但这里的心理只是分析的对象;它不再飞翔。而我们很想知道什么让心理转动起来,可能表明此处的心理更像是某种类似钟表的东西,并不是什么灵魂。如果说上述种种错杂意义暗示出灵魂必然的虚幻特性,那么我们把握灵魂本性时遭遇的困境就并非偶然。任何对灵魂的充分陈述,都要负起这个看起来既充满矛盾、因而也可能充满诗意的任务:阐明灵魂统一性的原则和结构,同时也保存其根本虚幻的本性。

我们可以聊举一例来说明灵魂的虚幻何以是必然,或许可以澄清我们的困惑。《探究希腊人的灵魂》将一再回到灵魂的疏离本性——它本质上与世界分离并远离尘世,然而亚里士多德说,"灵魂在某种意义上就是一切存在"(《论灵魂》431b21),这岂非恰恰说明了疏离的反面,即灵魂与这个世界的基本连接?即便仅"在某种意义上"是所有事物的灵魂并非完全"在家"(at home),但不连接本身是否暗示出一种更为根本的连接呢?为了感觉到

---

① [译按]psyche 来自希腊文的"灵魂"一词,然而西方医学往往把它作为研究对象而质料化,医学上往往译作"心理"。

与世界的相异,灵魂不得不以某种方式在世。那么,是什么阻碍了这另一种更为幸福的、本质上"在家"的灵魂呢?灵魂为何居于疏离状态?

灵魂之所以疏离,是因为灵魂与世界合一的最深远的渴望与它必然离世的本性相左,阿波罗式的自我肯定与狄俄尼索斯式的自我取消在相互争战。另一方面,灵魂实在也只有凭借深陷红尘,才能感觉到与世界的分离。普遍公认灵魂有自我冲突,而唯当灵魂是自我冲突的,我们才能说灵魂有和谐的可能(与自身为一,了无疏离)。这种特别的连接只出现在自我意识到的疏离中(苏格拉底的无知之知是该问题的一个翻版)。《探究希腊人的灵魂》的确意在表述灵魂与世界的深层连接——这一连接最终被理解为哲学;但是,[4]过于直白地承认哲学的力量,很容易把灵魂的在世处境理想化,以至于灵魂的处境听起来只是单纯令人向往。灵魂将完全独自"在家"(at home with itself),但由于不再感觉到自身的问题,所以它也将不复存在。真正意义上的哲学会实现我们最深处的渴望——哲学是最高的生活,这或许是事实;然而,一味强调哲学是最高的生活,却可能使人仅仅因为哲学的"最高"而去追求哲学,这样的追求跟构成真正哲学生活本身的追求智慧大相径庭。你不再是被问题困扰而不得不哲思,而是像个骑士那样,骑在马背上"哲思",只因为这是你可做的最高贵的事情。哲学,在这里已是野心追逐的目标,被政治化、外向化且被转化了,变得跟阿基琉斯和阿尔喀比亚德这等人的目标没有两样,而这些人对生活的理解最终证明是悲剧性的。灵魂对自身必须有焦躁和不安。用疏离产生满足感,从而把灵魂捆扎成一个太利索的包裹,根本上误解了灵魂之所是。焦躁和不安一旦被拥入敞开的怀抱,就丧失了它的锋棱。把灵魂理想化固然是固定灵魂结构的一种方式——我们让灵魂静止,好使全面地描述灵魂成为可能,然而,灵魂永远不可能静止,因此,想要充分地描述灵魂,而把灵魂转变为客体/对象,也就杀死了灵魂。

灵魂的结构与灵魂的本性之间存在张力。一方面,我们试图找到一个完全由推论得出的灵魂学说——即某种可以放在背包里,抑或因为太复杂而搁在藏书馆某个书架上的东西;另一方面,如此把灵魂束之高阁又会削弱灵魂的自发性,而没有了自发性,灵魂也就不再是真正的灵魂。如果我们把灵魂结构与本性间的张力作为无往不利的借口,来为我们的所说少于可说辩护(《探究希腊人的灵魂》终归也是一本将要搁到架上的书),这或许是错;但是,从最根本的层面上而言,我们的确不可能仅仅通过谈论灵魂来揭示灵魂。灵魂的任何关于自身的描述,都将同时把自己置于被展示的位置(问题仅在于那样做到底有多大的揭示意义)。没有了展示,对灵魂的说明终将是空洞的、死气沉沉的。某种意义上,这不仅关系到《探究希腊人的灵魂》中论证的特质,也关系到本书将选择哪些书来作讨论。本书拿来讨论的思想家都一致认为,灵魂的性质不可能直接道出,并且灵魂不可能有一个完全确定的结构——无论是潜意识、自我、超自我,还是欲求、精神性、理性,都不足以描述灵魂。假如灵魂的性质可以直接道出,并且灵魂具有确定的结构,灵魂的行动就会变得完全可理解、可预测,灵魂也就不再是灵魂。另一方面,这些思想家也认为,灵魂是某种我们可以认识的东西。我们区分各种不同的灵魂类型:例如我们说某人具有某种特质,这是有道理的,虽然这么说并不表示(也不可能表示)他的行动完全可预测。亚里士多德会把这种特质称为 hexis,它源自动词 echein,意思是[5]"有"、"能"。一个灵魂一种性情,它有点类似于实现了的潜能——即我们拥有某种能力(《论灵魂》412a27 – 28)。另一方面,我们拥有如此这般的性情也在情理之中,因为我们都植根于某个特别的传统。灵魂由此也有了政治的一面。从某种意义上说,灵魂的固定结构与灵魂本性之间的张力乃是灵魂的规定性特征;我们的行为举止符合埃及或斯基泰人的传统,所以我们是埃及人或斯基泰人(Scythians);但是,埃及人或斯基泰人绝不完全是埃及式的或斯基泰式的。人,再怎么以确定的方式被塑造,总是有犯罪的能力,然而,就连这一有关灵魂的事实也需要小心处理,因为如果说得过于直截了当,它就变得太结构化,以至于就消解掉了。

　　谈论灵魂必然是间接地谈论,这一点不单主导了《探究希腊人的灵魂》对所论文本的选择,同时也主导了论述这些文本时的先后次序。无论所论文本名义上是史书、诗歌还是哲学,从深层意义上看,都既是诗的、也是哲学的。可以说,希罗多德、柏拉图、亚里士多德这些人跟欧里庇得斯一样,都在练习缪斯女神的技艺,他们"晓得如何把许多谎话说得像真的一样"(赫西俄德,《神谱》27)。就连亚里士多德(在我们所考虑到的众多作家中,他的诗性无疑最不明显)也常常采用夸张手法(例如他关于主动心智与被动心智的区分),生造关键术语(例如他造了 eidēsis[知识]一词),或在写作时使其所论事物通过论述方式再现式地显明出来(例如他在《论灵魂》开篇不懈地用双重论述来论述灵魂的各种二元性特征)(参本书第一章)。维特根斯坦曾经说过:"倘若有人能写出一本关于伦理学的书且是真正关于伦理学的书,此书就会带着一声炸响,一举毁掉世上所有其他的书。"①因此,一部讨论伦理学的哲学文本——毕竟,维特根斯坦也是在他的《伦理学讲稿》中说了前面这话——要成为哲学的,就不得不以非直接的、微妙的方式来论述所要论述

---

　　① 维特根斯坦,《伦理学讲稿》("Lecture on Ethics"),载于 *Philosophical Review* 74, no. I(Jan. 1965):7。

的主题。如果说亚里士多德在写作伦理学的书时发现，他必须首先颂赞一番灵魂的伟大，然后再赞美正义，然后是明智，然后是友情，仿佛这每一个德性都是道德德性的顶峰，那么，这并不是因为亚里士多德混淆了他的问题，而是因为他意识到，道德德性会根据人站立的位置显出不同的顶峰来。亚里士多德站在不同位置，讲述眼前风景。如果说他夸大的赞美是谎言，那当然也是像真理的谎言，"因为不可[6]在所有的言辞中都追求精确"（亚里士多德，《尼各马可伦理学》1094b14）。维特根斯坦所说关于伦理学的话也可以用来说灵魂。因此也就不奇怪，一个试图让灵魂的存在显示出来的写作者，很可能有意识地完全回避用到"灵魂"这个词（例如，柏拉图在《游叙弗伦》中的写法），或者只有一次提到这个词，以凸显灵魂在他处的"不在"（例如，希罗多德《原史》2.123.2）；并以此唤起读者注意到如下事实：灵魂存在的核心就是拒绝被命名——即拒绝被对象化。有时候，故意表现"不在"恰恰最充分地显示出"在"；有时候要讨论某个特定的现象，诗歌的方式恰恰是最哲学的方式。我们在思考灵魂时比在思考其他任何事物时都更多发现这样一件事：有时候，思想本身比我们早已习惯的所谓诗歌的、哲学的、历史的这类传统区分更为基本。

荷马、亚里士多德、希罗多德、欧里庇得斯、柏拉图，他们都是这类写作者。这样罗列起来是没完没了的——原则上，《探究希腊人的灵魂》没有理由不把赫西俄德、品达和萨福，不把埃斯库罗斯、索福克勒斯和阿里斯托芬，不把帕默尼德和赫拉克利特，以及不把色诺芬和修昔底德纳入讨论之列。原则上，本书也没有理由把所讨论到的那些作者的其他文本排除在外——例如，我们脑海里马上浮现出《奥德赛》、《修辞学》、《酒神的伴侣》（Bacchae）、《斐多》这些作品。只不过，《探究希腊人的灵魂》无意广泛考察希腊人如何思考灵魂,而是挑出特别能帮助我理解灵魂问题的十二个文本,通过深入思考这些文本的全部或部分章节,重新找回灵魂问题。

本导言以荷马开篇,因为在《伊利亚特》中,最终证明是灵魂核心问题的东西已显露出来,即:灵魂本性渴求完美,但又注定达不到完美。早在悲剧诞生之前,阿基琉斯的灵魂已然是一出悲剧。然后,本书的第一部分转向亚里士多德。我们从他的《论灵魂》开始是有意义的,因为这部文本在我们所考虑的文本中虽然成文最晚,却首次以直接的、并非辅助性的方式提出了灵魂问题。书中明确提出一系列任何时候讨论灵魂都必须触及的问题,因而帮助我们看到,那触角一般的必然的不完全性,如何可以伸达我们日常所经验到的灵魂的每一个层面——无论是生活、感觉、思想还是道德。手中有了这张范围图,知道可能遭遇些什么问题以后,我们将转向两位思想家,希罗多德(第二部分)和欧里庇得斯(第三部分)。在这两位思想家那里,灵魂问题只是轻描淡写地提出,甚至压根儿就没有提出,但他们非常关心灵魂的不完全这一核心问题——灵魂的静止和运动,灵魂的同一和改变。因着对人的深入思考,[7]希罗多德和欧里庇得斯堪称原初的心理学家。我们在两位的作品中隐约看到一个一以贯之的主题,该主题在亚里士多德的《尼各马可伦理学》中开始浮出水面:灵魂以何种方式被 nomoi[礼法]即习俗或法(law)塑形。把欧里庇得斯和希罗多德对举再恰当不过,因为欧里庇得斯的《海伦》正是对希罗多德作品第二卷的注释(《海伦》着力表现海伦渴望固定的人格身份,希罗多德笔下的埃及则具有渴望安定的特质,欧里庇得斯看到了两者之间的关系),欧里庇得斯的《在奥利斯的伊菲革涅亚》(*Iphigeneia*)则是对希罗多德作品第四卷的注释(这两个文本的中心问题都是人对自由的渴望,以及这种渴望跟人的必然诗性的自我认知之间的关联）。最后在第四部分，我们转向柏拉图。首先看他在《王制》中对希罗多德笔下巨吉斯（*Gyges*）故事的化用，以及他如何把法的问题和 *erōs*［爱欲］问题编织在一起（一个涉及静止原则，一个涉及改变原则）。然后，我们转向一组对话作品，《克莱托普芬》（*Cletophon*）和《希普帕库斯》（*Hipparchus*）（前者揭示一个把正义完全对象化了的世界对灵魂的影响，后者揭示一个把善完全主体化了的世界对灵魂的影响）。再然后，我们转向《斐德若》（因为柏拉图在这部对话中把 *erōs*［爱欲］作为灵魂自我运动的原则来加以论述）。最后我们将讨论《游叙弗伦》（*Euthyphro*），这部对话教导我们，灵魂并非什么主动原则和被动原则的结合体；必须将灵魂理解为一种更为基本的单位，它是区分主动原则与被动原则的根据。

《探究希腊人的灵魂》以柏拉图作结，因为在柏拉图的作品里，关于灵魂的不完全特性的各种不同显示，最终全部指向哲学活动——当灵魂，总是与自身不和的灵魂，穷根究底地去思想它注定跟自身冲突这事究竟意味着什么时，哲学活动就发生了。《探究希腊人的灵魂》这个标题很含糊：如此命名的这本书打算讨论希腊人对灵魂的理解吗？还是说，本书探讨的主题是在希腊人当中显示出来的灵魂，即希腊"文化"特有的灵魂？两种意图最终能截然分开吗？哲学可能永远都以某种方式关乎它自身，因为"灵魂在某种意义上就是一切存在"。在柏拉图看来，任何对灵魂的探究最终都离不开对世界的探究。研究希腊人的灵魂，最后一定是研究那研究灵魂者。我们在结尾将转向柏拉图的《会饮》，这部作品通过分析阿尔喀比亚德对苏格拉底灵魂的谬以千里的误解，让我们最后一瞥这个希腊人的灵魂。我们将会发现，苏格拉底作为灵魂范型取代阿基琉斯意味着什么。从阿基琉斯到苏格拉底的转换,揭示出某种意义上究竟什么才是灵魂最深层的问题。但我们已经跑到自己前头去了。现在让我们重回开端,回来看阿基琉斯的灵魂。

希腊文学现存第一部作品最开头一个词,就是 mēnis,"愤怒"或"怒气"。《伊利亚特》中共十二次出现 mēnis[愤怒],四次描写[8]阿基琉斯(1.1,1.517,19.35,19.75),其余八次描述神。因此,看起来我们值得问一个问题:阿基琉斯,且唯独阿基琉斯,或许与诸神共有些什么[特性]?《伊利亚特》是一个关乎选择的故事。阿基琉斯在出征特洛伊之前似乎就已知道,他要么回到家乡弗提亚得享长寿,但一生平淡无奇,要么留在军中获得不朽的荣耀,但代价是自己的死(9.410-420)。与其说阿基琉斯选择了死,不如说他选择了死亡的方式,虽然如此,但我们的第一印象还是会觉得,他在选择荣耀即 kleos 时,心中是想选择某种不朽。阿基琉斯渴望克服死亡。由此,荷马把阿基琉斯当作一个范式,来表明英雄(heman,希腊文andres)一般受什么驱动。英雄与常人的区别在于对荣耀的渴望,这表明英雄希望像神一样活着。神与英雄之间的张力,呼应着英雄与常人之间的区别,而英雄与常人之间的区别,反过来也指示出常人自身内部的张力。作为人这一种类的典范,阿基琉斯在某种意义上本质上就是凡人;同样作为人这一种类的典范,在某种意义上他的品质又已不同于他所代表的人。作为想要超越其人性的人,阿基琉斯乃是人性的典范。《伊利亚特》讲述的是凡人奋力追求那看似最高的东西、追求不朽的故事,这不朽将保存一个人作为人的伟大。《伊利亚特》讲述的是凡人试图成为神——即成为完美的灵魂——的故事,而神既然是完美的,也就不复是人。

考虑到人[对完美灵魂的]这一渴望,以下事实不免有些奇怪:无论在《伊利亚特》或《奥德赛》中,还是在现存的任何产生于柏拉图对话之前的希腊文学的文本中，从来没有哪里说到某个神有灵魂。即便柏拉图的作品也很少说到神有灵魂，就算说了，也可以认为那是在反讽。① 《伊利亚特》开篇首句，荷马催促一位无名神歌唱阿基琉斯的 mēnis[愤怒]，那将许多宝贵的灵魂(psuchai)送入哈得斯的愤怒。② 然而，这里的 psuchē 可能不完全指"灵魂"，一般认为它指某种类似 [9]"生命气息"的东西。荷马会使用很多不同的词来指我们可能称之为内在生命的东西，如 thumos, phrēn, ētor, noos, kardiē, kradiē, kēr。根据上下文的不同，这些词可能指"心灵"、"胸怀"、"理智"、"心"，或"我们生命的所在"，总之就是赋予我们生气的东西。然而，在希腊作品的经典时代到来之前，即五世纪到来前，psuchē[灵魂]已成了这些词当中最重要的词汇，而且它还将拥有辉煌的未来，因为它也是基督教在《新约》中将要采用的词汇。③ 因此，《伊利亚特》中 33 次出现 psuchē[灵魂]一词，其中竟有 30 次直接关系到死

---

① 见《欧蒂德谟》302d1－302e3，《会饮》195e4－7，《蒂迈欧》29d7－30c1、40b8－41a6。亦见《斐德若》245c，苏格拉底在那里说到"既关系到神也关系到人的灵魂的本性"；还有 246a，苏格拉底在那里提到灵魂的像(两匹马和一位御者)，然后又说到诸神的坐骑。紧接着(247b)，苏格拉底先说到摆在灵魂面前的"辛劳和挣扎"，随后又说到站在天的脊背上的"那些被称为不朽者"——值得注意的是，苏格拉底并未把他们称作灵魂。而且，他接下去就把"凭靠理智的神的思想"与每个灵魂的思想对举(247d)，又把"诸神的生活"与"其他灵魂"的生活对举(248d)。

② 《伊利亚特》2.484－493，荷马就他罗列那些出征的战船，谈到他的叙述与缪斯女神的叙述之间的差别：缪斯女神知道一切，荷马的知识(大概也包括我们的知识吧)却是凭靠 kleos，即传言或曰谣言，但也靠名气。荷马的这种诗化讲述最终证明抬高了首领们作为主动者(agents)的角色。

③ 《新约》中 Psuchē[灵魂]共出现 105 次。该词并非每次出现都译作"灵魂"，但一般而言，《新约》文本中再没有其他的词会用"灵魂"这个词来翻译。参 E. W. Bullinger 编，《圣经手册》(*The Companion Bible*, Grand Rapids, MI: Kregel Publications, 1993)，appendix 110。

亡或逃避死亡,①不免显得意味深长。还有余下三次出现 psuchē[灵魂]:一次是赫克托尔请求阿基琉斯以他的 psuchē[灵魂]发誓,在自己死后,阿基琉斯会把他的尸体归还给特洛亚人(但阿基琉斯拒绝了);一次是阿基琉斯称人的灵魂一旦钻出他的齿篱,就不可能再回来;还有一次是讲到安德罗马克看到丈夫的尸体后昏厥过去,灵魂就离开了她。可见,psuchē[灵魂]在《伊利亚特》中的所有出现,都在某种意义上跟死亡或死亡的表象相关。因此,psuchē[灵魂]一开始就跟人必死的命运相关;既然我们都力求逃避并克服死亡,psuchē 也就跟不完整、不完全相关。总之,灵魂,就其在《伊利亚特》中的出现而言,似乎意指不完全的灵魂。

《伊利亚特》的情节分为三个阶段。② 第一个阶段,希腊人为海伦的缘故向特洛亚人宣战。无论是从 erōs[爱欲](帕里斯的、海伦的、墨涅拉奥斯的 erōs,或某个混合体的 erōs)还是从正义(即惩罚人 xenia——即侵犯宾客之道——的法律)的角度来理解,战争的起因都植根于一个具体情境的特殊性,因此要求一个具体的解决。《伊利亚特》头三卷展示出这一情节架构如何逐渐受到侵蚀而瓦解。按习俗正当性,海伦应属墨涅拉奥斯,但诗歌开篇就写到对习俗正当性的挑战,因为阿基琉斯与阿伽门农争吵,清楚表明由习俗而来的地位与天然的优越地位会有冲突。卷三讲到帕里斯与墨涅

---

① 1.3,5.296,5.654,5.696,7.330,8.123,8.315,9.322,9.401,9.408,11.333,11.445,13.763,14.518,16.453,16.505,16.625,16.856,21.569,22.161,22.257,22.325,22.338,22.362,22.467,23.54,23.72,23.100,23.104,23.106,23.221,24.168,24.754。

② 关于这种分段,可参看伯纳德特,《阿基琉斯与赫克托尔:荷马笔下的英雄》(*Achilles and Hector*: *The Homeric Hero*),South Bend, IN: St. Augustine's Press,2005,页 85 – 90。

拉奥斯决斗的故事,两种地位之间的紧张关系发展到了紧要关头,因为一旦墨涅拉奥斯同意通过单独决斗来解决海伦之事,就等于放弃了基于正当性的对海伦的任何主张权;而他最终在搏斗中战胜帕里斯,也并不表示他[10]对海伦拥有合法权利。倘若战争是特别针对海伦一事,那么解决了海伦问题,战争就应当结束。为帕里斯和墨涅拉奥斯的竞赛所定的基本规则也肯定这一点(3. 67 – 110):二人谁赢,谁就可以得到海伦及她的财产,特洛亚人和希腊人也将化干戈为玉帛。但是,荷马让我们看到,战争固然可能因海伦而起,可是这场战争——或许所有战争都是如此——一旦打响,便获得了它自身的生命:因为在二人决斗未成(阿芙洛狄忒神秘地把帕里斯带走了)后,另外一个原则开始在冲突中起作用,这一原则的范式便是卷七中的第二次决斗,在那里,赫克托尔为了荣誉(kleos)跟埃阿斯单挑。在诗歌的第二阶段,作战不仅是为了成为"最好和最杰出的人",更是为了使自己的杰出为人所知。他们为不朽的荣耀作战。这样的战争原则上永远不会停息,因为正义问题——本来只要找到该问题的答案就可以把事情摆平——已经消失不见。埃阿斯和赫克托尔打斗完了还能彼此交换礼物,以示尊敬对方。他们并不互相仇恨,他们甚至承认,在某种意义上,他们最深处的渴望是一样的。

赫克托尔与埃阿斯的较量结束后,诗歌开始向最后一个阶段转移,战争的性质再次发生改变。阿基琉斯回到战场,为帕特罗克洛斯之死复仇——阿基琉斯的这次返回,在卷八末尾曾由宙斯向赫拉预言(8. 473 – 477)。现在,这场战争再次有了一个具体目标,也因此有了一个潜在的结束。用伯纳德特的话说:

> 对海伦的爱转变成了对名声的爱,而对名声的爱又转变成了阿基琉斯对帕特罗克洛斯的爱。从 erōs[爱欲] 到 erōskleous

[爱名声],再到 erōs[爱欲],构成了《伊利亚特》中的迂回;但阿基琉斯的 erōs[爱欲]如何把前两者统一起来,这才是我们最终的问题。①

　　诗歌情节的移动是,首先追溯英雄式渴望的渊源,即对 kleos[荣誉]的热爱,然后通过阿基琉斯个人的悲剧揭示出这一英雄渴望的悲剧性。我们通过思考阿基琉斯 mēnis[愤怒]的转型,开始窥见这一悲剧性的根源。阿基琉斯的愤怒起初并非向特洛亚人——他的假想敌——而发,对他而言,特洛亚人不过是他展示德性的机会。在诗歌的第一条情节线中,愤怒是针对阿伽门农而发,后者要求享有比阿基琉斯更大的优先权,尽管阿基琉斯显然比他厉害。但阿基琉斯讨厌依赖传统的人以及传统区分,于是他退出战斗,因为他比发生在他周围的战斗更大。帕特罗克洛斯战死以后,阿基琉斯的愤怒再次发作,这一次是指向赫克托尔和特洛亚人。其实帕特罗克洛斯之所以死,是因为他试图拯救希腊人脱离阿基琉斯给他们造成的灾难。阿基琉斯陷在尴尬处境中:希腊人正一败涂地,而且看起来这是由于他的错,如果情形照着卷十五末尾的样子继续发展,阿基琉斯的不朽荣耀就会[11]被耻辱取代;但阿基琉斯又不可能就此返回战斗而不同时承认阿伽门农是他的主上,并为此而自丢颜面。困境之下,帕特罗克洛斯就成了阿基琉斯完美无缺的解决方案:后者来求取阿基琉斯的盔甲,好把自己装扮成阿基琉斯,阿基琉斯似乎有可能继续对战争袖手旁观,而让这个"阿基琉斯"返回战场去挽回局面。如果阿基琉斯的表象尚且足以击溃特洛亚人,那表示真正的阿基琉斯必定拥有何等的德性啊! 于是,阿基琉斯接受了

---

① 　伯纳德特,《阿基琉斯与赫克托尔:荷马笔下的英雄》,前揭,页90。

帕特罗克洛斯的提议。然而问题是,他接受提议,就等于是把帕特罗克洛斯的性命置于危险之地,他自己也对此心知肚明(同上,页106 – 109、111 – 115)。

> 但愿神明不要为我的心灵,叫可怕的灾难发生,正如我母亲曾向我明示的;她告诉我,米尔弥冬人中最优秀的人将在我还活着时在特洛亚人手下离开阳世。(18.8 – 11)①

而且,阿基琉斯在自己所做的事上对自己撒了谎:他声称曾告诫帕特罗克洛斯不要跟赫克托尔战斗(18. 13 – 14),但事实上,关于赫克托尔,他什么也没对帕特罗克洛斯说(16. 80 – 96)。当帕特罗克洛斯问他,是否有什么预言使他不情愿出借他的盔甲时,他甚至还矢口否认自己知道有什么这类的预言(16. 49 – 51)。既然如此,那么当帕特罗克洛斯死时,阿基琉斯其实是在对谁发怒呢? 荷马告诉我们,当阿基琉斯要杀死赫克托尔以复仇时,他完全知道应该朝哪一点出击,因为他知道自己盔甲的短处——这盔甲现在穿在赫克托尔身上,赫克托尔从死去的帕特罗克洛斯身上把它扒了下来(22. 320 – 327)。我们还知道,当时的盔甲会把人整个遮住,特洛亚人起初就误把帕特罗克洛斯当作了阿基琉斯。② 当阿基琉斯面对赫克托尔时,他真正面对的其实是那副盔甲所显示的他自己。他面对的是"阿基琉斯"。由此,《伊利亚特》便记下了阿基琉斯如何一步步发现,一个自我偶像

---

① [译按]译文中所有出自《伊利亚特》的引文都根据英文直译,但参照罗念生、王焕生译本(《伊利亚特》,上海:上海人民出版社,2012)。

② 赫克托尔的幼子阿斯提阿那克斯被全身披挂头戴铜盔的父亲吓到,这一点证明是很重要的。阿斯提阿那克斯没有认出是父亲,所以哭喊起来(6. 467 – 473)。

化的自己,才是他的 menis[愤怒]的真正对象。

　　然而,这出悲剧却以热爱名声——通往不朽的途径——这一成
问题的状态开端。卷六开头时,陷入困境的是特洛亚人,他们刚刚
遭受了卷五中狄奥墨得斯的 aristeia[英勇作战],现在他们中的十
五个战士又在短时间内连续战死。赫克托尔是特洛亚战士中最骁
勇善战的,但他听从先见赫勒诺斯的建议,回特洛伊城去了。① 他
先安排妇女们[12]预备向雅典娜献祭的事,之后与其弟帕里斯有过
一番交谈。从这次交谈中可以看明,海伦的魅力对他的影响是多么
微乎其微(6.359 – 368)——海伦不再是问题,她在逐渐展开的事件
中已经完全退居到旁观者的位置(6.323 – 324)。赫克托尔急于返
回战场,但诗中有一幕著名的场景,是他出城之前与妻子安德罗马
克以及他那还是奶娃的儿子,阿斯提阿那克斯,在一起稍待的片刻
(6.390 – 502)。我们本来打算看赫克托尔会如何珍爱他的爱子。
他甚至还特别为这儿子取了个小名:别人都称他阿斯提阿那克斯,
赫克托尔却管他叫斯卡曼德里奥斯。安德罗马克心里害怕,禁不住
为赫克托尔的生命悲泣,并哀求他留在城里,因为阿基琉斯已经杀
死了她的父亲和七个兄弟,阿尔特弥斯则射死了她的母亲。她说,
赫克托尔现在就是她的全部家人了——是她的父亲、母亲、亲兄弟
和丈夫。赫克托尔令人惊讶地坦率承认,他救不了特洛伊——他的
母亲、父亲、兄弟都将灭亡,安德罗马克也将被带去远方(他没有提
到儿子的命运,稍后的几行诗中,他甚至表示,他希望阿斯提阿那克
斯成为比他更强的特洛亚人的首领)。然而,赫克托尔丝毫没有动

---

　　①　赫克托尔在一场殊死战斗中竟然作了一名报信人,看起来作者可能
采用了某个奇怪的来源文献——除非赫勒诺斯认为这个最有功绩的赫克托尔
也最善于描述人的功绩。我受巴雷特(Charlie Gustafson – Barrett)启发得出了
这一观察。

摇重新加入战斗的决心。只是,为了安慰安德罗马克,他又宣告说:

> 某时某刻,有人看见你伤心落泪,他就会说:"这就是赫克托尔的妻子,驯马的特洛亚人中他最英勇善战,在伊利昂被围的时候。"(6.459–461)

赫克托尔跟海伦和帕里斯不一样,他不是受情欲支配,他也并不特别为他的家人或城市将要遭受的命运所动:"可是我的头脑我的心都清清楚楚地知道,有朝一日,神圣的伊利昂将会灭亡。"(6.447–448)对赫克托尔而言,现在只剩一件事——不朽的荣耀。真正的赫克托尔,那个有可能成为不朽并因此而永恒的赫克托尔,是穿戴盔甲、准备战斗的赫克托尔。然而,当这个赫克托尔伸出手,把儿子阿斯提阿那克斯抱在怀里时,儿子却惊呼,他看到父亲装饰着马鬃的头盔那可怕的样子,不禁躲开了。某种意义上,全身披挂的赫克托尔是不真实的,他只是"赫克托尔"。显然,获得永恒需要付出代价。

卷七包含了《伊利亚特》中第二场伟大的 monomachia[决斗],即赫克托尔和埃阿斯之间的战斗。赫克托尔提议二人决斗时用第三人称说到自己,这一点并非无关紧要。他向希腊人叫战,要他们挑选一个人,与"卓越的赫克托尔"(7.75)一对一决斗。这不像卷三中的那场决斗。① 这次决斗中没人谈到结束战争的事,而且决斗的基本规则也不一样:谁赢,谁就可以剥下对方的盔甲,但必须归还对方的尸体以便焚烧或安葬。赫克托尔还对这项规则加上注解,他说,如果他赢,那么当希腊人把埃阿斯安葬在墓室或某个坟冢

---

① 伯纳德特,《阿基琉斯与赫克托尔》,前揭,页88–89。

(sēma,或"记号")后,将来会有下面的事发生:

> [13]日后出生的人中有一个,当他在酒红色的大海上驾驶
> 着有许多排桨的船只的时候,看见[那 sēma],他会说:"这是远
> 古时候死去的一个人的 sēma[坟冢]。光辉的赫克托尔杀死了
> 他——他曾经是最优秀的人当中的一个。"日后有人会这样说,
> 我的 kleo[荣誉]将永不磨灭。(7.89 – 91)

赫克托尔的 kleo[荣誉]若要永不磨灭,必须有两个记号:一是
埋葬着他对手的坟冢,一是赫克托尔从对手身上剥下的、将要悬挂
在阿波罗神庙前的盔甲(7.83)。赫克托尔由此承认,他的不朽有赖
于——或甚至就在于——记号。也就是说,不是他,而是某个 sēma
[记号]将永存;不是赫克托尔,而是赫克托尔的名字将"活"着。

在卷七末尾,波塞冬向宙斯抱怨说,希腊人以建造坟墓为掩护,
围绕营地筑了一道高墙,这道墙几乎要与他和阿波罗从前围绕特洛
伊所建的城墙匹敌;而且,这些聪明的希腊人还狡猾地宣告停战,说
是要埋葬死者,其实是在乘此之机加固防御工事。一个象征人的必
死命运的记号,转变成了关于对抗的展示,这毁掉了应当归给神明
的敬意。但宙斯回答他的兄长说:不必担忧,因为凡人的 kleo 是短
暂的,而波塞冬的意志,只要黎明还在,却将长存。希腊人建造的墙
将被海水冲去(事实上波塞冬建造的城墙也是如此),由波塞冬做
主的大海却将永远长存(同上,页 89),因此,赫克托尔之前在书中
声称不朽其实是夸海口。记号并不具备不朽的能力,这一方面意味
着没有任何有形纪念物能赋予人不朽,另一方面,我们也应当由此
想到卷六:即便海伦所称她和帕里斯"日后将被人歌唱"(6. 357 –
358)说得没错,那也只是他们的名字将长生,他们自己并不会长生。

不朽名声的这个"不朽"中,有着某种空洞的东西。经由记号获得的、在人的谈论中的不朽,保存的是一个人的外壳——他的头盔,而不是这人本身。它保存的是"赫克托尔",而不是赫克托尔。但没有名字,纪念物就不保存任何记忆。没有了解释——词语(words),坟冢(sēma)就不纪念任何事;它们根本不成其为记号,不过是黄土堆罢了。就算诗歌《伊利亚特》是真正的纪念物,那也意味着赫克托尔的不朽还得有赖于一位诗人;他不是作为"人中最好、最杰出的人"被保存,而是作为码字匠(wordsmith)的创造被保存。那么码字匠是怎么回事?诗人负责保存他本人的作为,即他的诗歌,如此岂不是说,《伊利亚特》是在纪念荷马?我们往往一开始会说是,但过后就会想起那个老掉牙的玩笑:这部诗歌并非荷马写的,而是另一个名叫荷马的诗人写的。荷马其人并没有因荷马其名成为不朽。[14]人在其特殊性中成为不朽的努力,看起来总是会不情愿地导向某种像是属类的不朽的东西。首先统治世界的凯撒并非作为一个灵魂"活着",而只是作为一个名称活着;反过来,通过被不同的凯撒、沙皇、皇帝取代,"凯撒"这一名称又表现出它奇特的现实性。

随着《伊利亚特》带着我们再进一步,问题继续深化。卷七的停战本是为了尊崇那些死去的个人,但希腊人在涅斯托尔的建议下,为死者建造了一座巨大的共用坟冢,它同时被用作御敌的高墙。这座坟冢至多只是一个属类的荣耀(generic honer),如果此处的仇敌是死亡,那么我们看不出希腊人的防御工事能起什么作用。我们想到宙斯对波塞冬说的话。如果大海是不朽的典型,那么,作为个体并作为身位的众神会怎样呢?卷五中,狄奥墨得斯刺伤了阿芙洛狄忒,后者流出了"不朽的血"或"无血的血"(bloodless blood)——得看我们如何翻译 ambrotonhaima 这个短语(5.339);诗歌采用这样一个矛盾修辞法来描写阿芙洛狄忒。① 随后，狄奥墨得斯又刺伤了战神阿瑞斯。荷马在卷五开头曾提到阿瑞斯，用了"阿瑞斯，阿瑞斯"这样的称呼（5.31）。重复呼格在荷马作品里仅出现过两次——两次都是关于阿瑞斯的，两次都出现在卷五。② 我们似乎应该把第一个"阿瑞斯"理解为专名，而把第二个"阿瑞斯"理解成属类名称，即"战争"。如此，我们就见证了阿芙洛狄忒作为一个身位被迫退出战斗，以及阿瑞斯如何变成属类名称。在《伊利亚特》中，两位神明都再也没有回来跟凡人作战。③ 卷七中，宙斯在诗中第一次响雷（7.479），而在卷八中宙斯的雷轰将变得更为突出，《伊利亚特》中作为身位的神开始向作为宇宙性法则的神移动，从而在神明的层面上呼应了凡人层面上的不朽问题。而赫克托尔似乎消失在了"赫克托尔"中这一点也表明，不朽与生命——即与灵魂——根本水火不容。但这样一来，神明是不朽的又是什么意思呢？倘若神明并非不朽的，又怎能成其为神明呢？倘若波塞冬的 kleos［荣誉］的永恒不灭有赖于与大海同一，那么他的担忧或许比宙斯承认的还要多。凡人（anthrōpoi）都渴望不朽，他们中更有一些大人物（andres）试图做些什么来实现这渴望，他们为此所追求达到的模范正是神明。于是，在《伊利亚特》背后，神明存在的可能性本身已成为问题。

在《伊利亚特》的最后阶段，我们见证了阿基琉斯的悲剧，他试图把那虽然辉煌却没有生命、仅仅在名义上存在的不朽，与他对帕

---

① 伯纳德特，《狄奥墨得斯的战功》（"The Aristeia of Diomedes"），收于 *The Argument of the Action*，Chicago and London：University of Chicago Press，2000，页 56。

② 另见 5.455，以及 G. S. Kirk，《〈伊利亚特〉注疏》（*The Iliad：A Commentary*），vol. 2，Book 5 – 8，Cambridge，Uk：Cambridge University Press，1990，页 56。

③ 伯纳德特，《狄奥墨得斯的战功》，前揭，页 48。

特罗克洛斯的爱这一特殊性所代表的人性调和。在卷十六，帕特罗克洛斯穿着阿基琉斯的盔甲投入战斗，他杀了[15]52个敌人，比《伊利亚特》任何一次 aristeia[英勇作战]中都杀人更多、速度也更迅猛，这一点尤其令人吃惊，因为在此之前，没有任何迹象表明帕特罗克洛斯如此英勇超凡；我们先前看见他只是阿基琉斯的居家同伴，他为阿基琉斯预备饮食（9.199–211），执行阿基琉斯的命令，当必须归还布里塞伊斯给阿伽门农时把她领来（1.335–350）。可一旦阿波罗从他身上除去了阿基琉斯的盔甲（16.793–805），他便轻而易举地被杀死，几乎没有太多反抗。因此，卷十六讲的不是帕特罗克洛斯的 aristeia[英勇作战]，而是阿基琉斯的 aristeia[英勇作战]，它见证了阿基琉斯的名气——即他的 doxa[意见]或看起来所是（seeming）——所具有的大能。然而，阿基琉斯的伟大也带来了阿基琉斯的问题：一个伟大的人，一旦他已经被看作伟大的，如何可能再使自己显得伟大呢？一旦阿基琉斯成为赞美的尺度，他想再做什么受人赞美的事几乎就不再可能了，因为他的德性已成了他的本性。

宙斯极为关注阿基琉斯，其中隐藏着——甚至对宙斯自己也是隐藏的——一个深刻的自私动机，因为在这关注底下是宙斯自身的存在问题。阿基琉斯是宙斯对自己的可能性的一个检测。诗歌以不同方式显示出两种"行动"来源。一个来源是自然力，如大海，它们只是以特定的、属于其自身本性的方式行动；与其说自然力受意图控制，不如说是受必然性控制。另一个来源，是选择——人是原因。众神明起初看起来像是两者的结合体——他们是完美的存在者，拥有确定的本性，但他们也有灵魂，也作选择。《伊利亚特》最后部分讲的是这两种行动来源能够在何种程度上真正结合。阿基琉斯，一方面作为衡量所有英雄的标准，一方面自身就是英雄，他便是战场,可以试验这种结合的可能性。阿基琉斯的名声,即他的看起来所是(what he seems to be),如此大有能力,无论在哪方面都没有不足。阿基琉斯的盔甲,即他的外壳,就吓到了敌人。然而,这也意味着阿基琉斯本人再也不需要做任何事;他的成功是全然机械性的——无灵魂的。也因此,战场上已经没有他的位置。这样,在帕特罗克洛斯死以前,阿基琉斯已经变得类似于某种自然力。他整个在局外,没有任何一部分在局内。宙斯的计划就是用帕特罗克洛斯的死来找回阿基琉斯的灵魂,以证明宙斯自己的可能性。

　　这就是《伊利亚特》结构的含义。卷二至卷三,战争的原则是erōs[爱欲]。海伦是战争的目的和外在目标,墨涅拉奥斯在这部分表现得最为突出。卷四至卷十五,不再有一个外在的行动目标,战争的原则变成了kleos[荣誉]。海伦从卷六以后便消失了,墨涅拉奥斯也退出了我们的视线,除了一次值得注意的例外(13.581 – 642)。战斗此时已没有目标,只为表现某个人的光彩——即为了不辜负某个人的名号、某个人的盔甲;战争变得像是一种自然力。卷十六至卷二十四,阿基琉斯试图去表现他的固定本性,但不是为这本性本身的缘故,而是出于对帕特罗克洛斯的爱。如此,阿基琉斯试图把诗歌前两个阶段的原则[16]综合起来。但这种综合不容易被人理解,比如特洛亚人错把帕特罗克洛斯当成了阿基琉斯,还以为阿基琉斯"放下仇恨而选择了爱"(16.282);他们没有认识到,阿基琉斯只是出于愤怒,才会放下仇恨而选择爱。此外,阿基琉斯不可能没有盔甲——即没有他的外壳——就投入战斗;这盔甲将由跛足神赫菲斯托斯打造,他在盾面上铸造了一副图像,借此把自己比作凡人代达洛斯(18.590 – 605,18.378,18.479)。阿基琉斯的新盔甲意在代表阿基琉斯新的渴望对象——完全的人性,即对有缺陷的人性的理想化。赫菲斯托斯在此成了范式性的神。

阿基琉斯在悲泣中想起帕特罗克洛斯曾把食物端到他面前（19.315–318），就在此前，奥德修斯曾徒劳地劝阿基琉斯进食，他对阿基琉斯说，作战的人都得吃东西才行（19.162–163）。帕特罗克洛斯使阿基琉斯成为人，他把阿基琉斯与其人性相连。阿伽门农是那习俗上的统治者（the conventional ruler），赫克托尔是那敌人（the enemy），布里塞伊斯是那爱的对象（the object）①（19.282），唯独帕特罗克洛斯是个特例，他无法归入上述任何一类。这就是爱另一个人的含义。② 通过服侍阿基琉斯的饮食，帕特罗克洛斯使阿基琉斯变得真实。然而，当帕特罗克洛斯死去时，阿基琉斯所爱着的是什么呢？那难以言述的对一个人的依恋，转变成了对一个人的观念的依恋。一旦被一个人的爱人性化了，阿基琉斯就会为失去的爱发怒。推动他的不再是某个特殊的、不完整的、偶然性的存在，现在他是受特殊性、不完整和偶然性的观念推动。对阿基琉斯来说，英雄式的人生从前意味着变得像神一样，现在则意味着为失去人性而报仇，以此赎回他失去的人性。阿基琉斯的理想现在变成了"与人性相连"，这一理想表现在他失去帕特罗克洛斯后的无尽悲痛之中。

这就是最终版的阿基琉斯的愤怒，作为英雄行为的典范的阿基琉斯，被作为属人哀悼的典范的阿基琉斯取代了。如果真正爱另一个意味着爱另外一个灵魂——即另外一个人，那么爱已死之人就是

---

①　[译按]英文原文中，此处的"统治者"、"敌人"、"对象"三个词前面都加了斜体定冠词the，作者以此强调这三个人皆可归入某一类人，独有帕特罗克洛斯无法归类。

②　如果母亲因为是我们自己的母亲，所以指向人对属己之物的依恋——我们想到了安提戈涅和克吕泰墨涅斯特拉，那么，阿基琉斯的母亲是一个神就变得意义重大了。把特别的爱恋推演成一个原则将会有问题。

成问题的;而如果爱已死之人是成问题的,那么试图通过不朽的荣耀来克服死亡便是蠢人干的事儿。在《伊利亚特》末两卷,我们发现属人的哀悼也是个悲剧,因为看起来哀悼一个人其实是不可能的。哀悼行为把为之悲伤的对象变成了纯粹的一个对象。先前是一个灵魂,现在却成了一个记号,或一座坟墓——一个 sēma[记号](参柏拉图《高尔吉亚》493a－e)。我们也许会发现,道出内心的悲伤是件很困难的事,因为,讲论一个灵魂必然漏掉有关这灵魂最重要的东西。这是我们人性的必然悲哀。对不朽的渴望力图克服这悲哀,却只是悲剧性地重新制造出同样的悲哀。[17]如果我们想要成为神,死亡的悲哀将无法停止,就像阿基琉斯无法停止惩罚赫克托尔一样。这悲哀无边无际,因为灵魂若已不在,也就无所谓惩罚身体了。阿基琉斯的怒气使他必须为这怒气找个合适的对象,而要做到这一点,他就必须使那身体(sōma)成为那个人本身的记号(sēma)。为了使他所恨的变得对他可见,阿基琉斯把他所恨的变成了某种并不值得恨的东西。而他的爱也是如此遭遇。帕特罗克洛斯死时,阿基琉斯发现了哈得斯,那是帕特罗克洛斯希望自己可以得准进去的地方。可是,灵魂一旦进入哈得斯,就成了一个 eidōlon——一个像,就像银屏上的人物,看起来像是活的,却不具备生命最独特的特征——即一个敞开的未来所特有的盼望。这个灵魂的故事结束了——被人写了下来。阿基琉斯不会改变他做的任何事,尽管他的所作所为将最终导致他自己的死,然而在《奥德赛》卷十一,阿基琉斯的 eidōlon[像]却宁肯[在人间]作苦力,也不愿作哈得斯里面那些亡灵的君王。这仍是同一问题的翻版,该问题像一根细线蜿蜒不绝于整部《伊利亚特》之中——即诸神的矛盾特性。《伊利亚特》讲述了英雄德性的悲剧。就像俄狄浦斯,尽管他已认识到自己过于想要掌控自己的生命,还是不停步地试图进而掌控自己的惩罚;阿基琉斯也是如此,尽管他已意识到神样的 kleos［荣誉］的不朽是空洞的,却又用纪念属人的东西来再造这不朽。阿基琉斯在与人性的不完全搏斗,试图使之完全。宙斯饶有兴味地观看着这一切,因为诸神不过是人性的完全。不过阿基琉斯注定要失败,于是,荷马创造出一部诗歌,诗歌中宙斯开始认识到他自身的不可能性;这正意味着对人灵魂的发现。

第一部分　亚里士多德

柯常咏　译

[19]我们看到,希腊诗人一开始就着迷于灵魂,《伊利亚特》与《奥德赛》开篇的诗行就出现灵魂。① 事实证明,灵魂对于哲人同样重要。② 不过,即使是在灵魂显得尤其突出的柏拉图那里,灵魂也总是被看作探究其他事物的工具。在《王制》中,灵魂成为主题,但这个主题服务于讨论"什么是正义"这个问题。同样,在《斐德若》

---

① 阿基琉斯送许多灵魂到哈得斯;奥德修斯寻求拯救自己的灵魂。对于荷马使用"灵魂"一词的意图,以及他在用这个词时有多少自觉,还存在相当大的争论。参伯纳德特,《弓弦与竖琴》(*The Bow and the Lyre*, Lanham, MD: Rowman & Littlefield, 1997),页1-6;Erwin Rohde,《灵魂》(*Psyche*, Eugene, OR: Wipf and stock, 2006), 1:1-10, 1:28-32, 2:362-367;Bruno Snell,《发现心灵》(*The Discovery of the Mind*, New York: Harper, 1960),页9-17以及页311注8。赫西俄德的情形不大容易理解。"灵魂"这个词在《神谱》中没有出现,在《劳作与时日》中只出现过一次(行686),在那里,它与必死性成对出现,似乎意味着"生命"。对于赫西俄德和荷马而言,是否可以说诸神有灵魂,这是一个严肃的问题。

② 《论灵魂》开篇(卷一,章2-5),亚里士多德讨论前辈关于灵魂的看法,包括德谟克利特、留基伯、毕达戈拉斯、恩培多克勒、阿那克萨戈拉和柏拉图。我们在帕默尼德残篇中没有看到他使用 psuchē[灵魂]这个词,但是在某种意义上帕默尼德也关注灵魂问题,这一点在柏拉图看来非常明显,在《斐德若》中,柏拉图把帕默尼德的诗歌序曲作为其灵魂形象的原型。此外,赫拉克利特在其残篇中七次明确提到灵魂,见 Hermann Diels,《前苏格拉底残篇》(*Fragmente der Vorsokratiker*, University of Michigan Library, 1903),第12、36、77、98以及136条,尤其是第45与115条。

与《斐多》中,讨论灵魂是为了推进对爱与害怕死亡的讨论。直到亚里士多德的《论灵魂》,灵魂问题才首次得到直接的讨论。《论灵魂》就灵魂本身谈灵魂,撇开其他一切谈灵魂,且为灵魂本身、以灵魂本身为目的谈灵魂。因此,从亚里士多德开始我们的灵魂探究将大有裨益。

像亚里士多德这样把灵魂分离出来显然没那么简单,因为灵魂是一类奇特的存在——它内在于世界之中,与事物相连[20],同时又与之适度分离,从而得以把握事物或理解事物(无论是通过感觉还是通过认知),并得以影响或驱动事物而又不受事物影响。灵魂的特色在于一种双重独立性,既静观又实践,它对两种显然不同类的事物——思想与行动——负责;至于两者何以结合,又远非显而易见。我们将会看到,这个问题不仅是亚里士多德《论灵魂》的核心问题,也是他的《尼各马可伦理学》的核心问题。

第一章　灵魂的双重性

[21]灵魂的双重功能问题是《论灵魂》的灵魂所在。大体而言,亚里士多德将 psuchē[灵魂]一方面理解为生命或运动的根源,另一方面又将灵魂理解为意识的根源。意识有两种,即对变化事物的感觉与对不变事物的认知。因此,比起灵魂作为整体的统一性,灵魂作为意识的统一性带来的问题并非更少。感觉也并非不成问题。总的来说,感觉必定首先统一于统觉(the common sense),因为如果没有一种感觉来统一其他诸种感觉,我们会看到红色、触摸到柔软、闻到香味,可是却感觉不到一朵娇柔、芬芳的红花。假如统觉有一个独立的感觉器官,它就要感觉到它所统一起来的各种感觉活动——比如视觉与触觉。感觉总有其对象,而且每种感觉活动都由其感觉对象来确定。因此,统觉既感觉到看的活动,而且在这样做时,也感觉到看的活动所看到的东西——颜色。如果说作为一种感觉的统觉可以拥有这样的双重功能,那么,为什么各种感觉本身却不可以呢? 如果有一种能够感觉到看的感觉,为什么这种感觉不可以是视觉? 为什么要把事情不必要地弄复杂呢? 然而,如果统觉没有这种双重功能,就得有另一种感觉来统一它所感觉的东西,而这种感觉也会遭遇同样的困难,如此我们就开始了无穷倒退。这一切都表明了亚里士多德论述统觉的开始部分非常明确地说到的内容——即,每种感觉既感觉到其对象又感觉到正在感觉的感觉本身(425b12 – 20)。换句话说,感觉本身就其本性而言,根本上具有双

重性。亚里士多德似乎反思的是"我"在如下谈话中的情形："你看到那只鸟吗？""没有，我看看。哦，我看到了。"①我们意识到看的活动，是通过它成功地接受一个对象——在此即那只鸟。但是，我们也意识到了作为一个活动的看、作为一个[22]动词的看。"我寻找某个东西"并不意味着"我看到了那个东西"。因此，感觉是双重的。同时感觉也是一，因为"我"必定是同一个我，既是"我看看"与"我看到"的我，也是"我听到"、"我触摸到"的我，等等。亚里士多德希望就灵魂本身作一个连贯的说明，为此，他详述了灵魂两种功能的统一——作为生命的本原和作为意识的本原。但是，这种统一要求他首先把各部分内部依次统一起来。生命的统一要求营养与局部运动——植物生命与动物生命——的统一。意识的统一则要求意识的两个部分——感觉与认知——的统一。这就要求借由统觉而来的感觉的统一，而统觉要成为可能，只能通过对感觉的分析，而感觉就其自身而言根本上具有双重性。而且，我们随后会看到，意识的另一部分，即认知，只有就其自身包含着根本的二重性——被动心智与主动心智——这个意义上方可理解。初看起来，《论灵魂》对灵魂统一性的探求，表现得不过是对灵魂统一性问题的重复展开。

因此，要理解灵魂，就要理解推动这种正在进行的二重性的原则。刚开始，我们可能注意到，生命或运动似乎包含一种与世界的交涉，一种特殊的、有利害关系的交涉。大体上说，支配某个需要营养的东西的原则是其善。另一方面，意识要求某种相对于事物而言的中立性，这种中立性不会阻碍事物如其所是地显示自身。但是，一个拥有某种特殊性质或倾向的存在者，何以可能如此自行退隐，以致"在某

---

① 这个观察受益于伯纳德特。

种意义上就是一切存在"?① 我天性固有的善不会干涉我意识的真理吗? 换句话说,意识何以可能是"我的"而且还是真的? 那个为了是其所是——也就是说,为了成为吸收他物的东西——而不可能是任何特殊东西的事物,它是何种存在呢? 潜在地是一切事物的东西,它真的可能是任何事物吗? 或者,如果灵魂某种意义上会成为它所意识到的任何东西,那么它在没有意识到任何存在时又是什么呢?

还有另一条路径来理解灵魂中的这种张力。灵魂的原则应是自我运动,这有一定道理。有灵魂的存在者是活的——即有生气,它们会生长,会局部运动,有感觉,能思想,也可能以某种方式结合所有这些特征。它们不像那些没有生命的事物,后者似乎只有受到外物影响才会发生运动或改变,这些外物是不受其他事物影响的。为了理解这一运动——让它明白易懂,我们代表性地引入某种形式的灵魂学。我们给予 psuchē[灵魂]一个 logos 或曰解说,通常采用的形式是,根据灵魂结构来进行灵魂分析。灵魂分析的术语会发生变化,但无论我们想到的是弗洛伊德的本我、自我和超我,还是《斐德若》中苏格拉底著名的灵魂形象——[23]黑马、白马和四轮马车,一旦灵魂分成多个部分,其中的一个部分就会被理解成整体运动的原因。但是,如果黑马或者本我是灵魂运动的本原,意即部分的作用只是调节这一更为基本的驱动力,那么我们仍然不知道是什么驱动了黑马。我们再次来到无穷倒退的开端。当我们说明灵魂结构的时候,我们已经破坏了灵魂之为自动运动的本原,因为,要么这个(被说明的)灵魂不是灵魂——这样一来,黑马便成了灵魂,要么这个(被说明的)灵魂被绝非自身的他物推动,这样一来它就不是其自身运动的本原,因此也就不是灵魂了。

---

① 参《论灵魂》431b20 – 21。

　　或许可以用当代的术语来表达这个意思。当我们说我们的所作所为是出于力比多或 DNA 时，我们的部分意思大概是说，我们的作为并不由"我们"负责。对灵魂的作为给出一番解释——逻各斯，结果却是与灵魂之为一个灵魂相冲突。因此，在灵魂的结构（使灵魂成为可理解之物）与灵魂的本原（使灵魂成为灵魂之物）之间好像存在一种必然的紧张关系。① 对于这种奇异的存在可以给出何种说明呢？ 既能马上把它置于一个上下文的语境之中（说到底，这就是我们在解释事物时所做的事情），同时在该事物处于世界之中又与世界相分离之时保持它的本性。如果根据亚里士多德的名言"灵魂某种意义上就是一切存在"，那么，心理学的本性与可能性就都存在于这个"某种意义"所包含的含义里面。

　　《论灵魂》的第一句话已经揭示了使灵魂成为问题的二重性：

> 我们认为 eidēsis［知识］都是美而尊贵的，就其精确性或其关乎更好和更令人惊异的东西而言，其中一类比之于另一类更美、更尊贵。就这两方面而言，我们大有理由把对灵魂的探究放在首要位置上。

　　《论灵魂》不是一部乍看上去显得很美的作品。从字面上看，它是一部以"美"这个词开篇的显得很丑的作品。② 亚里士多德以

---

　　①　结构与本原之间的紧张来自伯纳德特的思想。

　　②　参 Michaels Golluber，《论亚里士多德对灵魂的首要探究中触觉的首要地位：解读亚里士多德的〈论灵魂〉》（*On the Primary Place of Touch in Aristotle's primary inquiry into soul；An Interpretation of Aristotle's De Anima*，PhD diss.，Tulane University，1998），页 29－36；Patrick Goodin，《理解亚里士多德〈论灵魂〉卷二第一章的灵魂定义》（*Towards an Understanding of Aristotle's Definiton of Soul in De Anima*，Book 2，Chapter 1，PhD diss.，Graduate Faculty，New School for Social Research，1996），页 7－8。

他的方式赞美了对灵魂知识的探究,鼓励我们去思考灵魂。这一探究不只是自行发生,我们必须被推动着去思考。我们自己的活动就是我们准备讨论的问题的一个实例——灵魂既是运动的本原也是意识的本原。因[24]此,当亚里士多德在《论灵魂》中返回到探究对象时,他首先说到"获得任何确定性是一件至为困难的事情"(402a1011),紧跟着他说,本书所寻求的是"关于灵魂的实体与'这是什么'的研究"(402a1213)。亚里士多德在《论灵魂》中似乎并不是在探究一个存在,而是在探究探究的路径——一种活动。因此,这本书具有反身性就并不令人感到惊讶了。灵魂显然被发现于我们尝试发现灵魂之时。

亚里士多德开篇把灵魂学称为一种 eidēsis[知识]。在《论灵魂》中,这个词似乎再也没有在其他地方出现过——其实,在亚里士多德其他作品中也没有出现。在现存亚里士多德之前的文献中,这个词也没有出现过。在《论灵魂》首次露面之后的数个世纪里,eidēsis 都极为罕见。① 因此,亚里士多德开始便诉诸灵魂知识的精确性,但是,这种知识被一个术语即 epeidēsis 所规定,这个术语绝对独一无二,所以如此精确,以致太过精确。它没有传达任何确定的东西。但是,或许这么说太过极端;我们可以基于 eidēsis[知识]的词源以及它与其他词语的相似性为它构造一个意义。eidēsis 的词根是动词 eidō,"看",其现在时未见于文献,但其完成时的意思是"知道"——处于一种看到的状态中,不定过去时的意思是"已看到"。因此我们感兴趣的这个名词源于一个动词,该动词要么出现

---

① Eidēsis 总归还是两次被用到——一次与医药相关,另一次则与诸神相关。其含义跟预言相关,在基督教神学中变得尤为常见——例如,在优西比乌与尼撒的格列高利那里。

于对做过的事情进行回想时,要么出现于某种持续完成的状态之中。它与看相关。Eidēsis[知识]的认知含义显然来自与 eidos——柏拉图的"形相"或"型相"以及亚里士多德的"种"——的关联。由于出自完成时(最不具时间性和动词性的时态)和不定过去式(此时态表达瞬间活动),eidēsis[知识]似乎包含了看(looking),但在某种意义上又是非时间性的。它涉及瞬间抓住的东西,并因此适于《论灵魂》呈现灵魂的方法,即基于一个没有过去、没有未来的独立意识的几微来呈现灵魂。

Eidēsis 的构成与希腊语中的许多词汇类似。例如[名词]mimēsis 与 poiēsis 分别源于动词"模仿"(或"摹仿")和"做"(或"制作")。这两个名词最初都保留着动词的意味,因此 mimēsis 表示模仿的过程或活动,poiēsis 则指做的过程或活动。可是,随着语言的演变,它们的意义延伸并滑向一个更具名词性的名词;慢慢地,它们经常与 mimēma 与 poiēma——模仿物与制作物——互换,因此也可以代表它们所代表的过程的最终结果。如果 eidēsis[知识]以同样的[25]方式形成,那么它最初的意思就是作为活动的认识或看见,后来才有了活动结果即"知识"的意思。

根据《论灵魂》的第一句,一种 eidēsis[知识]之所以更美,或是因为它更为精确,或是因为它更好(或是更好的东西)、更令人惊异(或是更令人惊异的东西),以及/或出于同样的原因而更为尊贵。这句话还说:就这两方面而言(具体所指这里很难理解),我们大有理由把对灵魂的探究(historia)放在首位。(这里的首位到底指什么?其词性——要么为阳性要么为中性——既不符合 eidēsis[知识]也不符合 historia[探究],后两者词性皆为阴性。)我们面临一系列前所未有地复杂难明的区分以及随之而来的密不透风的含糊性,直到第一章末尾此种含糊性才有所明朗。

灵魂学在 eidēseis[诸知识]中之所以特别,要么是指它更美,要么是指它更尊贵,要么两者兼有。它要么是被爱的,要么是受到尊崇的,要么两者兼有。它的美或许属于它本身,它的尊贵则有赖于它的被尊崇。因此灵魂学的独特性有一个含糊的根基,它要么依赖于它作为一个对象的所是,要么依赖于它如何被接受,即它的方式。此外,一种 eidēsis[知识]更美,或更尊贵,或兼有两者,条件是以下二者之一:(1)它更精确(这似乎与它作为一种认识方式的品质相关);(2)(a)作为一个对象,(ⅰ)它本身是更好的事物(作为一种认识方式);(ⅱ)它与更好的对象相关(也就是说,作为一种方式,它更好是因为它所要达到的东西);(b)(ⅰ)作为一个对象,它本身更令人惊异(也就是说,作为一种方式),或(ⅱ)它与更令人惊异的东西相关(也就是说,它作为一种方式更令人惊异,是因为它与更令人惊异的对象相关)。

特定的方式加上特定的对象,构成了灵魂探究的特点。《论灵魂》开篇的这种逆退式二元结构,反映出一种模糊性——探究方式与探究对象一再重合。对灵魂的探究是否具有任何脱离其所涉对象的独特性质,起初并不明显。起初,我们认为其独特性在于其方式,其特点在于一个词,即 eidēsis[知识],它全然独特,而且似乎指向一种超时间的认识类型。但是,在第一句结尾,eidēsis[知识]已经被替换为 historia,即一种探究,这种探究原是记载那种偶然发生的事情的。① 另外,historia[探究]类似于 eidēsis[知识],具有双重含义:既可以指探究活动也可以指探究的结果。因此灵魂探究的双重性贯彻始终:一方面它是精确的——它涉及的内容绝不会被弄错;另一方面,它涉及的内容以及它自身都让人困惑,并激起我们的

---

① 参亚里士多德《论诗术》1451a–b。

惊异。灵魂似乎确然就是[26]那种必定会激起我们惊异的东西。因为它如此独特——在这个世界上没有任何其他东西象灵魂一样，所以它的知识将会是精确的；因为它"某种意义上就是一切存在"，所以灵魂知识绝对包罗万象。

随后，亚里士多德再次深入论述灵魂的双重性。他引入两个术语来描述他正在寻求的知识。他说，"对灵魂的 gnōsis（或认识）大大有益于朝向所有真理或为朝向所有真理贡献了重要的东西，尤其有益于朝向自然（或自然的真理）"（402a4－6）。他接着说，我们寻求"沉思（theōrēsai）和认识（gnōnai）灵魂的自然，即 ousia［存在］，还有［他的］许多相关属性（attributes）"（402a7－8）。由此，他宣布了借以接近双重对象（自然——生长和改变的原则，存在——恒定的原则）的双重方式（认识和沉思）。随后，他再次加强了他的论述，把自然和存在——现在二者被视为一——与并非必然或本质性地，而是偶然地附属于某物之上的属性或偶性区别开来。随后，在这些现在称之为 pathē 的属性内部，亚里士多德又区分了属于灵魂自身的属性与那些由于灵魂而存在于生命体里面且不可与身体分离的属性。

或许可以权且这样说，对亚里士多德而言，存在三种静观性研究：①物理学研究自然即 phusis；形而上学研究存在即 ousia；灵魂学则研究把这两个论域——变化的事物与永恒的事物——统一起来的东西。并非偶然的是，个人的同一性问题——即一个生长与变化的人怎么可能还是同一个人；就是这样一个灵魂学中的突出问题。

---

①　这一表述受益于伯纳德特。之所以说这是权宜说法，乃是因为在任何对永恒的探究中都会自动触及变化（不谈及诸存在者就不可能探究存在），如同在任何对变化的探究中都会自动触及永恒一样（事物的 phusis 可能被理解为它的固定自然）。

我们需要再次回到《论灵魂》的第一句:

> 我们认为 eidēsis[知识]都是美而尊贵的,就其精确性或其
> 关乎更好和更令人惊异的东西而言,其中一类比之于另一类更
> 美、更尊贵。就这两方面而言,我们大有理由把对灵魂的探究
> 放在首要的位置上。

如同上面指出的那样,这一句我们若自然地读下来,完全含糊
不清。还有另一种不那么自然的读法,却很有启发性。即假设我们
确实不知道亚里士多德说的 eidēsis[知识]意思是什么。亚里士多
德从来没有说过 eidēsis 是灵魂的 eidēsis,他只说了它是美而尊贵的
事物之一。然后,假设对灵魂的探究位于首要的事物之中,因为它
是对 eidēsis[知识]的一个探究。这[27]是真的,因为 eidēsis[知
识]具有双重自然:一方面,它与精确的东西以及更令人惊异的东西
相关——也就是说,与真相关;另一方面,它与更好的东西相关——
也就是与善相关。无论 eidēsis[知识]的意思是什么,它都标志着我
们既与根据真之所是(意识、感觉、认识)而来的世界相关,同时也
与根据善之所是(生命、运动)而来的世界相关。亚里士多德意在
表明,eidēsis[知识]是从两个方面显示的同一件事情。因此,《论灵
魂》并非试图把灵魂的这两种特色黏合在一起,而是试着理清它们
如何已然且必然在一起,尽管某种程度上这一点被公认为很难理
解。对它(即 eidēsis[知识])的认识构成了所有真理以及自然,因
为它(还是 eidēsis[知识])是生物的一个原则(402a67)。这样理解
的 eidēsis 是真理和生命的一个 archē——原则或起源。

有人可能会提出以这种方式统一灵魂所存在的问题。我们朝
向善,我们也朝向真。二者共通之处似乎是:善不像美,美的东西总

是美的,即使我们知道它是虚幻的;善则不然,善的东西必定是真实的。[①] 亚里士多德似乎是生造了 eidēsis 这个词来捕捉灵魂的统一性特征;灵魂作为在世的存在,它的存在就是它与真实的邂逅。因为如此难以理解,所以这种对现实的注录无以为名,然则它一方面是思想、认识与看(eidō)的共同根源,另一方面也是吃或进食(edō)的共同根源。这个让人困惑不已的统一性就是《论灵魂》的根本主题,它指出了一条理解灵魂的道路。此灵魂也许在荷马那里初初登场,然后也在希罗多德、欧里庇得斯和柏拉图等思想家那里同样闪耀现身,它值得被我们理解为希腊人的灵魂。

---

① 参柏拉图《王制》505d。

第二章 为了自己而出离自己

一 营养灵魂

[28]《论灵魂》(*De Anima*)的希腊文标题是 Peri Psuchēs,即"论灵魂",但是当我们去读亚里士多德的书时,我们立马会感到困惑,因为书中好像略过了几乎一切促使我们对灵魂感兴趣的内容。这里连灵魂影子都不见一个。虽然论及激情(特别是愤怒)的例子,却又极为粗略。爱,尤其爱欲,居然也缺席了。书中只提到一次德性,还是在涉及身体健康时提到的。书中没有论及习性、性情和品格。亚里士多德集中关注的是什么联系起灵魂与对象世界,不管对象被视为感觉对象还是思想对象。他似乎对灵魂与其他灵魂——世上的其他主体——完全漠不关心。这个"某种意义上就是一切存在"的灵魂处于一种古怪的孤立之中。它是世界的消耗者而不是参与者。谁也不会想到这样去说灵魂,即,没有朋友它"就不会选择活着,就算拥有一切永好之物"。①

此外,《论灵魂》只字不提记忆,提及经验也是只言片语。书中谈到思想,但并非真的在说明借助一个问题来拢集事物的过程。很大程度上,在亚里士多德的《论灵魂》中,灵魂就像是一个完全脱离

---

① 参《尼各马可伦理学》1155a1。

时间或对时间没有任何意识的存在(参《论灵魂》3.11)。① 相应地,它也没有考虑到惊异,甚至没有考虑到所有人天生渴望处在知的状态中的这一倾向。②

但是,或许我们有失公允了。亚里士多德的标题承诺的是论述灵魂而不是论述人类灵魂。因此,在打发了前辈的灵魂观之后,他转向三种逐渐递进的更复杂的灵魂观,每一种都包含着前一种。他先把灵魂视为营[29]养灵魂(植物灵魂),然后是感觉灵魂(动物灵魂),最后是认识灵魂(人类灵魂)。我们需要自己去弄明白,这三种灵魂到底有什么共同之处,以至于可以把它们都称之为灵魂,不过,至少我们知道从哪里入手。所有灵魂都包含营养灵魂。亚里士多德与其前辈和后辈最大的区别在于他对植物的关注。③ 在亚里士多德看来,植物灵魂是营养和生殖的本原,他还说这两者是同一过程,让人很是好奇。他没有明说这个同一性的性质,但我们稍稍咀嚼一下这个问题就会发现,营养过程发生在这样的存在中:它吸收和自己不同而又外在于自己的东西,然后使之转化为与自己相同的东西。亚里士多德又告诉我们,生殖是创造 heteron hoion auto——"像自己的另一个"或"同样的另一个"(415a28)。④ 生殖是呈现于所有灵魂的特色标志——一种分有神圣与永恒的欲望。既然生殖与营养一样,那么这种欲望和营养必定一样真实。有灵魂的

---

① 对这些问题的重要性的卓越思考参见伯纳德特,《亚里士多德〈论灵魂〉卷三第 3 – 5 章》(Aristotle, *De Anima* III. 3 – 5, *Review of Metaphysics* 28, no. 4, June 1975)。

② 参《形而上学》980a21。

③ 这一说法的唯一例外情况可能是卢梭,或许主要体现在他的作品《一个孤独漫步者的遐思》里,尤其是其中的《第七漫步》。

④ 比较《尼各马可伦理学》1166a30 与 1170b7 以及柏拉图《吕西斯》211d8 与 212a5。

存在通过进食吸收他物,来维持它们自己/同一(在此语境下,auto可以表示任一的意思)仍是自己/同一;又通过生殖创造另一个像自身/同一的存在来维持它们自己/同一。就这两个过程都涉及如下的存在而言,它们是同一个过程:这个存在通过与另一个存在相关并否定另一个存在得到规定;我们可以说,只有有灵魂的存在才有一个内在,因为只有对于有灵魂的存在而言才存在着一个外在。一个灵魂某种意义上就是所有事物——事物可以在它里面,因为它根本上与其他一切存在相分离。在保持自己的独特性以区别于他物的过程中,每个灵魂都把自己置于与时间的冲突过程中,因为时间存在的条件就是,时间中的诸存在变得不同于自己或走出自己。营养与生殖表现了灵魂在时间中抵抗时间的本质性趋向,尽管这种抵抗必然没那么成功。

　　乍一看,亚里士多德的如下宣称显得有点令人惊讶。亚里士多德说,对生物而言最自然的事情是"创造出像自己的另一个/同样的另一个……以便在某种程度上分有永恒与神圣,因为万物(panta)都欲求那个/前者(ekeinou),它们凭自然所做的任何事情都是为此缘故"(415a28 – b2)。首先令人迷惑的是,在这段语境中,亚里士多德的意思必定是,所有生物——植物与动物——都欲求(oregetai)什么,但这必然意味着它们都拥有 orexis[欲求]的能力。在此之前,orexis[欲求]曾被说成依赖于感觉的存在,而感觉的存在是动物灵魂[30]超越或有别于植物灵魂的特色之一(414b2)。那么,我们的第一个困惑就是,亚里士多德在这里似乎指出了植物灵魂并非与动物灵魂截然不同——两者某种程度上都有欲求。第二个困惑是亚里士多德对 ekeinos[那个/前者]的用法。如果该词指"那个",那就仅仅是指"万物"欲求的东西,但在这段语境中,它同样也可以很自然地指"前者",亦即"永恒的东西"是万物所欲求的东西。但这样一来,这里提到的神圣的东西就变得奇怪而不可理解。①

随后,"永恒与神圣"再次成对出现,亚里士多德指出,对于一个生物而言,同时分有两者其实不可能,因为可能毁灭的东西没有一个能够保持"数量上的同一"(415b4－5)。这似乎是说,所有灵魂欲求永恒,乃是欲求把自己与其他一切事物区别开来。为了做到这一点,暂时性的存在者需要努力阻止自己变成别的东西。这种努力的模式之一就是营养或进食,但这是一场注定失败的战斗,因为生物总会衰老并死亡。另一个模式便是生殖或再生产。事实证明,这种模式的成功跟灵魂实际具有的个性化程度成反比。就一株植物跟另一株同类植物完全一样而言,生殖模式相对来说更为成功。而就那种个性化程度达到足以拥有一个名字的有灵魂的存在者而言——例如一条狗而不是秋海棠——渴望永恒就没那么容易实现了。不过,无论哪一种情况,对永恒的欲求都有一个类似的、成问题的结构。自己、保持同一性的存在、内在之物把自己规定为与不同于自己的东西——外在之物——截然不同或完全相反。因此其统一,也就是其存在,有赖于外在之物。但它能够是其所是,仅仅是由于它把自己持续地与他物疏离开来。就其真实存在而言,灵魂总是包含着与异者(the other)的复杂舞蹈,据此,它必定同时既把异者置于一定的距离之外又使之为己所用。灵魂是为了保持自己而出离自己的东西;不仅营养与生殖,所有欲求都分有这一结构。当亚里

---

①　紧接着亚里士多德区分了 heneka——"为了(for the sake of)"——的两种意义。一方面,它可以指某物是"……的"——什么属于它(属格);另一方面,它也可以指某物是向着或为了什么(与格)。这里我们可以说,一个欲求的目标可以被理解为要么是渴望的对象,要么是渴望的主体。某物可以满足我,或某物可以满足我。一个强调异于我的别物;另一人强调与我相同的东西。我渴望我自己永恒持存,或我渴望成为永恒存在的某物(某位神)。

士多德说"万物都欲求永恒与神圣"时,他暂时取消了植物灵魂与动物灵魂之间的区别,以指出所有灵魂的根本特色。当他先说"万物都欲求永恒和神圣",然后再补充说它们是为了前者而这样做时,则[31]意在指出这一渴望的成问题状况。所有灵魂都欲求使自己带着自己的独特性永恒不灭,但是灵魂的总是如此(the always)与灵魂作为一种独特个体的存在(神性)相冲突。这个张力是所有灵魂的组成部分,但在植物灵魂中重心在于永恒性,在动物灵魂中强调的则是个体性。两者合起来,则指向被单独看待的每一个内部的二分。显然宙斯有足够的理由为他自己的可能性感到惊异。

灵魂是为了保持自己而出离自己的东西。亚里士多德看到,属于每个生物的这个独有特色不仅可以理解为营养灵魂的标志,也可以理解为欲望灵魂和认知灵魂的标志。在他论述营养灵魂之前,亚里士多德停下来为理解的性质做了一个方法论上的评注。我们总是先注意到那最表象却尚未清晰的东西,然后才进入那照理性来看较清晰也较可认知的东西。思想因此具有如下性质,即把表象(看似外在的东西)转化为某种 kata ton logon(依据理性)的东西,即某种非常像思想本身的东西。这个过程并非完全不像消化过程。就表象是思想的食物而言,也可以说认知灵魂为了确证自己是自己而出离自己。通过分别处理灵魂的诸部分,亚里士多德的《论灵魂》保持了一种人为的清晰性,但把握灵魂还意味着把握营养灵魂、感觉/欲望灵魂和理性灵魂的必然的混合。

二 感觉灵魂:视觉

亚里士多德论述感觉或感知灵魂开头的措辞,与他论述营养灵

魂的措辞非常相似:

> 感觉着的事物是潜在的,恰如被感觉的事物已经是现实的了,像之前说过的那样。因此,一方面,当它不像被感觉的事物时,它是在经受[它],但另一方面,当它经受过后,它就成了像[被感觉之物的]东西,并且就是那样的东西。(418a3－6)

营养灵魂把生产一个恰如/类似(hoion)自己/同一(auto)的存在作为自己的目的。感觉灵魂把经历或经验 hoion ekeino(类似或像外物的东西)作为自己的目的。前者创造出另一个像自己的存在;后者使自己像另一个存在。这两者——前者作为施动者,后者作为受动者——都涉及跨越同与异之间的鸿沟。在这个语境下,亚里士多德再次提出如下论题,即感觉是否包含着相似作用于相似或相反作用于相反(416b32－417a9),我们就并不觉得奇怪。一方面,感觉灵魂不可能只是像它感觉的东西,因为如果是这样的话,由于它最像它自己,它就会感觉到自己。感觉活动是把自己区别于它所感觉之物的活动。感觉是[32]是一种潜能,一种 dunamis[能力],其实现只能通过遭遇异于自己的他者。另一方面,假如灵魂完全不同于它所感觉到的东西,那么它的感觉又怎么可能为真呢? 我们再次遭遇灵魂内部的某种双重性(417a9－20)。感觉的模式大体上似乎是这样一个过程:感觉对象——它必定是他物或不类似的东西——被感觉灵魂所作用,以至于成为相同的或类似的东西,因而能够被接受。就像在营养灵魂中的情形一样,感觉灵魂再一次既与外在于自己的东西相同,又与之相异。

感觉灵魂必然同时既与对象分离,又与对象同一,这个意思在亚里士多德论述视觉时变得尤为明显。认识任何能力、任何潜能,也就是认识它的对象——潜能所向的东西。视觉能力的对象是可见之物。可见之物就其本质而言即表面,而表面的特征就是具有颜色(418a26 – 30)。因此,亚里士多德最初告诉我们,颜色是视觉的专属对象。但他很快又加上另一个词——共同对象(coobject):"能以 logos[言辞]述说却碰巧是无名的东西"。透过后文,亚里士多德的意思会变得清楚,他紧接着说,"每一种颜色都是透明者(diaphanes)的活动开始起作用,这就是颜色的本性"(418a31,b2)。在某种意义上,视觉的对象是颜色,但亚里士多德现在对颜色的理解是,它使我们与对象中间之物的透明性显明出来。你看一把椅子,注意到它是蓝色的,但是,这个经验某种意义上使椅子所借以(dia)变得显明(phaneron)的东西显明出来,这一点虽然不那么明显,却在某种意义上更为重要。颜色使处在居间状态(in-betweenness)的透明者(diaphanes)成为我们可见的。这在某种程度上是所有感觉的普遍形式,不仅适用于听觉和嗅觉,也与我们最初以为的相反,适用于触觉和味觉(419a25、b3)。居间之物,metaxu(419a20),是所有感觉的必要条件。感觉使这中介显明出来,从而也使其对象的"在那里"(out-thereness)显明出来,"在那里"因此变成了所有感觉的共同对象——但不仅仅是感觉的,因为随后,亚里士多德紧跟着连续两次提醒我们,他在此论证中的最新推进也是显明的(phaneron)(419a8,419a12)。事物的"出场"在视觉中变得可见了,我们必须借着它去看,才能看到带有颜色的表面。由此,视觉给予我们一种空间感,这一空间感正是事物外在性赖以存在的条件。

论证还有下一步。颜色可能是把透明性带入活动的中介,但还有另一样东西使潜在透明的东西真正透明起来——那就是光(phōs)。透明的东西一开始明显是通过光而活动起来,或被带入 energeia[实现],然后通过颜色以一种更具决定性的方式再次被激活。我们在黑暗中看不见东西,意思是说我们对空间的居间性一无所知,但光[33]使这一居间性的再次实现成为可能只是就以下意义而言:我们透过光观看,直到视觉停驻在有颜色的表面上。因此,透明的东西被给予了双重实现或者说 energeia。亚里士多德由此断定光是透明之物的颜色,进而发现了有趣的、本身就可见的光源——例如磷光与火。

透明之物可以被光激活,从而某种意义上披上透过透明之物看到的表面的颜色,这一点在另一层更有趣的意义上也很重要。这事似乎是在视觉层面上摹拟灵魂,灵魂后来正是在此意义上被说成在某种程度上就是一切存在(431b21);这事也让我们想起,亚里士多德在卷二开篇曾以复杂的论证表明,"灵魂是自然身体的第一现实性"(412a27 – 28)——不是已经实现的感觉或思想,而是感觉或思想的潜能,这潜能是以某种方式被实现了的身体的结果。① 行文至此,伴随着声调的轻微改变——从长音符变成锐音符(当然,这些改变并没有以亚里士多德时代的希腊文写下来),phōs 不是变成了"光",而是变成了"人"或"有死者"。由此,亚里士多德似乎为我们呈现出一种有趣的类比,一方是使事物变得可见的光,另一方是人,因此也可能就是认知灵魂。如果说,光因其对透明之物的实现所以是视觉的第一现实性,那么,这也类似于有生命的身体被灵魂所实现。反过来,这又与 logos[逻各斯]如何被灵魂显明联系起来;亚里士多德使用 phaneron("显明",见 419a8 与 419a12)来反映他如何逐步澄清自己的论证,也表明了这一点。一个符号作为一个符号显明出来——即进

---

① 因此,例如我们可以说一把已调弦并校音的竖琴处于第一现实性的状态——某种潜在性已经实现出来,但这种状态还在准备着另一种现实性,即当竖琴实际被演奏时的第二现实性。因此,第一现实性从一个角度看是一种已然实现的状态,从另一个角度看又是一种潜在性。这是一种已然实现的潜在性。这种处理很像亚里士多德在《尼各马可伦理学》中处理作为一种性情状态的 hexis 的方式(尤参卷二第五章)。

入光中——是借着对它的思想。这一作用就是使一个思想变得可见的东西。亚里士多德在 418b24 的用语进一步表明这一点(也更为复杂化),在那里他说"这(即光的运动)既与 logos[逻各斯]之光(enargeian)中的光明/存在相对,也与外观相对"。在亚里士多德现存所有作品中,enargeia 这个词仅此一见。这里它被视为 energeia 即"实现"的双关语,似乎有道理。每个视觉活动在使中间性显明出来时,都有一个特殊对象,但最终,它的目的是使中间之物显明。在这个意义上,视觉是所有感觉的典范,因为每种感觉也是对感觉的一种感觉。亚里士多德的双关语表明,这种[34]反身性可能是灵魂作为灵魂的特质,因此正如它对感觉是真实的,它对思想同样是真实的。

三　思想灵魂

1. 感觉与想象

灵魂——psuchē,这个词在《论灵魂》前十章(卷一到卷二第五章)中出现超过 140 次。然后在接下来的八章中消失了(卷二第六章到卷三第二章),只在卷三开头论述想象时露了一下头。然后在接下来的十一章里,psuchē[灵魂]也有出现,但相比于第一部分,出现的频率要低得多——大约 20 次。因此,灵魂在亚里士多德论述五种感觉以及统觉时很扎眼地缺席,而这部分论述占《论灵魂》整整三分之一的篇幅。

在"灵魂"一词中断出现之前,亚里士多德论述了营养过程:在此过程中,某种身体从身体的其余部分分离出来,为了继续是其所是,它必须把外在于自己的东西转化成自己。在这个意义上,植物有灵魂,因为它们由内外之间的边界构成。不过,植物合并外在之物是以如下方式做到的,即外在之物终止其外在性。因此,在植物中不存在作为外在的外在之物的意识。植物表明了有一个边界意味着什么,但植物意识不到作为边界的边界。

在论述感觉之后,亚里士多德探讨了心智与思想,以及意识与自我意识。思考被理解成与其所思的东西同一(430a23),而且不像感觉的对象,思考的对象完全在灵魂自身里面——它是没有质料的形式(417b23–24)。因此,在心智中,思想者与思想、灵魂与对象、内在与外在之间的差异将完全消失。思考灵魂似乎毫不费力、毫无抵抗地占用了它的对象。但是这样一种灵魂会有自我意识吗?

如果说,营养灵魂意识不到自己把外物吸收到内部时做了什么,而思考灵魂的对象则是完全内在的,并且它占用对象的过程毫无阻力,那么看来很有可能,作为某种意义上有自我意识的灵魂——也就是真正的灵魂,其实只在感觉灵魂中显示自身。因此,在论述营养和思想时就必须突出地提到灵魂,不然的话它不会显明。在论述感觉时则不必提到灵魂,因为只有在感觉中,灵魂才明显是单纯营养(也许是不可能存在的)与单纯认知(也许是不可能存在的)之间的媒介。换句话说,甚至营养灵魂在某种程度上也欲求,甚至思考灵魂在某种程度上也吸收外在之物。真正的灵魂显示自身,只是在它[35]被分开而与自身对立的时候——此时灵魂同时反映其占用对象的当下与占用行为的当下,所以它既是一又是二(426b24–427a16)。因为这种统一中的分裂正是灵魂的规定性特征,所以,灵魂在犯错行动中变得尤其显明。在亚里士多德论述思想时,错误的这一中心地位与想象即 phantasia 的重要性相连。

亚里士多德开始他对认知灵魂的论述,首先是回到对灵魂双重功能的一般理解:一方面灵魂是意识的本原,另一方面,灵魂也是运动的本原（427a17、b8）。这提醒我们注意到灵魂内部的张力：那给予我们行为动机的，怎能同时消极地允许我们使存在之物如其所是呢？① 心智的纯粹似乎与心智的运动相冲突。接下来，亚里士多德批评了那些认为思想像感觉的人，因为他们没有看到，假如真是这样的话，就无以解释为什么有错误了。上述两点是联系在一起的：除非一物被说成属于另一物，否则不可能有错觉。若非如此，我们就是要么单纯地看到、知道一样东西，要么没看到、不知道——它要么进入我们里面，要么没有。相应地，假如感觉与思想一样，那么，要么所有表象（phainomena）都是真的；要么，即使有错误，这个错误也必定是感觉到某个本身就不真的东西。因此，要么，显示出来的万物就是如它所显示的那样，要么，必得有一个非存在显示出来。这些两可性为讨论想象作好了准备，因为一个意象（image）总会显示出来而且总是真的——也就是说，它是一个真的意象但这种真实性取决于像并非它所显示出来的样子。有思想，就必然存在犯错的可能，就此而言，思想必定要求某种类似 phantasia［想象］的东西存在，这又要求感觉的存在，感觉又要求身体的存在。当然，亚里士多

① 亚里士多德在《论灵魂》中用 mētis 这个词指心智（他在那里引用的是恩培多克勒 427a23），仅此一处。这个词就出现在他引用荷马之前。亚里士多德似乎想让我们想起荷马最著名的双关语。在《奥德赛》卷9，奥德修斯告诉独眼巨人波吕斐摩斯他的名字是 outis，即“无人”。当奥德修斯弄瞎了波吕斐摩斯时，后者大声哭喊，其他独眼巨人来问发生了什么事，波吕斐摩斯回答说，“无人”把他弄瞎了。结果巨人们没有为他提供帮助，“因为毫无疑问没有人想要杀你”（《奥德赛》卷9 行4056）。然而，他们回答波吕斐摩斯时用了另一个希腊词 mētis 来说“无人”，mētis 与“心智”这个词只是重音有别。荷马的双关意在提醒我们注意心智活动与无我状态［译注：此处“无我”与前面的“无人”，英文都作 no one，但在中文中意思有别。］——亦即没有看法、没有动机——之间的关系。这正是《论灵魂》卷三占据了亚里士多德全部心思的问题，那里的高潮似乎就是主动心智与被动心智之间的张力。

德有时似乎也主张心智不可能与身体相混（例如，429a24 – 26），但事实证明要坚持这一主张很困难。

亚里士多德告诉我们，很明显（phaneron，其词源通过 phōs［光］与 phantasia［想象］［36］相关），感觉与思想不同。所有动物都感觉，但只有部分动物会思想。可见，感觉可以没有思想而存在，因此感觉不可能与思想相同。现在，为了在这个方向上论证，我们就要使思想作为非感觉（phainesthai）跟感觉一起显示在我们面前。我们任意把两种能力带到面前来，以便加以比较，但让它们任意显示出来只有基于想象能力才有可能，这显明（phaneron）两者并非同一。那些视感觉与思想为等同的人，在他们的论述中抛弃掉的正是 phantasia［想象］，因为思想意味着使实际上不在的事物向思想者自身呈现出来。例如，为了思想恐惧，我们就给恐惧一个框框，把它隔离开来；这让我们在并没有实际经历到它的情况下"经历"了它。只有以这样的方式，我们才能把一个事物与另一个起初并非被经历为与它在一起的事物放在一起——这就是思想。这个过程涉及经验与时间的脱离，这是 phantasia［想象］的典型特征。① 任何时候只要我们愿意就可以去想象某物，这意味着，我们并非把自己交付给该事物显现时它的现实。假如经验没有脱离现实的可能性，就既不可能有 logos（以 S 是 P 的陈述形式进行的思想），也不可能存在 hupolēpsis（推想或假定——思想的条件模式）（427b11 – 16）。Phantasia［想象］需要感觉为其提供内容，彻底地思想（dianoia）事物又需要 phantasia［想象］。Phantasia［想象］即便本身没有犯错，也伴随着错误的可能性，但是，通过使意象与经验分离，想象使得以某种方式结合二者成为可能，甚至主张二者可以并行。Phantasia［想象］

① 参伯纳德特，《亚里士多德〈论灵魂〉卷三第 3 – 5 章》，前揭，页 611。

本身并不要求占有现实,从而使得它对现实进行论断得以可能。①

　　Phantasia[想象]使某种有趣的事情成为可能。意识(aware-riss)的第一个阶段是感觉。当有了感觉,我们[的活动]已经结束了;感觉的对象是我们的——我们要么得到了它要么没有得到它。当我们得到了它,我们就把自己交付给了它的现实。意识的最终阶段是理智(intellection)——noein。这里就思想对象而言我们[的活动]也已经结束了——我们想到了什么或没想到什么,若是想到了什么,我们也就把自己交付给了它的现实。在这两个阶段之间还有几步。首先是从实在中分出感觉;这使重构曾经感觉过的东西成为可能。因此,我们可以悬置关于这个对象的现实的信念。意象是真的——也就是说,它是其所是,但它也使得作为[37]dianoia的思想成为可能;思想是一种综合,它走在作出结论的途中,但尚未到达终点。因此 phantasia[想象]使否定现实成为可能,而对现实的否定是重构现实——我们所谓的思想——的必要序曲。

　　想象是"我们据以说一个 phantasma[意象]在我们里面或对我们而言形成了的东西"(428a12)。亚里士多德很快补充说,他并不是指我们用隐喻说话时,因为我们用隐喻说话时,即便说得再富有诗意,并因此而说得再隐晦,都是为了对现实世界作出真理性的论断。但是,想象是一种单一的能力吗? 抑或它是另一种能力的性

――――――――――

　　① 亚里士多德在这部分的用词富有启发意义。他在讨论错误时带出一个新的动词:dianoeisthai——字面意思是"通过……来思想"(think through)。如果没有这个"通过"(through),就不存在错误;或者说,如果心智(noein)活动类似视觉,它就绝不会犯错。随着对错误的讨论他还引入了另外两个名词——dianoia(作为"通过……来思想"的思想)与 aisthēsis[感觉]。名词要求把一个活动框定,与该活动所导向的结果分离。这当然只有借助 phantasia(想象)才成为可能。

质? 亚里士多德首先把它与感觉区分开来,因为我们想象时并没有感觉——例如做梦的时候。其次,感觉似乎总是在场,phantasia[想象]则时开时关。再者,感觉是动物灵魂的规定性特征,但我们并不清楚是否所有动物都想象。最后,感觉总是真的(我们总是看到我们看到的东西),而 phantasia[想象]则常常是假的(看到的东西什么都不是)。日常语言也证明了想象与感觉的区别。对于感觉对象,我们不会说"这显得是一个人",而是说"这是一个人"。只有我们不确信的时候我们才会说"显得……",我们悬置了该对象的事实。当我们这样做的时候,作为施动者的我们消失在了对所见之物的描述中;描述进入了第三人称——dokei/"似乎"或 phainetai/"显得",我们被拖入我们正在描述的东西里面。视觉对象某种意义上对我们在场,却没有反映出我们。想象的对象即 phantasma[意象]具有一种根深蒂固的不确定性,提醒我们正在审察对象。或者说,phantasma[意象]不像感觉对象,它随身携带着一种经验的透视品质。因此,通过把怀疑投射到其对象的现实上,phantasia[想象]暗示出一种比显出来的现实更为真实的现实,即使关于现实它什么也不能告诉我们。通过护送我们走出它呈现给我们的东西之外,它发起了一个运动。[①] 这就是phantasia[想象]与感知或感觉最大的区别所在。

亚里士多德很快把 phantasia[想象]与知识(epistēmē)和心智(nous)区别开来,因为后两者绝不可能是假的(心智与感觉似乎都有某种单面性)。然后他转向剩下的部分——doxa,即意见或似象(seeming)。phantasia[想象]不可能是意见的一种形式,因为 doxa[意见]包含不能悬置的信仰或信念。意见绝不可能知道自己是意见,它总认为自己是正确的。因此当你说"这只是我的意见"时,便

---

① 参伯纳德特,《亚里士多德〈论灵魂〉卷三第 3–5 章》,前揭,页 613–614。

意味着它并非真的是你的意见,因为事物对你显得(dokei)是什么,那就是它对你而言的所是。因此 doxa[意见]缺乏 phantasia[想象]所必需的双重视野;这种双重视野不可能是 doxa[意见]和感觉的相加,你把两种单一的视野加起来,也得不到双重视野。这个加法会得出什么?意见告诉我们太阳很大,感觉告诉我们太阳很小。同时说这两句话并没有[38]向我们揭示出在经验中统一两个断言的原则。出于同样的原因,双重视野不可能是通过感觉得来的意见,也不可能是与感觉交织的意见。二者都不能解释 phantasia[想象]特有的双重性。

那么,什么是 phantasia[想象]呢?在下面一段更为浓缩的论述中(428b10 – 429a1),亚里士多德指出,它完全就是三层感觉的叠合。① 感觉总是冲在个别感官对象的前头。这一点我们不可能弄错——视觉在看到白色时绝不会受骗。但是,伴随着这一位于首先的感觉,我们同时也感觉到白色正在用于描述某个主体,或者说,被附加给某个主体。而这时我们就可能出错了,因为我们可能把"这是白色的"里的"这"给认错。最后,我们感觉到"共同事物"(例如运动与大小),它们紧随那有特殊属性附着其上的被述谓的事物而被感觉到。所以,我们正看到白色,这一点我们绝不会出错,可能出错的是什么是白色的;而且,在这上面我们最容易犯错,即搞错统觉所指示我们的属于"这是白色"与"这是硬的"所同有的这个"这"。亚里士多德在这里表明,假如以上三层感觉的结合是一劳永逸且固定的,怀疑就不会那么容易进到我们里面。phainetai[显得],因此还有 phantasia[想象],与一种"形而上学的冲动"即某种朝向思想

---

① 接下来的论证参伯纳德特,《亚里士多德〈论灵魂〉卷三第三至第五章》,前揭,页 614 – 615。

的运动紧密相关;思想因为植根于对感觉的综合性的意识,所以它意识到最终感到之物的脆弱。因此,phantasia[想象]似乎是某种源于感觉的 energeia[活动]的运动。这并不表示每种感觉着的存在都具有想象能力,而是说,phantasia[想象]在某种意义上将是感觉的某种固有倾向的自然实现。因此,亚里士多德在《论灵魂》卷三第三章对 phantasia[想象]的词源分析比乍看起来更为重要。我们已经看到,视觉——亚里士多德在这里挑出来的最特殊的感觉,它的前提是光(phaos 或 phōs)。这里(429a3)说,phantasia[想象]这一名称得自光,即便它不像视觉,它并不需要光。因此 phantasia 应该指不证自明的东西——即把光引向自身的东西。某种意义上,这正是 phantasia[想象]所做的事。Phantasia[想象]之光不再是所视对象与眼睛之间的中介,因此它使想象得以变成这样的东西:我们把感觉着的自己和被感觉之物同时投入它里面。我们要想象时,我们就想象,因此,感觉对外在于我们的对象的依赖(一旦我们看到感觉总是隔着一段距离感觉其对象,这种依赖性就显明出来——也就是说,感觉不仅是对对象的感觉,也是对"之间"的感觉)被切断了。这使得想象在一次经验中使我们的灵魂与可感存在相结合。然而,由于想象总是必须意识到其对象反映出来的综合性,因此,想象这种经验总是对这种成问题的结合的经验。[39]或许可以说,最能经验到灵魂与世界的必然结合之时,正是在我们对世界的认识出错之时;否则,我们要么失去对"我们"的经验,要么失去对世界的经验。但这恰恰就是对 phainetai[显得]的经验,在此经验中,"它显得是"暗示着"但可能不是";正是由于这一双重性,"诸存在才显示自身"。

2. 被动心智与主动心智

在卷三的前面部分(429a24),亚里士多德提醒我们,心智某种

意上与身体相分离。① 思想与感觉不同,它似乎没有器官。但是,
与最初的表象相反,即便器官在感觉中的角色,原来也很成问题。
诸感觉经由某个适当的对象进行感觉,但是,我们也说它们感觉它
们自己正在感觉,这两种活动使用的是相同的器官吗? 亚里士多德
清楚表明,在诸感觉之中,触觉拥有特殊的地位(425a11 – 20)。我
们绝不能关闭触觉,它某种意义上与其他四种感觉中的每一种都相
关联或相重合。但是,触觉有器官吗? 亚里士多德似乎提到它时只
说它是"内在的"(423b22 – 23)。那么统觉怎么样呢? 如果统觉拥
有一个与那些特定的感觉分离的特殊器官,那么就需要另一种感觉
来把它和原有的五种感觉统一起来。Phantasia[想象]呢? 虽然其
功能与感觉和思想都不同,但它从根本上被理解为对感觉的修正。
一方面,《论灵魂》似乎试图根据灵魂的诸构成"部分"——它所做
的各种事情②——来理解灵魂;另一方面,《论灵魂》也必须把这些
异质的功能理解为构成了一个整全,从而使得一次经验成为可能。
这一点即使对于植物也是真实的,植物把其所经受的东西当作统一
的存在者来经受,但一旦感觉进来——也就是说,一旦考虑到动物
灵魂,把这种统一经受记录成"一"对经验而言就成了必要的。即
便在经受多种事物时,灵魂也不可以改变并且必须意识到它的恒定
不变,如此灵魂在感觉多种事物时也必然感觉到自己为一。这一经
验绝不能通过假设存在某种使用额外器官的额外功能——类似统
一功能的东西——来解释。有人可能会说,卷三开头心智是"非身
体性的"这一假设,某种意义上从一开始就在,因此它必定不仅适用

---

　　① 亚里士多德在以前就提到这一点;例如,在 411b16 – 19 与 413b24 –
27。

　　② 参 429a10 – 13。

于心智，也适用于灵魂。不过我们需要看到，为什么这一假设只从心智方面加以明确。

亚里士多德论述"灵魂所凭借来[40]进行认识和思想的那个部分"（429a10 – 11），始于承认心智与灵魂的分离可能不是事实上的分离，而是在 logos[逻各斯]中的分离，这就是说，心智可能是思想本身为了理解思想所需要的一个"部分"，但是它在空间中并不存在——也就是说，它没有大小。亚里士多德困惑的是，不可能理解成在空间与时间中的东西，却能够显示自身——至少是暂时性地显示。他同样感到惊异的是，为什么某个永恒之物会引起一种并非永恒的活动。也就是说，思想为什么会在它形成之时形成？为什么在这里？为什么是现在？

如果思想像感觉，那么思想就是一个受外物影响的存在。视觉受可见之物影响——思想大概也受可思想之物的影响。如此，思想能力或潜能必定处于一种并非已然受到影响的状态，不然的话，它就不会完全接受凡能对自己施加影响的东西。"不受影响（apathēs）意味着不是持久地处于那种被抛入某种状态的状态中"。① 这个条件有着极重大的后果，因为这就意味着思想能力不可能是身体性的。甚至对于个别感觉来说，这话也有着部分的真实性。眼睛由"水"组成，但它的 energeia 即它的实现却是成为透明的。然而，视觉可以与一个器官相关联是因为，虽然该器官必须潜在地是透明的，但它不必是完全不确定的。例如它的性质可以联系其他感觉得到规定——它可能是硬的、温暖的，诸如此类。但是，因为思想原则上把一切视为自己的对象，所以它必须完全"透明"，因而它就既不可见也不可触，等等。它一定是 apathes——不受影响

---

① 参伯纳德特，《亚里士多德〈论灵魂〉卷三第 3 – 5 章》，前揭，页 403。

的。那么,心智为了是其所是——即对万物敞开,必须没有任何东西来挑拣它。它作为成为任何事物的潜能,不可以有任何特殊之物作他的本性(429a21－22)。其潜能(dunamis)即其能力(dunamis)。因此,如果思想是亚里士多德宣称的东西,那么心智的非身体性特征就绝对必要。

心智也不可能存在于时间中。也就是说,既然它不起作用时就消失不见(429a22－24),那么它就并不在时间中持存。或者说,在它通过成为某个特殊的存在来显示它的能力之前,它什么也不是。因此,为了能够披上任何形式,心智必须是纯粹潜在性的。可是,因为心智不在时间中——即它有时忙着有时不在忙着,所以,定然有什么东西开启或关闭它。如果心智就其存在本身而言是一个纯粹的接收者,因而是纯然被动的,那么是什么激活它呢? 关于那本质上什么都不是的东西,是什么使它动起来的呢?① 亚里士多德必须对心智的任意性(willfulness)作出一定的说明,因为心智"可成[41]为每一事物","当它能够通过自己驱动时此事就会发生"(429b57)。心智活动与它本质上的被动性之间的张力指向一个更深层的问题。一方面,心智(nous)必须是 apathēs——不受影响的,如果它能够承受或接受所有可能的影响的话。另一方面,既然思想(noein)是一次影响、一次经验,心智就必须有可能把思想作为一个对象吸收。因此,心智必须既能、又不能思想自身。这在某种意义上正是名词 nous[心智]与动词 noein[思想]之间的分裂。亚里士多德把这种分裂转化成主动心智与被动心智的区分,以便心智既与

---

① 亚里士多德在下面这句话中表明他在思考这个问题:"正是通过可感物(他? 它? 某某——亚里士多德让这个句子的主语成了一个不确定的东西)判断热、冷以及那些可用肉体作为其说明(logos)的事物"(429b14－16)。

作为做、制作或生产(poiein)的思想站在一起,又与作为经受、经验或遭受(paschein)的思想站在一边。主动心智(nous poiētikos)就像"我想"中的那个"我",而被动心智(nous pathetikos)则是"有思想正在进行"中的那个"思想"。如果没有被动心智,思想就不可能,但是如果不削弱思想的纯粹性,似乎也不可能描述思想,因为要对思想进行描述就得给它一些条件,这就会削弱它的偶发性。把心智描述成纯粹被动的或纯粹接受性的存在,就等于说它是一切事物;它是一个没有统一原则的杂多。把心智描述成主动的或生产性的,就是让它为它所思考的东西负责。让心智居于最前面,就使心智的对象在决定性的意义上成为相同的或者说一。某种意义上,它思考什么并不重要;心智就是这个统一性。当然困难在于,如果不同时是两者——主动的与被动的,心智也不可能是心智。可是两者似乎必然相抵牾。

与自然中的任何其他事物一样,心智有潜能,有自己的质料,有实现这潜能的东西,还有为质料赋予形式的施动者。就这话也适用于灵魂而言(在这里亚里士多德不说"心智",430a14),灵魂的质料就是成为万物的潜能,但到底是什么使它成为某个特殊的事物呢?什么是"我想"中的那个"我"呢? 就这个施动者是心智而言,就像光通过实现透明而成就了颜色,同样,心智也会成就所有的思想对象。因此,主动心智,nous poiētikos,就是把思想和思想对象绑在一起的东西。它尤其是使得思想是对某个特殊事物的思想的东西。现在,这个心智将不得不与所思的东西分离,因为,不这样的话,它就会一直运行,引起的与被引起的就将没有分别,于是就不可能经验"我思"这一形式了。主动心智还必须单独不受影响——apathēs,因为它是决定什么会影响我们的东西。它必须没有混杂,因为它是所有混合的原则。作为主动的东西,就其本性而言它不是 dunamis

[潜能]，而是某种 energeia，也就是某种现实或"某个"正在运行"的存在"。但倘若它真的一直在"运行"，它就将一直在思考。倘若它一直在完美地思考，它就将完全与所思考的东西同一。"我思"就将无异于施动者的"知识"，[42]而被思的存在(希腊文 on)，就它是一个对我们而言的存在来说，就变成了一个 pragma[事件]。主动心智由此具有双重性。它先是似乎承认"我"与"思"之间有一定距离，但随后又瓦解了两者的距离，使它们互相进入彼此之中。主动心智一方面不断地在从事认知，另一方面，它又只是与所认识之物相分离的所是。就后者而言，它是不死的、永恒的，而且不像被动心智，它不会变质。但是，由于它不断地、完全地是其所思之物，所以它又不可能保持对它所曾是之物的任何记忆，因此，它也以自身活动的完全性，标志着"我思"中的"我"的缺失。

这里所探讨的是面对经验的异质性时灵魂的统一性问题。存在方面也有与这个灵魂问题类似的问题。为了解释我们何以能理解周遭参差不齐、变动不居的事物，我们就说，它们基于某些固定不变的原则获得了秩序。"有一些树"这件事依赖于实有"树本身"这东西。然而，一旦我们作出这个假设，以便给我们所已知世上实有的、有限的可理解性奠基，我们就再也无法解释，为什么那些永恒不变的原则只会不完全地、间歇性地运行。我们不能理解，事物怎么可能部分地可理解。处理灵魂问题时，我们引入心智来解释我们如何接收稳定不变的事物。然而，这就引出了心智自身内部的不稳定性。被动心智，作为其对象的形式的完美再现，并没有一个离开对象之在场的存在。这种不一致要求心智本身里面有某种东西来解释心智所指向之物，即解释心智以何种方式聚焦于某物。这就是亚里士多德称为 nous poiētikos[主动心智]的东西。但是，由于主动心智在这一聚焦活动中有其单独的存在，所以，在它里面并没有什么原则来阻止它每一瞬间都完全地起作用,从而把自己彻底沉浸在所思想的东西里面。在追索这个问题时,亚里士多德似乎正在描述心智内部(以及在灵魂内部)存在的一种基本模式,心智凭此模式交替(但并非真的是时间性的交替)拉开和消弭自己与对象之间的距离。完美的心智完美地拥有这两种特征,它既完全地吸收世界,同时也完全地意识到这一吸收。问题在于这个理想化的心智最终证明是不稳定的。诸如完全的思想这样的事物压根儿就不存在。如此,理解心智就意味着理解它何以可能把这两个思想时刻——思者与思想分离的时刻和成为同一的时刻——并不完美地结合在一起。要使这成为可能,唯有把这个距离理解成虚拟性的距离——即想象性的距离。亚里士多德对主动心智与被动心智的呈现初看是《论灵魂》论证的顶峰,其实是为了确立 phantasia[想象]对于思想的重要性和必要性。

[43]思想要成为可能,假的思想也必须是可能的,两者都涉及把并不明显在一起的事物放到一起。对角线与无理数的独立存在,使得我们有可能说,一个正方形的对角线和边长不能用同一单位量尽(430a30 – 31)。亚里士多德的例子很能说明问题,因为要证明它们不可用同一单位量尽,需要以原正方形的对角线为边长构造另一个正方形。① 这个构造出来的正方形本身虽然与原正方形的对角线没有任何关系,却可以让我们明白对角线与边长的关系。也就是说,凭借理智沉思(noein)无法为我们所理解的东西,却可以通过制作(poiein)某个完全无关的东西而变得为我们所理解,这东西虽然

---

①　参柏拉图《美诺》82b – 85b 与拙作《希腊悲剧与现代科学的起源》(*Ancient Tragedy and the Origins of Modern Science*),Carbondale:Southern Illinois University Press,1988,页 126 – 127。

毫不相干却有助于我们彻底思考原来的问题。为了看清事物的所是，我们得从我们对它的审视中后退。我们怎么得到这个距离呢？我们心里说："以对角线为边长想象另一个正方形吧。"

亚里士多德已经为我们展现了"完全的思想"——它应该是不带 phantasia［想象］的——现在他把我们带回到 phantasia［想象］在所有实际思想中所扮演的必要角色。而且，他这样做的方式还指出了他自己的论证一直在做的事。在他自己所举的几何学例子中，构造最终证明对于创造一个使真理变得可见的语境是很有必要的。从这里，亚里士多德发现，构造出一个主动心智，从而使 phantasia［想象］的实在显示出来也是有必要的。

3. 想象与思想

《论灵魂》似乎在卷三第五章论述心智的独立性与永恒性时达到了高潮。然而，事实证明这段论述属于一个如此纯粹的心智，以至于论证最终转变成了一次归谬。被动心智因其纯粹性，不过是其一系列不连续的对象，而与对象完全分离的主动心智，则容不下任何多样性，因此也容不下任何对象。完全的心智是两者之和，因此它将结合完全吸收（即没有距离）与完全意识（即完全疏离）。因为这一结合是不可能的，所以完全的心智也是不可能的。不过，我们只有首先构想心智的完全状态，随后看到这一构想如何不成立，才能理解心智必然的不完全性。这个过程——为了看出某个一不是一个一以及如何不是一个一，而构造出这个并非真实存在的一——似乎是思想的真实结构。这个过程要求 phantasia［想象］的存在。亚里士多德说 phantasia［想象］对思想而言是必要的[44]，似乎就是这个意思。而 phantasia［想象］转而要求彻底思考思想中假（falsehood）的角色——假就是把事物表现成并非本来的样子。于是,亚里士多德在论述心智问题之后不得不转向假的问题。并非偶然的是,phantasia[想象]和假在一句来自恩培多克勒的引文中重新进入论证——这句引文提出,世间事物靠 philia 即爱或友谊成为一(430a29–31)。亚里士多德引入一个欲求——即一个善的原则,来解释事物如何成为完整的。在《论灵魂》的剩下部分,亚里士多德彻底思考了作为被动接受事物的场所的灵魂与发起运动的灵魂之间的关系。灵魂的两个对象——真与善之间的纽带就是 phantasia[想象]。

亚里士多德以一个语言上值得注意的转变开始了对 phantasia[想象]的这新一轮讨论。他说,"知识就其活动(energeia)而言与它的对象(pragma)是一回事"(431a12)。"心智"变成了它的产物即"知识",心智所吸收的存在则变成了一个 pragma——即一个对我们而言存在的事物。无论从施动者方面还是从对象方面,这里都是从已经完成了的认识活动这个角度来理解认识。然后,亚里士多德比较了感觉与它的对象,并得出结论说,无论是在感觉还是在思想中,能力都与其说是被改变或推动,不如说是被实现或者说现实化(actualized)。因此,就灵魂的接受能力自身而言,当它们意识到简单对象时,并不是就要认为它们经历了运动或变化。到目前为止,我们只有被动心智和它在感觉上的类似物。这一"运动"不是变化而是呈现;某物被迫独自显示出来(尽管这一显示因以下事实而变得很复杂,即此处所讨论的动词 phanai 既可以表示"使显示出来",也可以表示"宣称"或"断言"——这两个意义暗示出"对"与"对!"之间的联系)。① 由此,思想的"运动",还有感觉的"运动",

---

① 这一点受到伯纳德特的启发。Phanai 是 phēmi("说"或"断言")的不定式,也是 phainō("揭示"或"使……显示")的不定过去式。

首先被呈现为一种完全不同的运动或变化的形式（allo eidos，431a7）（它是某完全之物的一个 energeia），不过他马上又退回去一点，称它是"相对地不同"（hetera，431a7）。

随着引入快乐与痛苦，亚里士多德把思想从运动中分离出来的论述经历了进一步修正（431a9－14）。当感觉中出现快乐或痛苦时，灵魂不只是中立地接受，而是或肯定或否定这快乐或痛苦。这相当于说，我们经验到感觉对象或好或坏，而这一经验反过来又会让我们倾向于追求或逃避所说的那对象。因此，感觉必然与欲求（orexis）和逃避相连。不过，虽然欲求与感觉在功能方面并非不同（heteron），[45]但在存在方面却相异（allo）。借此亚里士多德似乎想说，尽管思想和感觉都不可能拥有不同于欲求的器官或能力（因为它们只能在彼此的关系中存在），还是必须把思想和感觉理解并思考为相异的。《论灵魂》本身的结构——从作为意识的灵魂向作为运动的灵魂运动——便标示出这一点。到现在为止，欲求与思想之间联系的必然性已仅仅基于感觉与思想的类似暗示出来。这一联系随后得到进一步强调，因为亚里士多德首先阐明，意象跟感觉对象一样，也随身携带着好与坏，然后他又表明，"灵魂绝不会脱离意象去思想"（431a14－16）。这些意象个个不同，如同感觉对象个个不同，但它们必然被统一起来，恰如感觉对象被统觉统一起来。跟感觉一样，想象也以许多方式去经验一个对象。例如，灵魂区分甜与热，这意味着灵魂"里面"有一个"地方"能够分辨甜与热。这就是亚里士多德名之为统觉的东西。甜之于热（或白）如同味觉之于触觉（或视觉），同样，甜之于味觉也将如白之于视觉。但是，味觉和视觉在一个具有意识的存在中必须会合起来。相应地，对于它们意识到的对象也必定如此，甜和白都将是某一个存在的不同存在方式。因此，有意识的灵魂必然意识到诸统一性——即诸多的一，于思想如此，于感觉亦如此。所以，想象从属于某个"统觉"，正如感觉服从于某个统觉。思想的功能是借助意象来思考形式，就像感觉中的情形一样，这些意象随身携带着好和坏，因此或被肯定或被否定，或受到追求或受到逃避。思想与欲求不可分离。

亚里士多德总的观点似乎是，无论在感觉还是在思想中，我们所吸收的东西总是一个统一的对象。这些对象不仅仅是几种感觉的综合体，也已经是追求或逃避的对象。感觉和思想的对象决非单纯的、中立的，而总是且早已是双重的——即它们的存在和它们的好坏。对于火，我们感觉到的不只是一种黄里泛红的、跳动的、噼啪作响的、冒烟的东西，相反，我们感觉到它是火，甚至是烽火。我们感觉到一个对象是潜在地让人痛苦的——即一个我们要去逃避的事物。因此，在真假与好坏之间存在某种差别，但是，"没有活动，真假就与好坏同类，差别只在于是单纯地［在场］还是对某人［在场］"（431b10－12）。我们能够从好坏中抽掉真假，恰如我们能够离开塌鼻子去谈"塌"，并使之与凹状等同，这些在其存在上诚然有区别，但在事实上并无不同。它们并非脱离彼此而存在的。某种意义上，静观绝非简单地与实践相分离，这一点似乎从亚里士多德《论灵魂》的第一句话，从 eidēsis［知识］那里就已明了。ēidēsis 就是灵魂因真实之物的善中吸收真实之物。① 灵魂的每个对象既是欲求的对象又是意识的对象。理解了事实何以如此，就意味着理解了灵魂统一体同时既是意识的本原又是运动的本原。

亚里士多德以如下著名宣称开始《论灵魂》卷三第八章：

　　现在，把我们关于灵魂所说的内容综合在一个要点下，让

---

①　参上文第一章。

我们再说一次,灵魂某种意义上就是一切存在。(431b20 – 21)

在他开始论述运动的灵魂之前,亚里士多德总结了——即统一了他关于"那统一一切的"灵魂的论述。他如此做的要旨在于为《论灵魂》剩余部分提供一个最好的基础——就是说,他是心怀某种善或某个目的而这么做的。

灵魂在某种意义上就是一切存在。有可感觉的存在,也有可思想的存在(假定这些穷尽了所有存在之物)。灵魂吸收两者,并且在某种意义上就是这两者。但这个"在某种意义上"又是什么意思呢?灵魂有潜力实现所有事物,无论是可感事物还是可思想的事物,但灵魂不是单纯再造它们,而是吸收了它们的形相——即它们的 eidē。但这意味着什么呢?亚里士多德只给了我们一个类比,一个他"心智"中存有的意象:"灵魂就像手,诸工具的工具,心智是诸形相的形相(eidos eidōn),感觉则是诸可感性的形相"(432a13)。手在使自己适应于诸特殊工具的意义上是诸工具的工具,这些工具中的每一种都被设计来做一件事情。手本身无法做一把螺丝刀、一个键盘或一把牙刷做的事情,但它提供了一种一般性的力量(force)来激发每种工具特有的潜在性。心智(注意这里不说"灵魂")就像一只空手。没有 eidē[诸形相]为工具来辅助它(其中一种工具似乎是可感事物的 eidos[形相],它与身体被抛开后身体的形式是一回事),心智就不能做任何事情。如果 eidē[诸形相]的功能大体上是把存在的无限连续体划分为不同种类的存在者,那么心智就是为了这个目的而使用它们的。不过,心智本身作为一种 eidos[形相],必须是划分——即区别——的原则。一般而言,心智就是划分事物、并因此而创造出诸"一"的东西。特殊而言,它是提供一般性的力量,使诸特殊 eidē[诸形相]得以各司其职的东西。因此,认识心智的特殊性，意味着认识到它并不是要思考任何特别的东西；认识到它与"它碰巧正在思考"的那个"它"同一。然而，如果心智像手一样是诸工具的工具，如果这意味着利用某个 eidos［形相］来把人的注意力转向某物，那么，什么又是那发动心智的东西呢？是什么驱动我们注意一个事物而不是另一个事物呢？

亚里士多德在 432a1 处从灵魂到心智的移动暗示出某种回答。作为［47］诸形式的形式，灵魂必然像它赋予秩序的事物一样——相比于它使用的诸多特殊工具，它是一个更普通的工具。这就把作为诸形式的形式的灵魂与似乎是客观的——中立的——心智联系起来。然而，作为唤起我们去注意某物的东西，作为诸形式之形式的灵魂，也必然不像它所赋予秩序的东西一样。它不是单纯被使用——它还使用［其他工具］。就灵魂像它所认识的东西而言，它是单独的"一"；它是可认识事物的一个认识者，而且它本身也是一个可认识的事物。就灵魂不像它认识的东西而言，它与自身分离；它是可知事物的一个未知的认识者。因此，灵魂在某种意义上是所有事物，意味着两方面都必须是真的。除非两方面同时为真，否则灵魂不可能是其所是。

为了解释灵魂何以在某种意义上是所有事物，亚里士多德必须依靠一个意象——就认识活动被比作抓取活动而言，该意象把灵魂与触觉联系起来。亚里士多德曾宣称，可思存在者与可感存在者的总和穷尽了"一切存在"（431b21 – 24）。当然，只有把可想象的存在纳入可思的存在之内，此言才为真。

　　由于这一点，一个什么也感觉不到的人既不能学习也不能理解任何事物；当一个人沉思时，他也必须同时沉思到某个意象。因为意象除了无质料外，其余都类似于感觉对象。

> 想象有别于(heteron)肯定与否定,因为真或假是对可理解之
> 物一种编织。最初的可理解之物,它们如何区别于只是意象
> 呢? 或者这些不是意象,而是不靠意象就不存在的东西?
> (432a7 – 13)

想象是不靠质料的感觉,虽然思想不是想象,但是思想没有意象就不可能存在。亚里士多德为 phantasia[想象]的下一番论述铺垫好了舞台。由于 phantasia[想象]既为思想所必需,又经由感觉而为运动所必需,所以,它将成为灵魂成问题的统一性的原则。

使想象成为中心,意味着使作为表象的、而非作为现实的表象而自然成为中心。这也是使我们称为主观性的东西成为中心——即我感觉到某物这个事实、而不是我感觉到的这个"某物"成为中心。这使如下结合成为可能——即从自身出发去思想者与为了自身的善而行动者结合起来。灵魂的"自己性"(ownness)随 phantasia[想象]浮现出来——那就是灵魂对自己的自己性的经验。① 正因为如此,只有在错误的可能性中,灵魂的统一体才会浮现。《论灵魂》的论证本身表明了思想内部的某种运动。灵魂作为 eidē[诸形相]的 eidos[形相],想要通过成为它所不是而成为它所是。或者说,灵魂感觉到了作为一切事物的自己与作为[48]自己的自己之间的某种联系。但是这个并不比那个可能性更大。eidē[诸形相]的 eidos[形相]自当是诸存在的存在,然而这还并非灵魂的所是,而是对诸存在的存在的意识。不过,这个意识只显身为对诸存在间差异的意识——也就是说,特殊的 eidē[诸形相]以其千差万别显明了诸

---

① 参海德格尔,《尼采》(*Nietzsche*, Erster Band Pfullingen, Germany: Verlag Neske, 1961, 页 358 – 359。

存在之间的差别。灵魂因此而显身为对于片面性(partiality)的意识。① 但是,意识到的缺乏就是欲求。因此,作为 eidē[诸形相]的 eidos[形相]而存在的灵魂,已然是欲求着的灵魂。欲求深深根植于作为意识的灵魂中。

那么,灵魂发起运动意味着什么呢? 我们首先要问,是整个灵魂都发起运动还是部分灵魂发起运动? 在此之前,我们还要问,灵魂的诸部分都是什么。在某种意义上,亚里士多德说了灵魂的部分是无限的——也就是说,灵魂在某种意义上是一切存在。就灵魂拥有其诸部分而言,有不同的候选说法(432a25 - b3)。有时把灵魂分成理性部分、血气部分与欲望部分——亚里士多德显然想到了《王制》卷四;有时——例如,亚里士多德在《尼各马可伦理学》卷一到卷六中,把灵魂分成理性部分与非理性部分;还有时,比如《论灵魂》中的亚里士多德,把灵魂分成营养部分、感觉部分和想象部分(注意,心智被吸收到想象里面)。选择何种分法,似乎取决于他打算通过划分来做什么。通过思想把灵魂划分成属于一的多个部分,这似乎是一种数学建构;其目的是为了使某种东西显现出来。因此,如何划分受其目的支配——即受它所追求的善支配。这似乎就是亚里士多德说到下面这段话时的要点所在:

> 这种划分的确是荒谬的(atopon)。因为理性部分产生意愿,而非理性部分产生欲望与血气。但是如果灵魂分成三个部分,那么欲望就会存在于每个部分里面。(432b4 - 7)

---

① 参拙著《哲学的自传》(*Autobiography of Philosophy*, Lanham, MD: Rowman & Littlefield, 1999),页 51 - 65。

欲望某种意义上支配着思想。

亚里士多德首先排除了把营养灵魂作为运动的源头。运动总是为着某个目的,它既需要欲望也需要想象,因为,如果未显现之物要成为运动的目标,那就必须使未显现之物作为未显现之物显现出来成为可能。感觉灵魂也不可能是运动的源头,因为许多不运动的动物却有感觉。"所谓的心智"(432b26)或者说理性部分(logismos)也不可能发起运动,因为心智思想某个东西时无需依靠伴随这东西的引力或斥力。甚至欲望本身也不足以成为运动的源头,因为欲望可能受到抵制。那显得(phainetai,433a9)会发起运动的,乃是欲望与心智的结合。不过,心智要具有资格,只能在以下意义上,即我们把 phantasia[想象]视为一种[49]思想——与再现某个特殊事物相关联的思想。至于欲望,我们刚已否认它是灵魂的一种独立能力。

欲望激发[动机],然后实践心智(这似乎是与想象相连的思想)跟随其后。也就是说,欲望确定目标,实践心智谋划达到目标的方法,确认要如何迈出的第一步。在 433a18 处,亚里士多德用欲望对象(to orekton)代替了欲望(orexis)——欲望对象现在变成了不是心智的而是深思(dianoia)的根源或 archē。不管我们如何理解运动的两个部分,亚里士多德现在已把它们合而为一,因为运动的主动者必须是一个 eidos[形相]。他把运动的统一原因称之为意愿(boulēsis),而欲望对象现在则变成了"善"或"显得善的东西"。亚里士多德似乎决定两面下注。运动的根源必须是一,因为根源若是二,那就不存在"这个"灵魂的运动了。可是,运动的根源又必须是二,因为若要运动发起,则所渴望的对象于灵魂而言必须同时既在场又缺席。正是这一双重需要,迫使亚里士多德在论证中引入了时间。只有一个有时间感的存在,才能感觉到诸多欲望的彼此冲突,但这也意味着该存在能跨出时间之外并比较两种欲望。假如这一点不可能的话,诸欲望就会像一系列的矢量,溶解在它们结合后必然产生的那个方向和力量之中,而绝不会被感觉为互有区别的欲望。因此,心智告诉我们"因着未来将要来的,要克制",欲望则告诉我们"当下的就是好的",而我们必须能够退后并比较这两个时间。另一方面,同样真实的是,时间感对于灵魂发起任何穿越空间的运动也是必需的。必须使不在场者作为在场者在场。这不可能意味着单纯地没入时间之流。因此,发起运动必须要有 phantasia[想象],它既是思想的一种,又与欲望密不可分。

运动有三个要素:运动源,运动方式,被驱动者。运动源有两方面;它包含一个不动的趋动者——欲望的对象或曰善,以及一个被推动的运动者,即欲望能力。最后一个要素,即被驱动者,就是动物。第二个要素——第一要素借着它驱动第三要素——怎么样呢?这是一个亚里士多德没有弥合、在某种程度上也不能弥合的缝隙。它要求一个他无法提供的身体性的解释。不过,他想说,这是另两个要素——不动的推动者与运动者——的会合点。①［50］亚里士多德承认,灵魂必须同时既是静止的又在运动之中。一方面,这令人迷惑不解;另一方面,他想让我们看到,灵魂不可能被理解为是在运动的(在时间中),除非它同时被理解为是静止的。

在《论灵魂》末尾,亚里士多德似乎回到了《论灵魂》开始时他弃绝了的观点。卷一第二到第五章是一段详尽的论证,表明不应该把灵魂理解成运动和意识的本原。亚里士多德认为,他的前辈错在

---

① 亚里士多德用凹与凸的例子来说明这一结合,似乎是想提醒我们灵魂的两个部分——即理性部分与非理性部分——之间的关联,参见《尼各马可伦理学》卷一,第 13 章。

把灵魂置于空间和时间之中,因此,在卷二第一章,他把灵魂定义为拥有生命潜力的自然身体的某种第一现实性。结果证明,他的意思是前辈们没有充分考虑到植物。那么,我们怎么理解亚里士多德在《论灵魂》后面部分的宣称呢? 即他在 432a15 – 17 宣称,动物灵魂由两种潜能来规定,首先是辨别能力,它是深思和感觉的工作,第二个是就位置移动而言的运动能力。还有,我们怎么理解触觉的重要角色呢,即每个有灵魂的身体都凭借触觉来感觉(435a13 – 14)。最终,亚里士多德似乎回到了传统的灵魂观,结果是植物似乎消失了,不再是有灵魂的存在。稍微换种说法,再次强调灵魂是运动和意识的本原,似乎要求修正亚里士多德对感觉的论述,以便让触觉变成典范性的感觉。为什么是这样?

亚里士多德回到他弃绝过的普通观点,是因为他已表明表象,即 ta phainomena,并非我们所认为的样子,现在他准备提供一个保存表象的论述了。因此,在《论灵魂》的论证层面上,亚里士多德是首先打破表象,然后给出另外一番不属于表象的论述,该论述要求他引入重要的术语;最后,他再回过头来论述表象。由此,《论灵魂》全篇论述的就是似象(seeming)的存在——这种东西就其自身存在而言本质上并不完整,因为它把在一定程度上成为他物作为自己的存在。

《论灵魂》的结尾还以书中此前从未有过的方式强调了目的论(例如,在 434a30 – 32 处)。这跟亚里士多德尝试把运动(主动灵魂)与意识(被动灵魂)结合起来思考有关。一方面,注录(register)世界,就意味着在某种意义上浸入世界之中。另一方面,自我运动(self-movement)——发起一个因果链条,则意味着外在于世界。问题在于两者如何同时成为可能。倘若一个意图归根结底就是一个关于何物为善的念头,那么,运动灵魂在某种意义上就植根于认知灵魂。目的论似乎是一种世界观,根据这种世界观,于理解而言必要的东西,于行动而言也必要。因此,一个目的论的说明可以把理性动物的各个零碎部分粘起来。然而,问题是,彻底的目的[51]论——即实现(entelechy),一个存在在此到达了它的终点——非常像植物的行为,植物灵魂没有分化的可能,因此也就没有取舍意识。① 真正的目的论最终可能要求不完全性(433b31)。因此,最充分地揭示灵魂的,既不是植物也不是心智,而是动物。唯有随着这一不完全性,phantasia[想象]才进来;phantasia[想象]是动物的典型特征,也是灵魂作为不完美之物的关键特征。如果加上所有恰当的限制条件,我们或许可以说,因为灵魂是一种越是不完全就越是更完全的东西(即更接近实现),所以在亚里士多德看来,只有动物才有灵魂。灵魂是一个作为某种潜在性或可能性的第一实现(first entelechy),但在植物中此过程总在运行。因为植物没有开/关键,所以在植物里面,实现是一种机械过程。整个《论灵魂》就是灵魂如何一步步"去机械化"的故事,它使灵魂由于变得更不完全而成为更完全。

亚里士多德的论述使欲望最终为运动负责:欲望通过确认一个目标而发起运动。此后,心智详细制定达到目标的方法,欲望于是从所说的目标转换成了达成目标的方法。这个过程要求欲望对象——无论是终极欲望还是当前欲望——对我们既在场又不在场,这就需要 phantasia[想象]。这似乎至少部分充分地解释了人类灵魂是如何发起运动的,可是那些并不具备实践心智的动物灵魂又如

---

① 参拙著《哲学的政治:亚里士多德〈政治学〉疏证》(*Politics of Philosophy: A Commentary on Aristotle's Politics*, Lanham, MD: Rowman & Littlefield, 1996),页 15 – 26。

何呢？这个问题必须提出来，因为至少在某种程度上，亚里士多德似乎只在某种微不足道的意义上关注动物——即他只是关注不完全的诸存在，亦即未实现状态的诸存在（433b31–434a5）。为了解释此类存在的运动，亚里士多德必须引入欲求和 phantasia［想象］——它们现在被说成是不明确地（aoristōs）在场——的替代形式。我们只能把这理解成一种建构，因为此时所考虑的欲求和想象当然不是我们［人类］的欲求和想象（434a6–10）。必须有某种途径使诸般相冲突的冲动合而为一，从而使运动得以可能。欲望可能与深思熟虑冲突，这一点在人类中很常见，但欲望也可能与欲求冲突。那么，一个动物究竟何以可能被彼此冲突的选择所撕裂呢？亚里士多德进而讨论了认识能力，他说它是不被驱动的（434a16）。也就是说，认识确立了某种运动的可能性，但唯有欲望启动开关。不过，在不会被驱动的思想能力中，有一个部分——与特殊而非普遍相关的那部分，要更多为发起运动负责（334a17–21）。当然，这意味着两个部分多多少少都负有部分责任。于是，"什么导致运动"的问题［52］似乎不可简约地是双重的。首先，亚里士多德告诉我们，欲望与心智一起作为运动的源头。然后，他又告诉我们，是欲望实际发起运动——心智只不过使运动得以可能。欲望又分深思熟虑的欲望与非深思熟虑的欲望。在前者中，［发起运动的］责任又被分成认知性的部分（想象）与非认知性的部分（欲求）；在后者中也重复了这一划分，但是因为非深思熟虑的欲望大概缺乏深思或认知的成分，所以想象和欲求在这里被说成是"不明确的"。然而在上述划分［即欲望与心智之分］的另一边——即不去按动开关的那一部分，心智被分成一个更像心智（mindlike）的部分和一个更像欲望的部分。前者处理普遍的东西，不发起运动，后者处理特殊的东西，并更多地发起运动但又并不真的发起。在这段关于灵魂推动力的论述中,一以贯之的是,灵魂的两部分也都持续存在于每一个部分之中——哪怕在我们的划分可以说已经把两部分分开之后。亚里士多德似乎复制了"不定之二",即他在别处归给柏拉图的、作为柏拉图的基本原则的东西。①

灵魂是某个不定之二,这也关系到亚里士多德在《论灵魂》结尾部分对触觉的重新思考。空间运动需要感觉,因为一旦有灵魂的存在被连根拔起,为了获取营养,它就必须能够定位自身之外的营养源。植物是否会获取到营养,取决于植物的位置,但一个能够改变位置的存在者可以去寻找营养,这就要求它在发现营养物时能够"知"止。因此,至少在动物中,营养活动需要感觉的参与。我们已经看到,思想需要想象,而想象又需要感觉(427b14 – 16,431a16 – 17)。但是,没有触觉就没有感觉(435a14 – 20)。因此触觉既是运动的条件,又是思想的条件。触觉在某种意义上是灵魂统一的原则,同时为运动和意识二者负责。我们已然看到,phantasia[想象]把意识灵魂的两个部分连结起来。它统一起感觉和认知,但是在做到这一点时也在某种程度上削弱了两者的纯粹性。没有不带意象的思想,意味着欲求总是渗透在思想中;而感觉总是对对象的感觉,则又意味着思想总是渗透在感觉中。《论灵魂》结尾突显出来的问题就是这两个统一者——phantasia[想象]和触觉——之间的关系问题。

触觉的特殊在于,所有感觉都在某种程度上还原到它上面来。除味觉外,其他感觉都只是间接地通过居于之间的媒介进行"接触",而触觉却似乎使我们直接与对象接触(435a17 – 20)。触觉(haphē)源于动词haptō,意谓"缠住"或"抓住",因此,相比于其他

---

① 参亚里士多德《形而上学》987b20 – 26,1081a – b,以及1088a – b。

任何感觉,[53]触觉似乎更能把我们直接置入世界之中。我们并非与世界不相干,由于我们对世界的吸收也是世界的一部分,所以吸收世界的活动既改变了世界也改变了我们。我们由于这些改变而感到快乐和痛苦,于是我们的思想和感觉也因着我们所认为的诸般的善而拥有了色彩。我们不能打开或关闭触觉活动,就像我们对其他感觉所做的那样。它与我们在世上的存留紧密相连。我们接触和吃到的东西影响到我们的整个存在。过度的光线可能弄瞎眼睛,过度的接触可能导致死亡,最终,当触觉完全消失,我们也随风而逝。因此,某种意义上,触觉跟活着是一个意思;就此而言,触觉胜过灵魂的其他任何功能。

虽然这一切貌似能够自圆其说,但是我们不应该忘记亚里士多德早前关于触觉的说法(423b18,423b22－23)。触觉和味觉事实上并不是直接与对象接触。事情的真相似乎是,触觉是对内外之别的虚幻的克服。当我们似乎抓住了事物本身、彼此之间不再有距离时,触觉实际上却显明了物我之间的距离特征。触觉确立了对于灵魂具有决定意义的距离,但是这个距离唯有在试着去弥合自己与世界的鸿沟时方才意识到自己是距离。触觉表明,灵魂的自然就是想弥合这一鸿沟。这个距离正是"灵魂在某种意义上就是一切存在"中的那个"某种意义"。它是灵魂之为灵魂的特质。灵魂之为灵魂,就意味着疏离。

这一点也与想象相关联。一方面,通过让我们直接接触外物,触觉似乎克服了内外之分。触觉似乎把我们带到了外面。这方面最极端的例子就是植物——这是灵魂的一种极限情况,在其中灵魂最终消失了。而另一方面,phantasia[想象]通过把外在完全带入内在,似乎也克服了内外之间的分裂。这方面最极端的例子就是纯粹心智——这也是灵魂的一种极限情况,在其中灵魂也最终消失了。

但是由 phantasia［想象］成就的内外之别的弥合也是幻象，因为
phantasia［想象］离开了感觉是不可能存在的，而感觉总是携带着某
种外物之为外物的必然痕迹。由于表面上都打破了内外之别，触觉
和 phantasia［想象］都可以说统一了灵魂。但是，灵魂的统一有此两
种形式，恰恰表明两种形式都没有完全做到这一点。若加以反
思——即拉开一些距离来看，触觉和 phantasia［想象］最终证明恰恰
肯定了它们似乎克服掉的距离。而且，它们都是既在不动的意识层面
上，也在欲望和运动的层面上肯定了那距离。因此，两者都指向灵魂
的如此存在：它在正要尝试克服它的多样性中显明了它的统一性。灵
魂的这一潜能(dunamis)某种意义上就是它的实现(energeia)。

　　在《论灵魂》中，亚里士多德自己对灵魂的论述从植物开始，植
物灵魂因其不动而尤其类似神的灵魂。他又以纯粹心智"终结"了
他的论述，纯粹心智似乎也尤其类似神的灵魂。这两者共同指向在
某种意义上构成灵魂之为灵魂的统一性问题。在《尼各马可伦理
学》中，亚里士多德探索了同一问题的另外一种形式。

第三章　灵魂作为自我和自我意识

一　逻各斯之父

[55]《尼各马可伦理学》谈到了对我们而言最重要的东西,谈的方式很直接,但最终证明颇具迷惑性。人类的各样作为都以目的为导向,都趋向某种善——或是真正的善,或是表面的善。反过来,各样的善或是达到某种更高的善的手段,或是最终的、为了自己的善,这是必然的。因为假如所有的善都是手段,它们的善就总是由另一个善所规定;反过来,这另一个善又可能源于某个更高的善。这样的善原则上既然没有终点,也就没有始点。一切事物都不对于任何事物是善的,于是什么都不是善的了。然而,既然我们确实体验到某些东西是善的,那又岂能说,必定没有一种最终的、为了自己的善呢? 事实证明人们确实相信存在这样一个善,他们公认其名为"幸福";不过对于幸福是什么,却又各执一词。因此对我们而言,最要紧的问题是:人的幸福究竟是什么? 为郑重起见,我们首先必须问:人是什么? 这又要求我们继续追问我们人所特有的功能、任务或行为(ergon)。人之独特不在于我们有灵魂(在这点上,我们与动物、植物无异),也不在于我们有欲望并且顺着欲望去行动(这一点我们与动物相同),而在于我们有 logos①[言辞或理性]。因此,

---

① [译注]logos 含有多种意义,本文根据语境酌情译为逻各斯、理性和言辞。

人类的独特幸福理所当然就在于,以某种方式去操练那最真实地使我们区别于其他事物的东西,使其能够毫无阻碍地活动。正因为如此,亚里士多德把人的幸福,就是那单为自己而非为了任何他物的善,定义为顺乎人的独特德性的灵魂活动——即理性活动(rational activity)。然而理性活动有两种形式:一方面,理性可以统治我们的欲望或欲求;另一方面,它又朝向自己的目的。它既是实践的,又是静观的。相应地,对于人的幸福而言,两种德性必不可少——道德德性和理智德性。

[56]前面概述了《尼各马可伦理学》卷一的论证(可能太过简略)。亚里士多德用卷一先为一般性地论述道德德性(卷二至卷三第5节)铺平道路,然后也为论述特殊的道德德性(卷三第6节至卷五)铺平了道路;特殊的道德德性之后,他接着论述理智德性(卷六)。从此往后,他的论述开始略显复杂。卷七,亚里士多德发现他有必要从头开始;卷八、卷九,他转向友谊问题;最后的卷十则检审静观的生活。尽管复杂,有一点却很明了:人类灵魂问题是亚里士多德论述人之善的核心。那么,什么是灵魂呢?

在卷一末尾,亚里士多德以乍一看相当直截的方式说明了人类灵魂的结构。具体如下所示(按原文顺序摘录):①

　　在日常言辞(字面上是"外在说辞/显白说辞",exôterikoi logoi)中,已经很充分地说出了关于[灵魂]的某些事情,我们必须把它们用起来——比如灵魂既有非理性(alogon)部分,同时

---

①　所有引言均由笔者自己据希腊文译出。[译按]中文据英文作者译文,参考亚里士多德,《尼各马可伦理学》,廖申白译,商务印书馆,2005;苗力田译,中国人民大学出版社,2003。

又有有理性(logon echon)部分。(1102a28 – 30)

至于灵魂的非理性部分,即看起来为植物所共有的部分,我指的是事物获得营养并生长的原因。(1102a34 – b1)

不过,看起来非理性灵魂还有另一种本性,就是在某种意义上分有 logos[理性]。我们称赞 logos[理性],即拥有 logos 的灵魂中的 logos,称赞有自制者的 logos,也称赞无自制者的 logos。(1102b13 – 16)

灵魂的非理性部分的确也表现出双重性——像植物性的那一部分绝不分有 logos[理性],欲望部分和一般的欲求部分则在一定程度上分有 logos[理性],因为这部分会留意倾听并服从 logos[理性](由此,我们说,[留心倾听并服从]父亲或朋友也是"有 logos[理性]";不过,这跟我们[留意并服从]数学家还不一样。)(1102b29 – 34)

如果有人非要说上述情形也是有 logos[理性],那么,所谓"有 logos[理性]"也就有双重含义——一方面是有主权、独立自存,另一方面则是乐意听从一位父亲。(1103a2 – 4)

这里的灵魂包含了《论灵魂》中出现的要素,不同之处在于它层层推进的二元结构。它首先把灵魂二分为理性部分和非理性部分,然后又把非理性部分一分为二——一面是营养的、植物的或者说像植物的部分,一面是欲望或欲求部分。后者能够倾听理性。这意味着,必定存在一个理性灵魂部分,正是这个部分对灵魂的非理性部分发话。相应地,灵魂的理性部分也被[57]一分为二——即实践部分和纯粹静观部分。看起来,这就是灵魂的结构了。但是,是这样吗?

亚里士多德自己引发了我们的疑问,他首先谈及理性灵魂与非理性灵魂的差异:

　　这两个部分像身体各固有部分,或像其他所有可分成部分的事物那样,分成不同的部分吗?还是说,它们虽然是 logos[理性]里的两个部分,按本性却是不可分的呢?(犹如曲线的凹下和凸起那样)这在目前无关紧要。(1102a30 – 34)

稍后,他又说到灵魂自身内部从自制和不自制行为中显明出来的对立性:

　　或许,灵魂中也必须保有某种与 logos[理性]相对立的东西,它抗拒、反对着 logos[理性](至于它如何与 logos 相异则无关紧要)。(1102b24 – 26)

　　因此,灵魂的这两个部分可能根本不是灵魂中固有的部分,而只是为了论证的目的人为划分出来的;也就是说,它们只是在 logos[理性/言辞]里的不同。这里必须补充提到一个奇怪的事实。在卷一中,亚里士多德从来都没有明确规定——其实似乎是有意不明确规定——对欲求发号施令的灵魂的理性部分;①相反,他总是提到灵魂"有 logos[理性]"的那部分,该 logos[理性]指一种从外部施加的

——————————

　　①　这里需要比较卷六(1139a5 – 9),在那里,亚里士多德明确规定灵魂有理性部分和非理性部分,接着,关于非理性部分,他说"现在,假定两个(部分)都有理性,一个部分,我们用来思考(theôroumen)那种第一原则不容许以其他方式存在的存在,另一个部分,我们用来思考那些可以以其他方式存在的存在"。虽然卷六的论证要求更严格地区分这两部分,但我们不该只看表面;其实,即便在卷六,亚里士多德提出理性灵魂的两部分时,也是把它们作为假设中的存在,而未必在现实中存在。两部分的划分仍然是在 logos[理性]中的划分。

行为法则。我们本来以为，灵魂的这一理性部分正是作为理性活动的道德德性将被定位的部分，略去这一部分是一个严肃的问题。

只要想一想亚里士多德用什么形象来阐明理性灵魂这一部分的性质，就可以再明显不过地看出问题。灵魂在双重意义上有理性——"一方面，灵魂有主权，并且就其自身而言就有理性；另一方面，灵魂乐意听从一位父亲"。理性灵魂是二。亚里士多德对灵魂两部分的划分只有这一次描述，他把其中一部分说成统治性的，而把另一部分说得如同孩子。他后来把德性区分为两种也是基于灵魂的这一划分：统治性的那部分理性灵魂是理智德性的家园，孩子似的那部分理性灵魂是道德德性的家园。但是，就像亚里士多德自己说的那样，严格说来，我们不能谈论一头牛[58]或一匹马的幸福，同样，"小孩也无所谓幸福，因为他们由于年纪的原因还做不出这些行为（高尚的行为）"（1100a2－3）。那么，道德德性何以可能使我们幸福呢？《尼各马可伦理学》的整个论述似乎都有赖于灵魂中一个从来没有真正露面的"部分"：Logos［逻各斯］的父亲在哪里？

我们可以以多种方式来追踪这一问题。最简单的方式就是，logos［逻各斯］的父亲是一位父亲，或一位母亲；最低限度，最初是某个他者的理性——常常是一位家长的理性——统治着我们的欲求。因此，卷二一开头，亚里士多德就指出性情（ēthos）和习惯（ethos）的词源学关系。两个词的外形非常引人注目：恰如一个短元音逐渐延长，直到最终产生出一个完全不同的声音和词汇，同样，习惯行为也最终转化成性情。然而，转化是如何发生的？上述两种情况下都不清楚。直到卷二，亚里士多德才对承担责任的道德行为者给出了一个看似有理的词源学即谱系学上的解释。一开始，快乐与痛苦统治我们。通过某种外在于我们的动因——"父亲"，我们逐渐习惯了借助快乐和痛苦去抵制快乐和痛苦。这些奖励和惩罚造成灵魂中的某种分裂,从而使我们有可能以抵制快乐和痛苦的过程为乐,同时也使自我意识成为可能。因此,远在弗洛伊德之前,亚里士多德就说明了外在权威如何内化的问题。不过,他不愿把问题停留在描述心理学的水平上,因为这相当于把道德行为描述为幻象,无论这种幻象是多么令人愉悦。因此,在卷三,亚里士多德转向最后一个问题——自发行为与有意行为的连接,为说明诸道德德性作初步准备,因为我们仍然不知道从训练或习惯(ethos)形成的东西,如何转化成了负有责任的道德行为者即品格(ēthos)。本质上由环境塑造出来的东西,怎么可能自己上升并脱离那种环境,乃至从祖辈所确定的世界的一部分,转变成了独立于该世界且与该世界分离的东西呢?或者换个方式来问:这一灵魂部分之有理性,本来是指它拥有一个由外在施加的结构或行为模式,现在却变成了指它有力量去施加这一结构,这对它意味着什么呢?无需主语的名词 logos[理性]怎样变成了必须有一个主语的动词 legein[言说]?上述困难在卷二具体表现出来,在那里,亚里士多德两次细述德性中的某种二重性。德性既是介于非理性两极之间的中庸(1107a2),又是瞄准中庸的技艺(1106b16)。就第一层意思而言,我们"有 logos[理性]"是指理性活动如此完美地体现在我们身上,以至于对我们而言就像消化一样自然,几乎不涉及任何选择。就第二层意思而言,我们"有理性"[59]则是指我们有选择的能力,言下之意,我们已经与所选择之物的所是相分离。

卷三再次提到道德德性的二重性。在那里,关于选择的论述最显著的特色在于:亚里士多德总是以某种方式回到同一个问题,即是否所有行为都可以是非自愿行为。既然行为总是发生在并非自己选择的背景中,那么,也就没有什么行为是纯粹自愿或者说本身就是自愿的。亚里士多德自己也承认,在海上风暴中通过抛弃货物而救人性命,至少是混合了自愿与非自愿。人们从其处境提供的有限选项中做出选择,但绝不能选择处境本身。既然每个处境都由伴随着一切行为的快乐和痛苦构成,而我们又不能选择什么使我们快乐或痛苦,那么,又怎能把我们的任何行为理解为自愿的呢?用最极端的说法,我们何以认为任何一个拥有其本性的存在应该为自己的行为负责呢?"我意愿"的"我"看来和我"思想"的"我"一样问题重重。

这种极端推论伴随的危险是:假如这推论正确,那么我们不但得放弃一切责备,也得放弃一切赞美。亚里士多德对此给予两次警告(1110b10 – 18,1114b20 – 25)。首先,上述推论看起来根本不是那么确切无疑,因为我们接受失去赞美的事实,可能只是当作逃避指责的代价。亚里士多德敏锐地看到,出现自愿这一问题,完全是因为我们想逃避那种必须为自己的行动负责的感觉,然而,只有已经感到负有责任的人才想逃避责任。"倘若有人说悦人和美好的事物是强迫性的(因为它们作为外在的东西对人施行强力),那么,一切事物都是强迫性的了"(1110b9 – 11),这话或许对,但谁也不能真的证明这个条件从句的前提条件。我们说某些事物悦人、美好,表示我们已经认为它们值得向往,也因此已然在思想中渴望它们。我们不可能确认一件事物美好,而又不想象着自己会追求它。亚里士多德想要由此指出,人对道德问题有疑惑,就表示他已经认为自己是道德性的,因此也已经把自己视为负有责任的行为者。故此,他强调说,人可能不了解自己行为的某些方面,以至于使他的行为成了非自愿的,但人绝不可能不晓得他是自己行为的行为者。亚里士多德说,"因为,怎么会有人不知道自己呢?"(1111a8)

统治欲望的理性灵魂部分是灵魂的决定性部分,唯有它沟通了我们的动物本性与理性本性之间的鸿沟;唯有它使我们完整。它在卷一末尾消失,又在卷三重新出现;我们不可能不注[60]意到它,因为正是由于我们试图寻找它才使它显明出来。但是虽然亚里士多德借着探究我们的自我(our selves),似乎已向我们表明了我们自己(ourselves),但也许我们并没有足够谨慎地跟从 logos[理性],这个我们在其中向自己揭示自己的 logos[理性]。我们似乎只知道事实就是这样,却不确切知道何以是这样。我们有了论点,但还没有论证它。

现在我们知道我们是在寻找灵魂了,那就必须重新开始,回到卷一的起始段落。

> 各样技艺(technē)、各样探究方式(methodos),似乎都朝向某种善;同样道理,每个行动(praxis)、每个意向(proairesis)也都是如此。因此,有人作出很美/高贵的(kalos)宣称:善是万事万物的目的。但目的(tele)之间也出现差异。因为一些目的就是实现活动(energeiai),一些却是与它们[实现活动]分离的产品(erga)。当目的是行动(praxeis)以外的产品(erga)时,产品就性质而言比实现活动(energeiai)好。(1094a17)

亚里士多德以一系列人类所行之事开始,它们似乎都朝向善,尽管我们尚不知道它们要达到的善是对行事的人而言,还是对旁观者而言,还是同时对两者而言。然后,亚里士多德得出相当夸张的结论:万事(这里用了中性名词,似乎他真的意指所有事情)都朝向(而不只是看似如此)至善(the good)。亚里士多德说他这个夸张的结论引自别人,还说他们这个结论作得 kalos[美](顺便说一句,我们很好奇美与夸张究竟有何干系)。在接下来的两个句子中,亚里士多德首先把目的分成两种:energeiai[活动]和 erga[与"它们"即energeiai 分离的产品、作品或功绩]。亚里士多德以此观察世界,看到我们人类做的事情不外乎两类:跳舞和做鞋。然后他补充说,有些目的是与praxeis[行动]分离的,他把这些目的称为erga(而导致这些目的达成的行动,亚里士多德没有为它们命名)。一些行动并没有与行动本身分离的目的,他把这些行动称为eneigeiai(该词的词根是energeia[活动],这帮了亚里士多德的忙,因为energeia[活动]表示自身内部[en]就包含着ergon[产品]的东西)。然后,亚里士多德补充说,在有外在目的的行动中,erga[产品]就性质而言要比energeiai[活动]好。显然,这里的energeiai[活动]只能是指与其ergon[被理解为目的的产品]分离的行动,但这已经不是energeiai[活动]一开始的意思了。请注意出了什么问题:energeia[活动]最初指跳舞这类活动,这类活动由于是为了自身的,所以被理解为纯粹的活动,因此它们也就不是作为工具而服务于自身之外的什么目的;但现在,energeia[活动]开始被理解为不纯粹的活动,因为亚里士多德又把energeia[活动]描述成导向某个目的、某个ergon[产品]的实践。只在两句话之间,energeia的ergon[产品]已被清空,而或多或少被处理成了praxis[行动]的同义词。亚里士多德以此再造了一个运动,其间,最初被理解成为[61]其自身目的的活动,后来被理解成了工具性的。事实证明这正是《尼各马可伦理学》开篇论证发生的事。亚里士多德一开始先作出关键性区分:一方面是技艺或手艺(techne)与探究相区分,一方面是行动与意向相区分,接着他却单以技艺的层级作类比,来论证本身就善的东西存在。他甚至还说:"究竟energeiai[活动]本身就是行动的目的,还是与目的分离的什么别的东西,这无关紧要"(1094a16 – 18)。

　　亚里士多德以对特殊事物的观察开始——它们各自朝向看起来善的东西,然后,他把万事万物都朝向至善(the good)的普遍结论视为kalon[美的]。这一关于善的很kalon[美的]的普遍化结论,促使我们得出结论:我们最初凭经验观察的那些事所指向的表面的善,并不纯粹是善的。换言之,那个很"kalon［美的］"的普遍化结论拥有这样的效果:可以把我们经验到的一切善,甚至我们最初凭经验观察到的自身就善的事物,或者说 energeiai［活动］,转化成工具性的善。舞蹈最初似乎是一个本身就善的例子,一旦把它放到与纯粹善的东西——比如说幸福——的关联中,它看起来就成为工具性的了。自身内部就有一个目的的 energeia［活动］,现在被理解成了拥有与自身相分离的目的的 energeia［活动］。这种转化就是试图认识善而对善造成的结果。《尼各马可伦理学》开篇几句话中包含的运动并非偶然,回忆卷一后面亚里士多德通过人的 ergon(这里明显被理解成了功能)来详细阐明人的善,就可以明显看出这一点。人类的这个 ergon 就是"灵魂依从逻各斯或者不能没有逻各斯的 energeia［活动］"(1098a7 – 8)。不能把人的善理解为一个客体,而亚里士多德恰恰就在详细阐明这一点的过程中,把人的善变成了客体。这似乎是思想的必然:思想总是把内在之物转化成外在之物来加以理解。①

　　我们再看一眼开篇句:"各样技艺(technē)、各样探究(methodos),似乎都朝向某种善;同样道理,每个行动(praxis)、每个意向(proairesis)也都是如此。"四件事情通过两种方式被分成两对。第一种划分方式是静观与实践之分,技艺和研究相对于行动和意向更具静观性。第二种划分方式不像第一种那么明显,技艺、行动属于与研究、意向相对立的范畴,因为前一对与看得见的外在结果相连,而研究和意向——除了它们所导致的结果外——则似乎不可见。后一对活动就其本性而言都是未完成的,［62］而且本质上是内在的。第二种对事物——似乎朝向某种善的事情——的配对方式所采用的原则是内外之分。

---

① 　参见伯纳德特,《论亚里士多德〈论灵魂〉卷三第 3 – 5 章》,前揭,页 611。

亚里士多德的第二句话,"因此,有人作出很美/高贵的(kalos)宣称:善是万事万物的目的",指出有关第一句的一个特别之处。这里说,不是人本身,而是人做的各种各样的事情朝向善。亚里士多德对意向领域(本质上是内在的,因为它绝不能靠可见之物充分揭示出来)的处理,仿佛它是一个外在现象。第一章的余下部分证实了这种向外的运动。首先,探究和意向从论证中消失,被知识或称科学(episteme)取代(1094a78)(也许是因为亚里士多德需要伴随明显目的的活动,而为了达到他的这一目的,用探究和意向为例太过含混)。在十行文字内,通过以技艺或曰techne作为我们所做一切事情的范例,亚里士多德暗暗地把行动并入技艺,又明确地把techne[技艺]和episteme[知识]拆开,结果,一切人类行为的模式成了这样一种活动:它总是拥有与自己分离的目的,并且这个目的可以理解为外在、可见的。

亚里士多德既已使technē[技艺]成了朝向善的事情的范例,接着,他就根据技艺的层级来论证善的等级:马勒制作术服务于马术,马术则服务于指挥术,等等。这个论证在几个方面都成问题。首先,它没有论及那种目的未知的或只是模糊地被人知道的活动。就拿探究活动来说,除非人自始至终已预先知道探究的终点在哪里,否则他就不能认为此探究活动低于彼探究活动;但若果真知道终点在哪里,探究也就不成其为探究了。其次,一些技艺是工具性的,服务于那些自身似乎就是目的的事物,我们也想知道这些技艺又如何呢?就造船术而言,亚里士多德的层级模式显然有效,因为船与其说是一种善,不如说它本身是工具;然而,涉及医术、指挥术和家政管理术,上述模式是否还有效就不那么清楚了,因为我们似乎可以认为,健康、城邦和家庭的目的都在其自身。最后,亚里士多德倘要为层级模式辩护,就必须假定各项技艺都隶属于一个单一的技艺层级体系。马勒制作术从属于马术,这或许没有疑问,但为什么马术就必定导向指挥术,而不是导向其他技艺,比如贸易,或是用来打发闲暇、从事体育的技艺呢? 这一点并不那么明显。这个问题显然非常重要,因为这条一种技艺从属于另一种技艺的技艺之链,最后结束于某种 etcetera——也就是说,"别的(alla)又在别的(hetera)之下"(1094a14)。亚里士多德[63]常常利用两个表示"别的"希腊词之间的微妙差异——allo 往往指绝对意义上的别的东西,heteron 则指所限定的对立双方中的另一方。① 这里两个词的用法意味着,每种技艺都与某种别的(heteron)具体技艺相连,但这是从目的回望,而不是前瞻。因此,根本没有办法预先——也就是从较低级技艺的视点——确定那与最高善打交道并使其他所有技艺隶属于它的顶层技艺是什么。由此,该技艺只在设定中存在,不是人经验到的。亚里士多德主张政治术是主导技艺,但这只是假设,并不是人观察到的现象。正是由于这个缘故,亚里士多德在 1094a11 暂时用 dunamis[潜能]代替了 techne[技艺]。制鞋术的目的是显然的,顶层技艺的目的则既是作为事实存在也是作为定义存在。因此,结果是,我们为着一个仅仅在其潜能中被感知到的目的,而去追求一些被感知为实际善的——即起初被感知为 energeiai[活动]——目的。由此,城邦的善,一种假设出来的统一性,据说就代替了城邦各部分的善。亚里士多德为这一宣称辩护,他说城邦的善更美,也更神圣(1094b10 - 11),从而再次把美与如此抽象以至于从未被人实际经验过的东西联系起来。

卷一第一章的论证乍看似乎很有力度,再究其实并不真正成功。这种不成功证明亚里士多德不正当地把 technē——其活动产

---

① 例如,比较 1166a30 与 1170b7,并参见《诗术》,1450b20 - 1451a15。

品或成果与活动本身分离——作为一切人类行为的结构范式。然而,美的事物也许还值得人看第三眼,因为第三次的看会表明,论证的错误其实才是人类灵魂活动的范式,它深刻地启示出灵魂的本性。余下有待考察的便是,论证的错误何以不仅是作为思想的理性活动的范式,也是作为道德的理性活动的范式。

在卷一的第二章,亚里士多德引入政治术,将其作为顶层技艺;他把"善的和最好的"(1094a23)作为标准,为所有其他的善制定秩序,这"善的和最好的"就是"我们因其本身而想要的"东西(1094a19－20)。然而,政治术的目标与实践这技艺的人目标一样吗?完全不清楚。谁会因政治术得到满足?城邦吗?还是治邦者?换句话说,关于政治善的知识,对个体的我有什么影响?政治生活在这里作为整体进入论证,表明就单个的人而言共同善是达不到的。但这就意味着 polis,即城邦,只是把善置于个体活动之外的另一途径。政治术应是大有益处的——即它应该是善的,因为它提[64]供有关生活应当朝向什么目的的全面知识。然而,知道城邦应该朝向什么目的,有别于知道我应该朝向什么目的。从城邦的角度看,我在做鞋;从我的角度看,我可能是在赚钱。亚里士多德显然注意到了这种差异,他说,"单单确保一个人的善是可贵的(agapêton),确保一个部族或一个城邦的善则更 kalon[美或高贵]、更神圣"(1094b1011)。由此,他提出人的善的双重性:它既包含满足,也包含自我牺牲。但两者将如何联系起来呢?并不明了。

这种双重性也关系到亚里士多德接下来谈到的美(kalon)与正义的差异。kalon[美]的特点是为其自己而存在——它是完全、自足的活动,就此而言,美就是善。我们认为这类活动的确存在,因为我们观察到,日常生活中有好多活动,我们乍一看就会认为它们是为本身的缘故而存在的——例如跳舞。然而,甚至这类活动也隶属于我们所视为整全的生活,它们的善也根据这一整全来衡量。凡是我们经验到的善都这样被经验为"有利于";它们只是看似整体而已,其实它们从来只是部分,指向一个更大、更完全的整全。这个整全我们并没有经验到,而且,由于它被理解成了更美、更神圣的存在,所以往往削弱了我们实际拥有的关于 kalon[美]的经验。政治术以集体善——即正义或公平的对好处的分配——替代了这种虚幻的最终善,从而使形形色色的 kalon 即美的种种原始实例都成了部分,隶属于一个看得见的整体,即城邦。但是这样一来,政治术就掩盖了一种含混性。整全的善涉及使整全内部不同的人——这部分人并不在意城邦的整全问题——得到不同的好处,这个整全的善跟管理整全的那个人的善并非同一回事——那个人的幸福仅仅是因为,在确保共同善的过程中,他经验到了作为一个整全即作为 kalon[美]的善。亚里士多德先规定政治术因其关系到至善所以是至高无上的顶层技艺,然后马上又说,政治术拥有双重目的,即美和正义(1094b15)。这就要求政治术必须既是部分也是整全,如此,政治术的统一性已慢慢受到威胁。

因此,kalon[美]和正义这两者关于它们是善的宣称完全没有说服力。kalon[美]和正义似乎都来自习俗而非出于自然:kalon[美]只是虚假的整全,所以迷惑人;正义导致没有组织原则的多样的善,所以不充分。相应地,对善的论述不可能具有精确性,因为精确的描述必定犯错,不是把诸善视为一个个整全,就是把诸善视为一个个部分。前一种做法完全但不精确;后一种做法精确但不完全。我们到底该怎样判断什么为善呢? 亚里士多德说,作一名好的判断者就要判断得美(1094b29 - 1095a1),这意味着判断者要判断他所知道的事。但我们已经看到,kalon[美]的标志就是[65]人为的整全——夸大的普遍化。所以,作好的判断者意味着人必须认识整全。认识整全不像认识整全中的任一事物,即任一部分,因为认识部分的前提是认识部分所属的整全。认识钮扣意味着认识[钮扣所属的]衬衫。当然,我们无法把整全放在某个我们可据以经验到整全的背景中;整全就是那整全。也因此,描述整全的企图将是一种书本知识,这样的知识允许人为善命名,尽管人并不真知道什么是善。这就像《尼各马可伦理学》开篇提到的美——即万事所朝向的善。亚里士多德把这种理想化的行为与青年人的理想主义联系起来:没有经验(apeiros)的人往往倾向于援引某种理论(一个包容万事的系统)来补偿无限(apeiros)的存在。这种倾向只有靠经验(empeiria)才能纠正过来——经验即承认我们不能否认某些善的现实性。接着,亚里士多德收回了他仓促作出的普遍化结论,他说:"一个人年纪幼小或性情幼稚都无关紧要,因为这样的缺点不会跟人一辈子"(1095a7 - 8)。他通过划分多数人与少数人(即有教养的明智之士)描述了关于善的双重视角。两群人都同意善是幸福,至于人必须追求什么以获得幸福,他们却意见不同。多数人认为,人应当追求看得见摸得着、显而易见的东西——也就是像所有别的东西一样属于经验的东西。少数人则向另一样东西投出敬畏的目光,它"高贵且超出那些东西",因此也迥异于那些东西,并且越出了我们的经验。那些"拥有一些逻各斯"的人就属此类(1095a30)。

关于独立于世界诸善之外的善,有各种各样似是而非的说法,亚里士多德先不去讨论,倒像离题似的先是大谈方法论,然后又论到听众的品格。他先提到柏拉图。柏拉图的困惑,或者说被问题困扰是以一种好的方式(eu êporei),因为他习惯于追问一个论证是朝向第一原则呢,还是从第一原则出发的。既然柏拉图如此问,很显然他本人并不是从固定的第一原则出发的,因此,柏拉图的探究之善似乎在于它已向着第一原则运动。亚里士多德显然指的是《王制》卷六的结尾,在那里苏格拉底区分了数学和辩证法:数学采纳第一原则,为它提出证明,并且从不返回;辩证法则把第一原则视为假设,旨在倒推出这些原则的前设。两种运动都必需。开始从根本上意味着从某物——也就是亚里士多德所说的"那"——开始,问题是,要怎样处置这个"那"呢?既然我们不是从"纯粹"已知的东西开始,而是从仅仅"对我们"而言已知的东西开始,那么,我们就必须在论证过程中修正我们的"知识"。可是(这是"离题话"的第二部分),研究道德的人必定已经被习惯 kalōs[美地]引导过了(注意,他们[66]不为自己的处境负责),因为只有他们才充分经验过那个"那"。与我们的第一印象相反,这并不意味着人若受到很 kalōs[美地]提升就会拥有特别的道德素质——当然,这话也不假——而是说他们将习惯于根据某种原则来整体思考自己的生活。不用说,他们也会设法把自己的生活变成整全,因此也就有动力去尝试寻找正确的办法好让生活成为整全。身为理想主义者,他们将是把事情理想化的人。

这里,亚里士多德引了一段极富启发性的诗句,以支持《尼各马可伦理学》中关于合适读者的描述,该诗句出自赫西俄德的《劳作与时日》:

> 亲自认识万物的人最好
> 肯听从得道者的劝告也不错;
> 那种自己既无知,又不把别人的话放在心上的人,
> 这种人是一个无用之徒。(《劳作与时日》293,295–297)

表面上,这段诗句一方面是在证明当人尚未理解自己时,培

养习惯是次优的选择,另一方面,它也指向亚里士多德紧接着对最佳生活的三种候选人的描述。静观生活可以对应赫西俄德的第一种人,政治生活或荣誉的生活对应于第二种人,快乐的生活对应于第三种人即无用之徒(顺便提一句,援引赫西俄德的亚里士多德似乎已把自己归入了第二种人)。然而,亚里士多德在引用时漏掉了赫西俄德诗中第一行后面的一行:"他指出未来以及最终的事物——如此将更好"(294)。这行诗句指出,只要我们不知道何为最终(the end),我们的知识就必然是不完全的知识,而亚里士多德惟有通过删去这一行诗,才能把赫西俄德笔下的第一种生活变为静观生活。这样,他就给我们制造出一种表面印象,那个"那"是"以数学方式"应用的第一原则,而不是有待通过辩证法加以检审的假设。但亚里士多德这样删削引文,也提供了一个鲜明生动的例子,证明如果不认识部分所属的整全,关于任何部分的"知识"都是迷惑性的——我们把它叫做脱离了上下文的引文。另一方面,就像在开玩笑,亚里士多德也让我们误以为他把自己从属于赫西俄德之下。注意,他对我们应当如何开始的这种错误再现,其意图恰恰在于正确地表现我们向来是如何开始的。例如,他在接下来的部分将扔掉各种关于最佳生活的名称的宣称(享乐的生活也好,追求荣誉的生活也好,赚钱的生活也好),不是因为这些生活完全乏善可陈,而是因为它们宣称自己就是至善。人们不由自主地作出这些宣称,与其说是出于对快乐、荣誉、金钱的渴望,不如说是出自道德本身的固有冲动。这种冲动与人需要把自己的生活变成整全相关。[67]而这种需要又根源于灵魂的本性:灵魂是一种为了肯定自己而出离自己的东西。

与其说道德问题是诸善(goods),不如说是至善(the good),难怪亚里士多德会转去谈《王制》和柏拉图作品里对至善本身的那部

分论述。① 他先为自己对他所爱的一些人的批评辩护,这些人曾引入一些观念。亚里士多德说,

> 为了维护真理的目的甚至不惜牺牲自己的东西,这样做更美,也是人应该做的,尤其是那些爱智慧的人应该做的。因为我们固然两者都要爱,但神圣的却是首先尊崇真理(1096a14 - 18)。

但是,亚里士多德把神圣之物看得高于人自己的东西,跟他的朋友们把善本身看得高于个体所经验的善,难道不是如出一辙吗?这岂不引我们去追问:接下去关于善本身的所有批评,又怎样影响了亚里士多德本人对本身就善的东西——即幸福的理解呢? 这些批评的要点在于,善本身太善了,它使存在物的善变得相形见绌,以至于最终否定了它要去解释其善的这些存在物的善,以至于没有什

---

① 亚里士多德开始部分的论述原文翻译如下:But the universal better perhaps to inquire and question how it is said. …(1096a12 - 13)。我们读到这句话的第一反应是把 the universal better 当成句子的主语。事实上,better 在这里是名词句[可理解为所带的动词就是 to be]中的谓述形容词。这类句子通常会这样开始:it is better to…(最好是)。the universal 则作为独立的短语,其隐含的主词是“善”(good),不过这个“善”最后一次出现已是在九行之前了——在希腊文法中,构造这类句子时出现这样长的间隔是没有问题的。因此,这一句我们得这样读:“但是,我们或许最好去探究、追问书中是怎样说到[普遍]善的”。那个隐含的“善”的耐人寻味,暗示着它即将以间接的方式被论述。实际上,那个“善”两次在亚里士多德自身行为的层面上出现,那时他说到自己最好怎么做。因此,在对柏拉图的这段批评中,“善”首先以相对和比较的形式出现,即以“对……而言为善”(good for)和“比……更好”(better than)的形式出现。亚里士多德对《王制》中显白教诲的批评,其核心就在于此。他批评的与其说是该教诲说了“什么”,不如说是在于这个“什么”怎样被说,因为如此教导叫人看不清人们对善的初步经验在何种程度上只是“对……而言为善”。

么是善的,惟有善本身是善的。从另一个角度来看,这意味着善本身与世间事物的善相去杳冥,丝毫无助于我们确定什么是善;也因此,善本身绝不属于任何世俗的善——这也是亚里士多德最先把它引入论证的原因。但是,当"幸福"在卷一中出现时,我们不是也可以这样说它吗?幸福是至善,是最好,其他一切都成了"对……而言为善"。但人不能直接追求幸福本身,而只能根据自己对幸福的理解,去追求美食、醇饮、男欢女爱、十二米长的游艇,或者也可能去追求德性。这些善都是 erga,即都是与我们的行动相分离的成果。人可以追求它们,但它们不能叫人完全心满意足。既然我们认为善是完全的,善必定就是 energeia[活动],必定在自己之内包含着 ergon[产品或成果]。但另一方面,我们又不知道它是什么,因为我们一旦试图[68]去理解某事物的善,我们采取的方式就是去理解该事物对什么而言善。幸福跟善本身一样,纠缠着一个自相矛盾的要求:它必须既是外在于我们的客体,又是某种内在于我们的东西。既然幸福跟善本身一样是无用之物,亚里士多德跟那些引进善的诸观念的人所争的又是什么呢?善本身和幸福如何"被说"的一个明显的不同在于:前者作为整全的原则,让人觉得它似乎完全独立于灵魂;而幸福作为一个原则无论多么成问题,却显出善与灵魂的关联。如果不是对某事物——即由一个"内在"构成的东西——而言为善,也就没有善。① 柏拉图在某种程度上也知道这一点,仅从他让笔下的苏格拉底把整全的原则命名为"善"这件事,就可明显看出。不过,亚里士多德对朋友们的反对看起来也有道理,因为"有这些观念的朋友们"太匆忙地把善神秘化了,而看不见其实就是在道德行为

---

① 比较本书第四部分第十章论《希普帕库斯》这部作品时关于至善的讨论,并参《论灵魂》415b。

中,即在芸芸众生与作为善的事物的联系中,我们人类的理性自然才最有力地显明出来。

幸福跟善本身相似,因为它在功能上也是作为探究的目的、规定性的原则或假设的统一性,指引着人们去研究到底是什么把各种次级的善联结起来。但另一方面,亚里士多德在《尼各马可伦理学》中的方案与柏拉图在《王制》中的方案似乎又有不同,亚里士多德还想把幸福作为一个可以在行动中追求的善。这使他从自足性的角度来描述幸福,赋予幸福以一定的内涵。他在这里似乎是想说:他所谓的幸福不是指什么神秘或看不见的东西,而就是在日常生活中对我们每个人都很显然的东西。然而,一旦关于善的追问顺此方向移向灵魂问题(现在的情况下即自我问题),它又在另一个方面变得不确定了。自足的"自",若脱离了那些为它而存在的事物,将无法描述。为免使"自我"变成一切事物,亚里士多德必须限制它延伸的范围。他讨论了两种关系,一种是祖先与后代的关系,一种是朋友或亲属(philoi)关系以及同胞关系。这些关系大体上勾勒出我们与世上其他人之间的关系,一方面是连续性或者说时间性的关系,一方面是同时性或者说空间性的关系。这些关系类似于《尼各马可伦理学》所论述的善的双重性:善作为"对……而言的善"而存在。若把甲理解为达到乙的手段,甲就先于乙,这种关系是时间性或连续性的;如果把这种模式应用于技艺的层级体系,这种关系就是逻辑性、同时性的,因此也是结构性的。当人志在某物时,所感觉到的是连续性;它是内在的。结构则是从外面看去的样子。因此,连续性关系到行动——行善,结构则关系到理[69]智——认识善。我们若问自己是否该做什么事,就需要预想在不远处本身就存在着某个善,它为其自身而善。因此,一个行动产生,必须有 ka-lon[美]作为其增大者或简化者。然而,在实现这个善的过程中,我们开始看到我们曾经想要的并非我们真正想要的——它太单纯了。它仅仅在一个较大的背景中是善的,然而这一背景也夺去了它的善。也就是说,我们跳出连续性,开始思考结构。这样的跳出大概也会发生在克莱德姆内斯忒拉(Clytaemestra)或奥瑞斯忒斯(Orestes)身上吧——假如他们通过作为整体的《奥瑞斯忒亚》的涵义去思考,而不是一直沉浸于行动之流的话。奥瑞斯忒斯可能会在心里说,他不仅仅是为阿伽门农报仇才杀死母亲的,他是要寻回正义或公道。连续性的个体行动将成为结构性的深层意志的表征。纳税本身并不善,但它有助于一个更大的善的整体。我做我自己这一部分的事来支持整体,我自己这一部分的事本身也就成了善的。我履行手段,但我想要的是目的。很显然,这整个序列的最具公共性的版本就是城邦。

随着德性变得越来越具有反射性,它不可避免显露出了它的部分性。因此,为了恢复德行以自身为目的而并非作为工具的品质,我们不由得去思考德性作为部分所属的整全。这样一来,特殊的人类行为就成了象征性的。道德必然与人类行为的这种象征品质紧密相连,说我们在时间中、即在连续性中所做的特殊事情都是整全——即结构——的象征,也就是这个意思。道德就是不断通过把特殊行为变为象征,以图恢复特殊行为的整全性。然而一旦这些象征性的目标本身不容分说地成了在时间中被追求的目标,这种企图就转回道德自身。①

当亚里士多德试图揭示人的 ergon[即任务、行动或功能]时,这一困难极其清晰地浮现出来。论述再次渐渐成为双重的。亚里士

---

① 比较亚里士多德《政治学》卷七第一章到第三章以及我的解释,见《哲学的政治》,前揭,页 121 – 127。

多德首先说,像所有工匠一样,人必定也有人的"ergon[行动]和活动"(1097b29 – 30)。不过,他很快把活动丢在一边,进一步从两个角度去解释 ergon[行动]——首先根据手艺人与他的产品(ergon)的关系来论述,其次基于单一器官与整个生命体的关系来论述。就第一种关系而论,ergon[行动]提供了某个限度或者说善,产生 ergon[产品]的技艺根据这个限度或善来衡量,但手艺人本身并非这一限度的原因。假使必须要一些鞋子,鞋匠就有了任务,但并非他自己给自己下达了这一任务。就第二种关系论,一个活动,例如"看",是更大活动的一部分,那个更大的活动赋予它意义,它本身则是[70]不定的。ergon[行动]作为某物的规定性特征要么是清晰但由人任意规定的,要么是不清楚却必然的,取决于我们选择它的哪个版本。我们要么离开部分去看自然的 erga[行动],这个 erga[行动]似乎预示着一个未言明的属于整全的 ergon[行动];要么设定一个属于整全的 ergon[行动],但这个 ergon[行动]似乎又出于人为。

当亚里士多德问到人是否天生就没有 ergon(即 argon,行动)时,他也许不仅仅在作一个反问,因为我们在某种意义上的确由我们赋闲的(argon,1097b31)能力所规定。一个人除了是木匠外,总还是别的什么,因此人就像幸福一样,你永远不可能把他算得一清二楚。而且,世上其实并没有木匠,有的只是作为木匠的人,从功能角度定义的木匠绝不是与世界相分离的,而是完全与世界一体。但作为木匠的人并不完全是木匠,因此他只是不完全的木匠,这也显明了我们与世上事物的分离。眼睛确实存在,眼睛的活动应该就是眼睛的所是,然而,眼睛的所是总是由某个更大的整体所规定。困难在于要从 ergon[行动]的角度来说明人,这个 ergon[行动]既不能完全与我们分离,也不能使我们没入整全,以至于使我们完全成为部分。两种选择都不太妙,这似乎再造了 kalon[美]的人为的整全性以及正义的不完整性。

亚里士多德用他一贯的奇诡方式直接承认了这个问题,他说,如果真有属于人的 ergon[行动],那它就是"灵魂依从逻各斯或者不能没有逻各斯的 energeia[活动]"(1098a78)。这当然只是假设;有没有这样一个 ergon[行动],并不清楚。此外,"依从逻各斯或者不能没有逻各斯"两个选项,也使上述假设变得更不确定,因为从前一个选项看,这种灵魂活动非常具体;而从后面的双重否定看,这种灵魂活动又包括很广的范围。我们不确定,究竟是只有一种人类特有的活动,就像苏格拉底那样,在波特岱亚铺满积雪的战场上沉思默想一个昼夜不睡觉呢(《会饮》220cd),还是说,人类特有的活动有许多种? 如果理性活动有很多种,那么所有这些活动怎么帮我们作选择呢? 我们怎样决定它们孰先孰后呢? 因此,亚里士多德的"不能没有"这一双重否定,目的是引出德性的多样性,以此相对于人的善的单一性。最后——就本文目的而言也是最重要的,亚里士多德宣称人的 ergon[行动]是一种 energeia[活动]。ergon[行动]是外在于人、与人相分离的,因而用来描述我们朝向什么目的;energeia[活动]则用以指向另外一种内在目的。既然如此,说人的 ergon[行动]是一种 energeia[活动],也就是承认若不把内在之物加以外化,就理解不了内在之物。一方面,所谓的有理性(logos)正是这意思;另一方面,这也是我们作为道德人的自然特征。两方面其实并无差别。作为有灵魂的存在,[71]我们有能力走出自己以便完战自己,我们被这一能力所规定;我们寻找东西来完成自己——即寻找消耗的对象。然后我们发现,我们想要的其实并不是那东西,而是因占用那东西而导致的我们自己里面的活动。然而,像这样占用外在之物是没有止境的。一方面,成长远远不只是变大而已(成长必定朝向一个终点或目的）。我们有能力把事物吸收进来，意味着我们必须使过程成为整全，然而由于我们身处时间经验的历时性中，所以我们看不到这种整全性。因此，我们就转向自己，设法把自己理解成一个整体；特殊行为不如品格状态重要，后者是前者的基础、原因，并赋予前者以意义。由此，特殊行为是象征性的。然而，在我们设法塑造品格时，我们也必须造出一个品格的对象来，这样做就是对品格的外化。把幸福理解成一种活动，意味着理解我们必须去追求什么以获得幸福。这反过来又意味着明确地规定德性，并由此把德性确立为人追求的对象。灵魂的自然是走出自己以确证自己；在理性存在中，这种自然必然以道德的形态显现，即试图在时间里克服时间，或者说把 energeia［活动］当作 ergon［行动］去追求。善是 kalon［美］和正义的结合，其意正在于此；在这结合中，正义的结构成了内在渴求的对象。

亚里士多德心里多少是这么想的，这一点从卷一最奇怪的一个特点看来更清楚。亚里士多德通过反思幸福的含义，看出幸福属于整全的生活。看上去，普里阿摩斯要算最幸福的人了——倘若不算他一生最后十年的话。他是伟大强盛的城邦之王，儿女成群，个个聪明能干，振作有为。然而，进入人生的最后十年，他却眼见母邦沦陷，被敌人烧杀掠夺，又见儿子被杀，妻女被抢，最后自己也被阿基琉斯之子所害。梭伦似乎说得对，只有从终点即死亡的角度反观人的一生，才能正确判断人的幸福。然而，亚里士多德对此却问道：死亡真的足以作为［判断幸福的］视角吗？人难道不会在死后因后代所行的事而变得不幸吗？亚里士多德用了整整一章来论述这个问题，我们起初完全不明白他为什么这样做。如果说作一个幸福的理性存在就必须知道自己幸福，那么，要么严格说来我们绝不可能幸福，要么就得有一个哈得斯那样的地方，也就是一个视角，从那里人一方面可以评估他的整全生活,另一方面他的整全生活因此也不再受制于生活本身的不完整和不确定性。我们曾孙的丢脸事儿可能毁坏我们自己生活的幸福吗——亚里士多德提出这样一个怪问题,其实是温和地指向哈得斯(Aidēs)问题——哈得斯是那不可见的(aides)地方,但人们说起它来就好像它跟别的任何地方一样。哈得斯看上去很荒谬:你要么没有活着,这样你似乎就没了立足点来总结你的生活;要么你还活着,这样[72]你的生命就没有完全终结,你仍服在它的不确定性之下——即哈得斯不过是研究生阶段而已。无论哪一种情况,你都不能真正说你幸福;也因此,你不可能拥有最终意义上的幸福。你不能说"我很幸福",因为这个"我"在时间之中,并不永远长存。为了解决这个难题,诗人们虚构了哈得斯。但哈得斯只是诗化版的道德,是灵魂试图在时间中做点什么好让自己可以超出时间。《尼各马可伦理学》的意图就是要展现这一倾向乃人这种动物的规定性特征,这种动物恰恰由于是理性的,所以只能是不完全理性的,①因此也只能是不完全幸福的。②

二 "朋友是另一个自己"

回头想想,亚里士多德《尼各马可伦理学》的开头最终证明具

---

① 参伯纳德特,《论希腊肃剧》(On Greek Tragedy),见《情节与论证》(*The Argument of the Action*),Chicago and London:The University of Chicago Press,2000,页 140–141。

② 《尼各马可伦理学》的详尽论证并没有明确幸福的不可能性,直到卷七末尾,亚里士多德在那里指出,我们的本性并非单一,而是要求有改变,而唯有单一的本性才好(1154b22–31)。

有显著的自反性。为了把握善，我们必须把它变成一个对象，但这样做便把它放在了永远不可企及的地方。在这样疏远善的过程中，我们的探究本身又反映出我们必然的不完美性，揭示出灵魂特有的不完全结构。这个问题反过来又是一把钥匙，可以打开作为整体的《尼各马可伦理学》的渐进的二元结构。我们已经展示了卷一的论证，此论证导致了道德德性与理智德性的二分，卷二以此二分为起始；而且，此二分对卷三论述选择时的影响已为我们所见。在亚里士多德处理友谊问题时，灵魂统一性问题的出现方式则稍有不同。

在《尼各马可伦理学》卷八与卷九中，亚里士多德对友谊的论述以如下方式开始：

> 在谈过这些之后，我们接着来谈谈友谊。因为，它是一种德性或伴随着德性。而且它是生活最必需的东西。因为，即使拥有所有其他的善，也没有人愿意选择过没有朋友的生活。(1155a1–6)①

这段论述让我们想起卷一前面的另一段论述：

> 所以，如果有一个活动的目的，我们是为了它本身而想要它，我们想要别的事物也都是为了它，我们选择每一样[73]事物都并非为了别的事物[而是为了它]……，那么显然这就是善和最高善。(1094a19–23)②

---

①　[译注]中译参亚里士多德，《尼各马可伦理学》，廖申白译，北京：商务印书馆，2005年，页227–228。据原文略有改动。

②　[译注]中译参亚里士多德，《尼各马可伦理学》，廖申白译，北京：商务印书馆，2005，页5。

综合起来考虑,这两段论述几乎在暗示,友谊(philia)是这样一种东西:我们选择其他各样东西皆是为它之故。它就是"善和最高善"。我们的时代可能把友谊视为道德哲学主体的附属物,但亚里士多德投入《尼各马可伦理学》整整五分之一的篇幅来讨论友谊,他显然不这么认为。

这至少意味着,在亚里士多德看来,必须把幸福——我们做出一切选择皆不外乎以幸福之名——理解成不仅与我们自己相关,也与其他人相关。这与他早先的主张一致,他之前说,如果存在一个最高的善,那么属于它的科学便是 politikē[政治术](1094a29),而正义也会获得崇高的地位,成为诸德性的总和(1129b30)。可是这与贯穿《尼各马可伦理学》始终的把幸福理解为自足的说法似乎不大容易契合。因此,亚里士多德给予 philia[友谊]的地位最初让人很是困惑。

卷八大部分内容都谈及友谊是什么的问题,只在开始部分,亚里士多德明确谈到为什么友谊是那么的善。在那里,他强调朋友们多么需要彼此——无论穷人、富人还是老人、少年。论及友谊在他们的生活与德性中的头等地位,他举的唯一一个例子很独特。例子出自《伊利亚特》卷十(行224–225),大意是,当两个人同行时,一个人就会先于另一个人注意到怎样才能获得财物,亚里士多德引用这几行诗,让我们注意狄奥墨德斯(Diomedes)和奥德修斯夜间侦察敌营之事。在他们侦察敌营的过程中,两人逮住了一个特洛伊人多隆,甜言蜜语地骗他告诉他们想知道的信息,并承诺之后放了他,随后他们杀了他,接着袭击了色雷斯人的营地,趁着色雷斯人睡觉时杀了他们,还偷了他们的马匹。这里似乎没有什么东西明显有助于解释到底什么使友谊是善的。

在卷九,亚里士多德把友谊即爱他人与自足联系起来,因此也与幸福联系起来。"朋友就是另一个自己"（esti gar ho philos allos autos,1166a30）。人需要一个朋友作为镜子来映照自己,因为他不能靠自己看到自己,而人如果看不到自己是不可能幸福的。如果幸福要求完全的德性,那就意味着不止是以某一种特定的方式去行动。那意味着一个人认为自己配得上伟大之物,同时事实上也配得上它们（dokei dē megalopsukhos einai ho megalōn hauton axiōn axios ōn,1124a2）。那意味着一个人不仅是善的,而且还知道他是善的。因此,自我知识是诸德性的一件装饰（kosmos,1124a2）。然而,当自我知识在卷四以灵魂的骄傲或大度的形式首次出现时,却证明在深层是成问题的。①赎回自我知识存在的可能性,似乎就是 philia[友谊]的任务。朋友——作为[74]客体化、对象化了的自己——是自我意识绝对必要的条件,没有这条件,我们绝不可能说我们自己是善的。而若是不能意识到我们自己的善,"即使拥有所有其他的善,也没有人愿意选择去生活"。

友谊的这一镜子功能具有双重性,亚里士多德通过似乎无关紧要地改变他说到朋友时的方式指出这一点。"所谓朋友,"他说,"就是另一个（heteron）自己"（1170b7）。②Allos 与 heteros 之间的细微差异非常关键。就像上文指出的那样,allos 有点像"单纯的他者",而 heteros 常带有比较意味,它是一个关联词——一个属于另一个,以至于每当出现一个 heteros[另一个]时,我们就会想到另一个不会离得太远。朋友的含义从一个完全他性的自己（或同一——

---

① 最起码,人们一定会对一个人心智上的聪慧感到惊讶,因为对后者而言没有什么了不起的事情,所以就不会去惊讶什么（1125a3）,在亚里士多德看来,值得惊讶的事情是人进行的第一哲学沉思（《形而上学》982a12）。

② 在《吕西斯》中柏拉图讨论友谊时发生了类似的改变,即从 allos 改变到 heteros（见 211d 和 212a）。

再说一次，autos 可以表示这两个意思中的任一个意思），变成了另一个自己——被理解为一对中的一个。这一改变表明，必须根据朋友来理解自己，反过来，也必须根据自己来理解朋友。[①] 一方面，我们把朋友理解成客体化/对象化了的自己——正因为如此我们才喜欢朋友；另一方面，如果认识自己就意味着认识另一个自己，那么，认识自己也就意味着认识作为他者的自己。朋友，作为自我认识得以可能的条件，同时也是对自己无知的标志。而且，如果爱朋友就像是在爱自己，那么爱自己必定意味着爱作为他者的自己。我们只有在某种意义上使自己与自己分裂开——疏离自己，爱自己才得以可能。某种特定的自爱是永远以善为目的的存在的规定性特征，这里的善指的是最终被理解为因其本身的缘故的善——即幸福。因此，《尼各马可伦理学》中对道德德性的论述最终结束于根据朋友——即他者来理解自己，因为从一开始，把自己思为他者就是那唯一向着道德敞开的存在者的本性。道德似乎也要求一个为了自己而出离自己的灵魂。

---

① 因此，亚里士多德说，自己若要与自己交朋友，唯当自己是二或更多时才有可能(1166a33 – b1)。

第二部分[①]　希罗多德

——灵魂的静止与运动

陈明珠　译

---

① 第二部分很大程度要归功于伯纳德特在《希罗多德的探究》(*Herodotean Inquiries*, The Hague: Martinus Nijhoff, 1969) 中对埃及、斯基泰 (Scythia) 和利比亚 (Libya) 的论述,页 32 – 68, 99 – 132。尽管我会经常引用伯纳德特,但这些引用仍不足以展现我所受惠于他的程度。

[75]《论灵魂》从灵魂与其世间各种客体的联系来定义灵魂。在《尼各马可伦理学》中，亚里士多德主要关注灵魂与其他灵魂的关系，即与世间各主体的关系。灵魂与其他灵魂的关系包括灵魂性情——即性格问题，这一方面是客观的，但另一方面从来不是简单决定性的。性格的形成有赖于习惯，有赖于周围环境，有赖于社会或者政治。因而，亚里士多德的《尼各马可伦理学》以宣称 politikē［政治术］乃是处理道德问题的学问开始，并以指向这一学问在《政治术》中的完成结束。如此，《尼各马可伦理学》已使我们准备好了去领会希罗多德的 *Historiē*（《原史》），即他的纪事（history）或探究，以及他如何通过比较法和习俗来区分不同的民族。由此我们可以将《原史》理解为一部关于灵魂可能取得的种种形式的记述。

《原史》作为一个整体，尤其前四卷作为一个整体，其布局试图向我们展示我们开始称之为"文化"的各种细节如何塑造民族性格。① 埃及（我将在第 4 章转向这个问题）和斯基泰人（我将在第 5 章转到这个问题）标识出这种性格型塑的各种极端可能。其中一个原则是稳定或者静止以及传统的强硬统治；另一个原则是变化或运

---

① 　至于对"文化"一词思想深刻的清晰阐述，见施特劳斯《何谓自由教育?》一文，见《古今自由主义》（*liberalism Ancient and Modern*）（New York and London：Basic Books，1968），页 39。我之所以在讨论希罗多德的过程中还是选择用文化一词，因为我们通常用这个词指 nomos 这种并不成文但为一个民族塑形的角色。

动以及一种与固定或传统无法相容的自由。埃及对诗歌似乎抱有敌意——稳定性意味着事物必须完全是其所是,而不是[76]指向自身之外。斯基泰人似乎诗性地言说(北国之雪为"羽"),但是他们对自身自由的意识阻碍他们承认他们所言与所是之间的脱节——他们言说隐喻却未意识到隐喻为明喻所制,于是,因为他们不知道自己在诗性地言说,所以他们并未真正诗性地言说。在卷二和卷四中,希罗多德既向我们展示这些倾向是多么自然而然和不可避免,又向我们展示了这些倾向被推到极端时将如何奇异地相互转化。惯于受奴役的埃及人固守稳定却导致动荡,斯基泰人以自由之名一股脑儿地拒绝习俗规制却走向奴役。希罗多德因此揭示出性格可型塑性和可操纵性的固有限度。在阐明这些限度之时,他亦阐明灵魂的边界,因而尽管几乎没有提到过灵魂,①却揭示了灵魂,因为灵魂之所是,既在那些甚至一开始看似全然被动者中担保主动性,又在那些甚至一开始看似全然主动者中担保被动性。

希罗多德在其对两种极端文化——埃及和斯基泰人——的记述中,通过不断让限定文化者显现自身以展示灵魂。在卷四末尾,他指出希腊之所以是最具人性的文化,乃因其是真正政治性的,而能成其为真正政治性的,乃由于诗的存在。希腊邦民,由于自治,代表了运动和静止的共属一体。通过将自身制作为自身的对象,希腊邦民不再全然是其所是,并因而被异化,但正是这样一种异化让他们拥有人性。希腊的诗——赫西俄德的"谎言如同真实"——等于承认世界既是我们所言其所是,又不是我们所言其所是。

---

① 　仍见希罗多德,卷2. 123。

第四章　在运动中静止

——希罗多德笔下的埃及

[77]试图彻底理解某一事物，首先意味着面对这样一个事实：这一事物看起来对我们如此陌生（strange），即异在（foreign）于我们。我们总是想要通过将异在者简化为全然亲熟者（familiar）来驯服异在者。① 泰勒斯（Thales），由于被认为说过"万物皆水"一语，传统上被理解为第一位哲学家。要是他说的是"万物皆是物质"，这就对他不利了，既然泰勒斯不知此原料物质为何，那就等于说，"万物皆是某物，但我确不知晓其为何物"。然而，由于作出这个最初的断言，将不知者简化为某种已知的东西，泰勒斯面临另一个也许无法解决的困难：如果万物皆是水，万物为何不尽皆潮湿？或者，也许这样陈述更好：如果万物皆水，某些事物怎么会是湿的？我们没法根据已知者理解未知者，而又不把该未知者原先如何对我们未知这件事情神秘化；然而，若不以某种方式将该未知者与我们已然知晓者关联起来，也就完全不清楚我们究竟怎么能开始探究。因而，我们究竟如何理解任何事物，或者就此而言，我们怎么能问出刚才问的问题，此乃难解之谜。

如果一个人曾经不得不应对深陷于异质文化中的情况，就不可能对泰勒斯的问题感到生疏。这种深陷会造成一个双重危险。一

---

① 参亚里士多德《诗术》，第 21 章。

方面,所有事物都是新的,因而我们充满惊奇。面对差异我们无法表达。① 另一方面,[78]总是有这种非常真切的危险:我们总是急于判定他者,说这"恰好"或"只不过"就像我们家乡也有的某物。于是,看起来好像有两种同样不怎么样的接近异质文化的方式。要么我们试图以我们自己的范畴和模式去理解他们,从而断绝了在那些最根本事物上他们对我们有所教益的可能性。要么,我们通过他们自己理解自己的方式去探求之,尽量借用他们的范畴和模式,因而让我们觉得自己不偏不倚,但,由于不偏不倚最终意味着不作任何判断——即全然被动和接受——所以这条路径很难讲有什么意义。那么,我们要做什么?

当然,这种二选一的设置,本身太凑巧了。文化并非仅仅完美地将其特质强加在那些居住在该文化范围之内的灵魂上面。对此起码有两种明显的迹象;文化冲击和犯罪,每一种迹象都表明,要么在文化间、要么在文化中有制造不稳定之处,从这里开始一个人可能会开始问文化的问题。② 那么,如何可能驾驭这一事实——我们的灵魂从未简单地奴性地被文化所塑形,以至于某种程度上会允许我们去了解文化? 在一部从古代希腊以来就已为我们所知的最早

---

① 多年前我作为一名研究生旅居德国时,每天经过一片树林,那是一些看似奇异得不可思议的树木——某种像云杉的树木,但质地和颜色更柔和,并且是落叶树种——冬天时它们的松针就掉落了。这些德国树林多么奇特,充满了这些被称为 Lärchen 的树木。直到我回到家乡宾夕法尼亚,在我妻子任教的学校,我们出国前一直居住的地方,我发现出国前两年中我每天取道前往学校的路旁就站着一排落叶松。我全然不曾注意过在自家院子里就有这种神奇的德国树。有时候我们对他者如此畏惧,以至于我们太快发放通行许可,放弃任何真正理解他者的尝试,认为那会是专横的(虽然说不上是帝国主义式的)。

② 感谢萨拉·戴维斯,她不仅在写作、也在交谈中帮助我理解文化冲击的本性。

的比较文化论述——希罗多德《原史》卷二中,就会找到这样一种
尝试。

《原史》从下面这一席话开篇:

> 此处所表者,乃哈利卡尔那索斯人希罗多德之探究,所以
> 有此者,乃为悠悠岁月中人类流传之事迹不至灰飞烟灭,亦无
> 使希腊抑或蛮族展示之丰功伟业湮没无闻,颇涉他们彼此纷争
> 之缘由所在,并及其余。①

希罗多德宣布了一个双重目标,一方面关注对所有人类来说普
遍之事,另一方面关注希腊人和波斯人的特殊之事。于是,整部《原
史》作为一个整体有如下结构:②卷一,希罗多德转入希腊和亚细亚
之间所发生冲突的神话和历史渊源,这将他导向对吕底亚(Lydia)
的一个记述,然后是波斯对吕底亚的吞并;卷二讨论埃及;卷三讨论
波斯;卷四讨论斯基泰人和利比亚;在卷五,[79]希罗多德转向初步
论述雅典人与波斯人的对比;卷六是斯巴达和波斯的对比论述;在
卷七到卷九中,希罗多德转向这场发生在波斯人和希腊人之间的战
争。粗略来说,通过讨论非希腊民族的基本行为原则,卷一到卷四
提供了某种类似文化系统部目的东西。卷五到卷六论述希腊,希腊
在某种程度上更复杂,因为希腊混合了卷一到卷四那些较为简单的
民族中那些较为清晰的原则。卷七到卷九,希罗多德将这个更为复
杂的民族放在时间中进行探讨。那么,在前四卷中,希罗多德将讨

---

① [译注]可参王以铸先生中译本,(希罗多德《历史》,王以铸译,北京:
商务印书馆,1959,)页1。本处译文根据英译者译文译出。
② 对该著述结构的另一种理解,参伯纳德特《希罗多德的探究》前揭。
页3-4。

论人类中涌现的事物,也就是说,讨论在所有人类彼此差异之下普遍具有的那些恒久原则。卷五到卷六讨论一个特殊案例:希腊人。希腊人因为不像其他民族那么纯粹,也决定了其更有趣。在卷七到卷九中,我们会看到这些恒久原则如何在一个真实事件即波斯战争中显示出来。于是,希罗多德的这部著作,整体上看起来像是一种尝试,力图去理解在人类历史表面的变易、转换、运动之下潜在的那些永恒、牢固及稳定的原则。这些支配着各民族的恒久原则之一,结果证明乃是人类灵魂中那种对永恒的渴求。这就是希罗多德在卷二讨论埃及时所转向的问题。

希罗多德对埃及的讨论在许多方面都与众不同。卷二是《原史》中唯一的宗教卷。希罗多德告诉我们"在崇敬神灵上,埃及人是所有人类中最过分的"(2.37),并且将大部分希腊诸神的渊源追溯到埃及(2.50)。《原史》中这部分出现诸如虔敬、尊崇和神圣这些语词的频率远远超过其他任何一卷。例如,hosios,即神圣(holy)一词,在希罗多德全书中出现了十六次,其中八次都是在卷二。也是在这一卷中,希罗多德本人多次让人注意到他自己的虔诚,如果不是全然令人信服,也够惹眼。①

卷二的结构也与其他各卷大异其趣。② 在卷一中,我们获得了一系列民族的记录。每一个都是从上溯五代历史开始,然后转而讨论他们的法或习俗(nomoi)。卷二中,我们获得一份非常长的说明,先是对埃及地理(首先是其陆地方面,然后是尼罗河方面),接着是对埃及礼法(nomoi)的说明。接下来是埃及的历史,但不只是上溯

---

① 见,例如,2.3,61,65 和132。

② 对卷二结构的论述,类似但不完全一样,参伯纳德特《希罗多德的探究》,页36。

五代,我们首先会得到一份也许可以称之为神话史(不管怎么说,这个东西只有埃及人知道或者接受)之类的长长的说明,之后才转入[80]与其他民族的记述有可比性的那种历史。我们感觉,好像此卷前面四分之三的篇幅是一段很长的离题话;无论如何,这对于埃及的论述而言是独特的。这一卷结构上的独特之处尤其在于以这样一种方式形成一个连续的比例:对陆地的论述: 对尼罗河的论述::整个的地理: 对礼法(nomoi)的论述::地理加上对礼法(nomoi)的论述: 神话式的历史::地理加上对礼法(nomoi)的论述加上神话式的历史: 真实的历史。这个比例中起作用的原则是永恒、牢固及静止者与变易、转换及运动者之间的关系。在埃及这卷,希罗多德力求根据固定者来给出对变化的说明。这种思考方式将证明就是埃及人的典型特征,并与宗教对他们来说为何如此重要颇有关系。卷二中希罗多德自己的写作活动就基于他对这种埃及人理解模式的接受。在卷二中,希罗多德尝试讲埃及人的语言。① 这一试验的结果将证明非常值得注意。

　　紧接着卷二的开始,希罗多德讲述了关于埃及国王之一普撒美提库斯(Psammetichus)的一个故事。② 埃及人一直就相信他们自己

---

　　① [译注]这里的意思是希罗多德将严格按照埃及人自己的理解方式来理解他们,希罗多德的写作方式、谈论方式本身模仿了他所要谈论的对象——埃及人。后面还会反复出现"说埃及语",均指这种方式。而对于这种埃及人的方式本身,作者本节谈到《原史》中希罗多德所讲述的普撒美提库斯语言实验的例子,普撒美提库斯实验的错误在于将人会讲话和讲埃及话——也就是人的语言本能和说某一种特别语言——混为一谈,这体现了埃及人的一种倾向,对于自身习俗的坚执。所谓"讲埃及语"或"说埃及话"即暗示这种模式。埃及人的方式本身就是只说埃及话,于是希罗多德模仿了埃及人这种只说埃及话的方式。这是作者在本节中设置的一个文字游戏。

　　② 见伯纳德特《希罗多德的探究》,页32 – 35。

是最古老的人种,但到了普撒美提库斯的时候,他开始去证明这一点。他找了两个新生儿并把他们交给一个牧羊人抚养。俩孩子被隔绝与人的所有接触,除了一个牧羊人定期前往,带他的山羊去给孩子们喂奶。牧羊人也被禁止和孩子们说话。普撒美提库斯想要知道他们最初发声会说什么词儿,要是说出的是埃及语,那他就找到证据了。结果孩子最初说出的词是 bekos——调查之后,普撒美提库斯发现这个词是普里吉亚人(Phrygian)的"面包"一词。于是,他伤心地得出结论,普里吉亚人一定是最早存在的,埃及人则是第二。

这当然是一个完全荒谬的实验,并且有多重背景。① 就算我们原则上接受他的方法,也不清楚普撒美提库斯的结论是怎么得出的,也就是说,为什么埃及人就应该是第二古老的民族?他似乎还结合了两种不同观点:语言本身对人类是自然的;有一种特别的语言对我们来说是自然的。因而他不仅认为孩子们不用教也能学会说话,而且认为任何孩子在这种环境中都将学会说同一种语言。他没有[81]想到孩子们发出的第一个词有可能是他们对山羊叫声的模仿。他没有看到,是有 logos[理性]的动物,与是动物中最具模仿性的,二者可能彼此相关。他未曾想到,每当牧羊人到那里,孩子们紧抱他双膝并朝他伸出双手的时候,他们已经在用姿势讲话。他也不曾想过要问,既然按时给孩子的总是奶,为什么他们说出的第一个词会是"面包";如果孩子们用这个词来一般性地代指食物,为什么他们说出的第一个词会是提喻法的词?普撒美提库斯也从未想

---

① 有人试图将其理解为科学方法的一个模型,参苏莱克(Antoni Sulek)的《普撒美提库斯的实验:事实、虚构及效仿模型》("The Experiment of Psammetichus:Fact, Fiction, and Model to Follow", *Journal of the History of Ideals* 50, no. 40(Oct. – Dec. 1989):645 – 651。

过要问,如果语言是这样自然的,为什么所有人并不说同样的语言。这些错误就植根于希罗多德心目中埃及人作为一个民族最深层的特征之中——埃及人的灵魂就以这种方式被埃及人对灵魂的特殊误解所塑形。埃及人完完全全将他们自己的方式——他们的 nomoi〔礼法〕——等同于事物的自然,以至于他们错误地把从时间上的初始事物(the first things)当成了被理解为其他各样事物之基础或根本的初始事物。①　相信初始事物与后来的事物原则上没有质的不同,使得埃及人认为语言能力等同于一门特殊语言。他们不理解初始事物在何种程度上本质上是隐匿的,不可用接近其他事物的方式接近初始事物。

　　霍金(Stephen Hawking)讲了一个演讲的故事,大概是罗素(Bertrand Russell)的演讲,关于宇宙论的某个话题。②　罗素讲完之后,一位女士举手,问他,确切地说宇宙在哪儿,什么支撑着宇宙——也可以说,宇宙基于什么之上。罗素把问题交回那个女士,问她是怎么想的,这个女士回答说宇宙停靠在一个巨大的海龟上。罗素觉得很好玩,问她那什么支撑海龟呢? 她回答说海龟躺在另一个海龟上。对此罗素又问了个明显的问题,什么支撑这只海龟呢? 这位女士回答说她已看透罗素的把戏,罗素不能用这种方式来给她下套;答案始终是海龟,一直下去。故事中的这个女士就在讲埃及语。就像埃及人一样,她不明白,其他每一事物的基础与该基础所支撑之物不可能属于同一层级;存在不可能是一个存在者。不能把宇宙理解为在一个位置或一段时间中。因为埃及人依据最早出现的东西来理解世界,所以他们错把历史当

---

①　比较柏拉图,《米诺斯》318e－321b。

②　霍金,《时间简史》(*A Brief History of Time*, New York：Bantam, 1988),Ⅰ。

成了哲学。① 他们不明白,在时间中的事物终究不能通过时间中的原因来解释。

[82]希罗多德从这个故事转向对埃及地理的说明——从其土地开始。但土地原是根据其他没那么坚实的东西来限定的。埃及人得到一个神谕,神谕告诉他们埃及是尼罗河流域浇灌的所有土地(2. 18)。由于尼罗河每年的泛滥及其所沉积的泥沙不断形成所谓"下埃及(Lower Egypt)"的新土地,所以这并不是个完全稳定的说法。埃及人也从未真的确定尼罗河的精确界限(2. 19)。他们以尼罗河的运动和年年泛滥界定自身的[国土范围],但对他们来说就是这样。希罗多德是引希腊人为证,来说明关于"尼罗河具有特别的性质,与世界上任何其他河流都相反"(2. 19),即夏季泛滥而冬季退落,原来还有多种不同的解释。关于埃及的疆界,希罗多德满足于更为传统的看法:"埃及就是埃及人所居住的全部国土"(2. 17)。

为了清晰限定坚实的陆地,埃及人指向更具流动性的水体——尼罗河。因为他们对尼罗河为什么泛滥并不了解,所以他们也对他们是谁缺乏了解。好探究的普撒美提库斯因此而搞了另一个实验,这次是去探测尼罗河的 archē——开端、源头或者说本原(2. 28)。他编织了一条长达几千寻的绳子,将其往下探入一处泉源,这个泉源是尼罗河北面和南面支流的 archē[源头]。后来发现这绳子太短了。尼罗河源头的深度无法测度,因而,与阿蒙神(Ammon)的神谕相反,这条河不足以为陆地划界以及表明什么使人成为埃及人。不能通过人所生的环境来描述人,因为这些

---

① 对于希罗多德来说,he historiē 甚至并不意指"历史(history)",更像是"探究(inquiry)"。

条件不是完全确定的,并且具有一种无穷倒退(receding)的特点,就像没完没了的海龟。

希罗多德又讲述了另外一个故事以指出这一困难。沿尼罗河向南航行,最终会来到被称为"叛逃者"(Deserters)的土地上,"脱离者"原是埃及的军士,负责边境卫成任务,多年未曾换哨,后来反叛普撒美提库斯并投靠了埃塞俄比亚人(Ethiopians)。普撒美提库斯赶上他们之后,劝说他们,责备他们背弃了祖先的神灵和妻儿。作为答复,"据说其中一个人指着自己的生殖器说,'这东西在哪儿,哪儿就会有妻子儿女给我'"(2.30)。总有可能的叛逃者——即可以一种并非由其起源简单决定的方式重新开始的人——存在。人是被生育的——他们是结果;但他们也是生育者,因而也是原因。他们同时既在这个世界的因果网内,也在这个因果网外。普撒美提库斯又一次犯了典型的埃及式错误:埃及人承认我们的身份是结果,却否认我们也是原因。从而,在埃及,没有什么会被理解为是要变化的。这一点非常成问题,因为父辈的神祇,或者说祖先神,或者说祖先,[83]只能通过作为我们的生育者来决定我们,但是,由于我们与他们乃属同类,所以我们也将必然成为潜在的生育者。因而,祖先崇拜没法反驳叛逃者的宣称。

我们目前已走到了哪儿? 我们想知道什么是埃及人灵魂的特征——什么使他们是其所是。我们想要一个稳定的本原,一个archē[本原],一个范畴(category),来安置他们。希罗多德从陆地开始,却发现陆地特别不稳定,陆地被水这样一个运动着的本原决定。而支配着水的本原却隐而不明。因此卷二通过让埃及的固定朝运动和变化的方向解体这样一种方式来展开。为埃及的记述压轴的故事证实了这一点。普撒美提库斯曾试图展示埃及语是最古老的、最初的语言,又寻找尼罗河的固定源头。对埃及的记述到阿玛西斯（Amasis）朝——正好在波斯入侵之前——结束。① 阿玛西斯推翻普撒美提库斯的曾孙阿普里埃司（Apries）之后成了国王。阿普里埃司曾派遣一支远征军去攻打库列涅（Cyrene），遭遇大败，士兵们责怪阿普里埃司，发生了叛乱。阿普里埃司派遣阿玛西斯作为他的使节前去与叛军谈判，但叛军却给阿玛西斯加冕，拥戴他为王；于是，阿玛西斯发动攻击，废黜并取代了前任国王。为了废黜旧王，阿玛西斯必须不全然是传统习俗的傀儡。他乃一介平民，此外还是个希腊事物的爱好者，这都不是偶然的。然而，正是这些使其政变更为容易的事物，却为他统治一个仇外的民族造成了困难，在这个民族中，对稳定性的珍视高于一切。为了证明其统治正当，阿玛西斯熔化了一个金质脚盆并将金子重铸成一尊神像，埃及人都带着极大的尊崇来敬拜神像。然后阿玛西斯把埃及人召集起来，向他们透露用来制作这尊雕像的本来是个脚盆，他们先前还朝脚盆里呕吐、撒尿并用它洗过脚。他声明自己就像这只脚盆，先前只是一介平民，但现在是他们的国王，他们应该尊敬和重视他。希罗多德告诉我们，在阿玛西斯朝，埃及极大繁荣，"不论是在河流加惠于土地方面，还是在土地加惠于人民方面都是如此"（2.177）。这个热爱希腊的人（Hellenophile），阿玛西斯，教导埃及人说，事物非是其所从来者；事物之本质与其说来自其起源，毋宁说来自其形状或者形式——柏拉图称之为 eidos。他也教导他们，高和低必然相互联系。尽管阿玛西斯在照管公共事务上的勤奋有目共睹，但他私下里追求粗俗乐趣还是招致了批评。阿玛西斯回答说，

　　那些带弓者只在需要使用之时才张弓，不用之时则任其松

---

① 参伯纳德特《希罗多德的探究》，页 65–67。

弛。要是弓弦老是拉得紧紧的,就会绷断,到要用之时[84]却
不堪敷用。人的情形亦如是。若某人一味严肃认真,从无消遣
之时,他会不知不觉变疯或者变傻。(2.173)

因此,阿玛西斯从变化或运动的必然性,制作出一个永久原则。
阿玛西斯这样做,也指向埃及那种根本性的两难,这两难也潜在于
希罗多德卷二对埃及的记述中:灵魂在对绝对稳定的寻求中,必定
总是要产生运动或者变化。试图达到初始之物(what is first)的努力,
反而显明初始者永难获至。我们总是第二位的(always second),总是
已经在行进中。正因为如此,我们关注用埃及的土地来界定埃及,
却将我们导向其水域,然后导向其 nomoi——其固定的法或习俗,然
后又导向其历史。但这究竟是怎么发生的? 是否有可能对此给出
一个稳靠的论述?

希罗多德对埃及的 nomoi[礼法]给出了详细的记述。快速瞥
一眼埃及习俗的一些奇特细节有可能透露内情。他以这样一段解
释的话开始:

> 关于尼罗河之类的事物都已谈及,但对于埃及我将以大得多
> 的记述(logos/account)篇幅来详细地谈一谈,因为埃及所拥有的非
> 凡事物超乎大地上其他所有国家,它所建立的丰功伟业无以言表
> (logos/account)。故此,对于埃及我将多说上一些。(2.35)①

---

① [译注]这里为了贴合作者想要突显的几个希腊原文用词,才贴合本
文作者的英译而直译。此段译文,可参王以铸先生中译本,希罗多德《历史》,
前揭,页125。

希罗多德宣称拉长 logos［言辞］是因为需要描述比 logos［言辞］更伟大或超出 logos［言辞］所能形容的那些功业,他以承认这一任务严格说来是不可能的来开始［这一任务］。一般而言,埃及的特定问题和特异性,正如其气候和河流的运行方式与世界上所有其他地区相反一样,其习惯和风俗也与我们在其他地方发现的相反。希罗多德列举了如下这些反例(2.36):

1. 上市场买卖的都是女人,男子则坐在家里纺织。

2. 其他地方的人织布时把纬线推到上面去,但埃及人则拉到下面来。

3. 男子用头顶东西,女人用肩担东西。

4. 女子小便时站着,男子小便时坐着。

5. 埃及人排便在家里,吃东西在外面。

6. 女子不能担任祭司,男子可任无论男神还是女神的祭司。

7. 儿子是否抚养双亲不受强制,但女儿必须抚养双亲。

8. 其他地方的祭司蓄发,埃及人的祭司则剃发。

9. 其他地方的人剃发以示哀悼,埃及人则蓄发以示哀悼。

10. 其他地方的人与动物分开住,埃及人则跟动物住在一起。

11. 其他地方的人吃小麦和大麦,埃及人只吃斯佩耳特小麦(Spelt)。

12. 埃及人用脚和面,用手和泥和粪。

13. 埃及人行割礼,其他地方的人则不行割礼。

14. 男子穿两件外袍,女子只穿一件。

15. ［85］其他地方的人把帆的滕孔和脚索(kala)系在船只外侧,埃及人系在船只内侧。

16. 希腊人做数学计算和写字是从左到右,埃及人是从右到左(但他们说这是从左到右)。

17. 埃及人有两种字体——圣体和俗体。①

以上所列包括一系列出乎预料的反常,涉及位置关系(里/外、上/下、左/右)、男女关系(1、3、5、6、14)、圣俗关系(6、8、9、17)、羞耻或丑陋与清洁的关系(5、10、12、13)、可见与不可见(1、5、14、15)的关系。

理解如何将这些东西放到一起来思考的关键,在于希罗多德归之于埃及人的那种过度敬畏(2.37)。他所罗列的这些中十一条习俗都跟这种极为夸张的虔诚有关,其中前面六条与洁净相关(2.37)。对于埃及人来说,aischron[可耻或丑陋]这个词的反面,出人预料地不是 kalon[美的或高贵的],而是 katharon[清洁的或纯净的]。② 他们也将私己、内里、隐藏或不可见与不清洁、不体面及冒渎联系起来,对此,他们说"必须而不体面之事应该秘密进行,而没什么不体面的事情就应该公开去做"(2.35)。这张清单里所论的清洁之物很令人惊讶。头发和生殖器是不洁之物,剃发和行割礼是净化之举。面团是不洁之物,泥和粪倒是洁净的。绳索(这个词,变换一下重音,就会变成"美的")③是不洁之物,动物则是洁净的。那些涉及哀悼的习俗特别富有揭示意义。其他地方的人剪去头发以表明在服丧之期他们不关心外表如何,埃及人则任其头发生长,以此表明,单独处在其自然状况中的身体是不体面或丑陋的。他们甚至感到食物也是不洁净的。因此,尽管看起来洁净之物配被看到,

————————

① 以上所列及相关结论借自伯纳德特的《希罗多德的探究》,页 42 – 44。[译注]此节中译参希罗多德《历史》,王以铸译,前揭,页 125 – 126。

② 见伯纳德特,《希罗多德的探究》,页 43 – 44。

③ [译注]在前面清单第 15 条:"其他地方的人把帆的滕孔和脚索[kala]系在船只外侧",作者注明了绳索的希腊语 kala,这个词与"美"的希腊词十分相似,只是重音位置的不同:Κάλος 是绳索;χαλός 是美的、高贵的。

不洁之物因为不体面要藏起来,但人类生活本身也是不洁净的,因为身体某种意义上就是不洁的。这反过来就意味着,唯有那些对于感官来说可感或可达到的事物才是不洁的。因而,通过一种奇怪的倒转,那些被感觉到者、可见者、被看见者——即身体——被理解成了不洁之物。相应地——但还是让人预料不到——隐藏的则与洁净的等同。由此将带来非常戏剧化的结果,但我们首先需要再补充一些细节。

我们被告知,埃及所有的神灵在其显身时都以动物的样子出现,尽管这并非他们真正的样子(2.42)。当埃及人在他们的神殿里供奉一尊赫拉克勒斯(Herakles)时,对他们来说,赫拉克勒斯只是个神。[86]希腊的赫拉克勒斯显然来自埃及人,但希腊传说中说赫拉克勒斯一开始是一个人,希罗多德从埃及则找不到任何此类说法的线索。希罗多德本人有时以诸神和英雄的名义起誓(2.45),但埃及人那里则似乎没有什么英雄之类。对于埃及人来说,神人不能相混。他们的诸神里没有一个是人的样子,因为人的样子是羞耻的。故此,尽管一头牡山羊和一个女人在光天化日之下公开交配令希罗多德震惊不已,但因为无论牡山羊还是潘神(Pan)在埃及都被叫做孟德斯(Mendes),所以这种行为对埃及人来说没什么好震惊的(2.46)。动物和神似乎是洁净的,而人类则不洁。

那么,是什么将这些习俗联系起来?希罗多德告诉我们,

> 埃及人是首先将以下事情作为宗教问题的人,即不得在神殿内与女人交媾,抑或从一个女人那儿来却没有沐浴,则不得进入神殿。而除去希腊人和埃及人之外的几乎所有其他民族,因为觉得人作为动物与其他兽类一样,所以都可以在神

殿中与女人交媾,从女人那儿来也无需沐浴就可以进到神
殿里去。(2.64)

埃及人像希腊人一样,将人类与其他动物相区别。但希腊人之
所以作此区分,是因他们认为人类是最好的动物——因此他们有神
人同形的诸神,他们高度赞扬人的形式之美。与希腊人不同,埃及
人则认为人类是最低劣的动物。人类是羞耻的,不洁净的;其他动
物则被认为是神圣的(2.65)。

如果对于人的强烈厌恶感乃是理解埃及 nomoi[礼法]的关键,
那么这一点在埃及的实际生活中如何体现出来? 埃及的宗教真理
诞生自一种试图达到绝对固定和稳定的努力。与我们最为切近的
不稳定性便是我们的必死性(mortality)。对于这种不稳定性的知
晓,导致了对于人的鄙视以及相应的对于非人之物地位的提升。但
正如有稳定-非稳定的自然成对,也有将人与动物区分的自然倾
向。然而,一旦制造出这种"非-人"榜样,距离赋予动物这样一种
地位便只有咫尺之遥了,即把动物视为事物不可见的纯净源头的可
见显现和事物的纯净之源。动物成了神祇的替身。如此导出的结
果在事实发生之后立刻可以得到理解,然而在事实发生之前却无法
预知。对于变化和运动的厌恶首先导致了厌恶生命——即厌恶人
自己的变化和运动。接着,就导向自鄙,自鄙又导向动物崇拜(尽管
事实上动物也变化——虽然它们不知道自己变化)。反讽的是,在
埃及,上述演化在对必死之神的崇拜中达至顶点。[87]例如,时不
时有母牛生了一头小牛犊之后便不能再怀孕。如果这头小牛犊除
了前额上的白色三角外全身都是黑色的,背上有鹰状物,尾巴上长
着两撮毛,舌头下面有个结节,它就会被认为是阿庇斯(Apis)神显

形。① 一个必死的存在怎么可能是一个神呢？波斯国王冈比西斯（Cambyses）就是因为对此感到惊讶，在暴怒中刺伤了小牛犊的大腿，给了它一个致命的伤口（3. 27 – 29）。如果说冈比西斯其他时候真是疯狂的话，也许这个时候倒不是那么疯。

埃及宗教的古怪特征还以其他方式表现出来。埃及人以一种双重方式来理解人类。人的灵魂是不朽的，当身体腐朽时，灵魂便进到正在出生的某个其他动物身上。经过三千年的循环之后，灵魂会再次进入人的身体。灵魂因此是稳定和不变的，易于变化的是身体（2. 123）。然而，一旦死亡时人的灵魂与身体分离，埃及人的做法则是，因为身体可能腐朽，所以努力防止身体腐朽以尊崇灵魂。尊崇灵魂就是使其稳定——让其处于静止状态。因而，埃及人都在不同程度上熟练掌握制作木乃伊的技艺（2. 86 – 88）。尸体，本来是无常的标志，却以这种方式成为相对永恒的，并因此成为崇拜的对象。埃及人的宗教因此具有两条并行但不完全相容的线索。一方面，因身体短暂易逝而否弃身体——僧侣们每日剃掉身上的毛发；另一方面，埃及又是金字塔的国度——金字塔是纪念碑式的陵墓，意在耸立地上作为永久的纪念，希罗多德称之"超乎言表"（beyond loges）。这让人回想起普撒美提库斯曾如何认为，所有人自然是说话的这一事实，必然意味着有一种特殊的语言对所有人来说都同样自然。

埃及人对于人生飞逝这一性质的强烈感受，催生出阻止生命变动的极度努力。这一点也许在木乃伊制作中表现得最为明显，但那种对祖先习俗的严格执守也是如此，这体现于普撒美提库斯对叛逃者的呼吁，以及他反复尝试通过最古老者来达至最基础者，还有埃

---

① ［译注］中译本细节上稍有不同，参希罗多德《历史》，王以铸译，前揭，页 206。

及习俗一般而言的仇外性质。然而,对变化之反复无常性进行抵抗的结果,是对神圣者的一种僵化或者说对神圣的赋形(embodying)。接着就有了这样一个奇怪的结果,他们把清除了所有腐蚀影响后的身体当做圣物来对待。然而,由于他们必须承认有形事物的有死性,所以,他们最终达到的是一种自相矛盾的世界观。因而,当面对着阿庇斯的化身时,冈比西斯可以跟他们这样说(援引那最大程度上使他们成为个体的东西):

> 噢,死脑子,你们的神难道就是这样,有血有肉的东西,不堪铁器[一击]? 这就是埃及人配有的神。(3.29)①

[88]埃及人寻求根据纯化(purified)或净化(cleaned – up)了的已知者来理解未知者——某种意义上,他们是传统的柏拉图主义者。希罗多德在试图理解埃及人的过程中寻求理解埃及人是如何理解的。故此,在卷二中,希罗多德一再站在埃及人的立场上去面对其他可能的理解方式。例如,他特别刻薄地对待希腊人,尤其是希腊人的诗歌。但是透过希罗多德的眼睛去看到底意味着什么? 他在卷二最终如何摆脱了讲埃及语的束缚? 在卷二末,(金质脚盆的)阿玛西斯开始掌权,他也许是埃及国王中最不埃及的。他是一个无比尊奉传统和祖先的民族中的篡位者,一个革新者,一个希腊事物的热爱者和一个为人类生命的永恒流动辩护的人。阿玛西斯是如何掌权的? 他的前任阿普瑞埃司似乎甚至都不承认被废黜的可能,他只以阿玛西斯是什么、而不是以阿玛西

---

① [译注]据本文英译直译之。此段译文,可参希罗多德《历史》,王以铸译,前揭,页206。

斯可能会是什么的方式去看待阿玛西斯。正如在叛逃者的例子中一样,起统治作用的稳定性不能理解其自身原则中隐蔽的动力。发生在埃及的变迁并非因为埃及人不能坚守他们的法和习俗,毋宁说,恰恰是因为他们如此严苛地坚守他们的法和习俗。通过认认真真地贯彻这些原则——即严格地讲埃及人的话,希罗多德揭露出埃及人的内在矛盾。他逐渐找到一个有利的据点,使他有可能从埃及内部去判断埃及。

也许有一种更简单的方式来言说希罗多德的探究方式及其对我们的意义。我们处在一个非常具有自我意识(self‑conscious)的时代。我们的德性是,不愿把自己的世界观加诸他人。我们对成为文化帝国主义的可能性避之不及。我们告诉自己,必须避免批评他人的世界观,因为我们自己的观点确确实实只是我们自己的,并无特殊价值和地位。在构筑我们这沾沾自喜的谦逊时,我们看不到,对于何谓世界观我们已经抱着过于简单的看法。用希罗多德借自希腊诗人品达(Pindar)的话来说,我们认为"nomos[礼法]是万有之王"。因为,如希罗多德所说,

> 如果向所有的人建议,让他们从所有礼法里选择最美的,那么在仔细检查之后,他们都会选自己的。(3.38)①

这话无疑很大程度上是真的,但这原则被一个波斯人所发现乃是通过引用一位希腊诗人而揭示出来的,这也是事实。此外,也许波斯习俗中最神圣的乃是说真话,但大流士(Darius)却是通过夸大

---

① [译注]据本文英译直译之。此段译文,可参希罗多德《历史》,王以铸译,前揭,页211。

其辞的谎言当上国王的。希罗多德以这样一种方式向我们展示出，一个波斯人并不总是一个波斯人，正如一个埃及人并不总是一个埃及人。一个民族的方式决不能如此彻底地一以贯之[89]，天衣无缝，以至于能完全决定其成员的灵魂。这一方式中包含着矛盾，而这些矛盾总是途径，使我们有可能从内部检审其自身方式所依据的原则。一个聪明的埃及人可能不再仅仅是个埃及人。希罗多德引导我们游历了古代埃及，为的是给我们提供必要的途径以成为聪明的埃及人。"讲埃及语"是灵魂对永恒的渴望所导致的一种完全自然的残缺（deformation）。通过以其结果向我们展示这种残缺，希罗多德开始向我们展示灵魂。

第五章　在静止中运动

——希罗多德笔下的斯基泰人

[90]一方面,希罗多德《原史》卷四[的叙述]听起来很熟悉。他对斯基泰人的记述在多方面引起与埃及记述的对比。《原史》卷二和卷四第一部分共有一个相似的结构。这两部分都是先简短提及波斯人的入侵(2.1 和 4.1),然后紧接着讲到一个引人注目但难以解释的故事(2.2－3 和 4.1－4)。这些难以索解的序曲又都紧跟着很长的章节,专门讨论各自民族的固定特征。卷二是埃及的地理(2.5－34)及法和习俗(nomoi,2.35－98),卷四是斯基泰人的起源、部落和定居地(4.5－58)和斯基泰人的 nomoi[礼法](4.59－82)。然后是成对的历史叙述(2.99－182 和 4.83－144),直到引出希罗多德同时代的事件。此外,埃及人和斯基泰人在格外注意避免外来 nomoi[礼法]——特别是希腊的 nomoi(2.91 和 4.76)——方面很相似。最后,两个民族的生活对他们的伟大河流的依赖都到了异乎寻常的程度,希罗多德多次直接比较这两条河流(2.26 和 2.33－34)。尼罗河和伊斯特河(Ister)(德聂伯河,Danube)据说都有五个自然的河口(2.10、2.17和4.47),伊斯特河为数众多的支流据说几乎相当于尼罗河为数众多的运河(4.47)。埃及人颇受惠于尼罗河的泛滥——此乃他们的农业所傍——这让他们免除了像世界上其他地方的人那样依赖宙斯赐予雨露(2.13)。希罗多德也把维系斯基泰人生活方式的核心,即他们游牧生活的纽带归功于众河流(4.46－47)。斯基泰人,一

个崭新和流动的民族(也许是唯一的流动民族,*the* fluid people)①,像是以古老和稳固而自傲的埃及人的反面。如果说埃及人是奴性和女性气质的,那么斯基泰人就是自由和完全男子气的。希罗多德通过在卷二中"讲埃及语",向我们揭示出对全然稳定的渴求导致了破坏稳定的效果,在卷四中,他则讲斯基泰人的语言,以此向我们揭示当一个民族把一直处于运动状态作为界定自身的原则时,却将导向奇怪而暴虐的稳定性。

但另一方面,我们不应因为明显需要比较埃及和斯基泰,[91]就看不到希罗多德可能是想让卷四末尾关于利比亚和库列涅(Cyrene)的记述与开头关于斯基泰人的记述结合为一个整体。斯基泰人和利比亚人都像埃及人一样,不用猪作祭牲(4.63、4.186、2.47)。希罗多德所用语言也要求我们把利比亚人和埃及人进行比较(见2.50和4.187),并将卷二和卷四作为整体进行比较(见2.49和4.45、4.81,又见4.180和4.114、4.75)。无论将《原史》分为九卷是不是源自希罗多德本人,我们现在看到的卷四都意在作为一个整体。然而,即便我们有意将斯基泰人和利比亚(更不用说库列涅的殖民地)放到一起,这种统合的原则最初也是虚幻的,这也许是因为统合斯基泰人的原则本身就很弱。

卷四看上去如此熟悉,但也很陌生。乍看起来,卷四中 Skythiē 这个词出现了三例(4.8、4.17 和 4.99),但是,由于每次出现时的文本都有争议,所以完全可能,希罗多德从不称斯基泰为斯基泰(Scythia),而总是要么说斯基泰人(Scythians),要么说斯奇忒人

---

① [译注]作者前面形容斯基泰人是一个流动的民族,这里用斜体标示出特指的 the,大概是强调流动的民族就这么一个,斯基泰就是这个流动的民族。

(Scythes)。斯基泰似乎不像埃及那样是一个固定所在。① 考虑到他们特别想取悦的女神赫斯提亚(Histiē)对斯基泰人而言的崇高地位,此事更是加倍让人困惑(4.59)。赫斯提亚是家火炉灶之神,她的名字源于动词 histēmi,意为让某事物保持稳定或保持固定,实际的意思就是"家火炉灶"(4.68)。但斯基泰人是游牧民族,从不保持固定,生活在众川之源,据他们自己说他们是一条河流的后裔(4.5),而且认为自己是最年轻或最新的民族(4.5)。然而他们如此崇拜这位静止女神,到底是为什么? 如果家就是家火炉灶所在之所,哪儿可以称为斯基泰人的家呢?

希罗多德为我们描述了一个不属于任何固定之所的民族,他们生在昔日,游牧为生(尽管似乎也有种地的斯基泰人,4.17–18),性格仇外(xenophobic),且尤其敌视希腊人(尽管显然也有希腊斯基泰人,4.17),似乎任何事上都自由(尽管"最好的且数目最多的"王族斯基泰人把其他斯基泰人视为他们的奴隶,4.20)。他们有时候具有一样的法和习俗,有时候又没有,有时候说同样的语言,有时候又不。那么,是什么让这个民族成为一个民族呢?②

[92]卷四还在另一方面显得陌生。卷四开始于斯基泰人从亚

---

① 特别参 2.18。

② 斯基泰民族虚幻的统一原则反映在卷四的虚幻统一上,即便对希罗多德来说,卷四也包含了数目多得异乎寻常的突兀离题。例如,我们如何理解关于对骡子不能在埃里司(Elis)繁殖这一事实的说明? 希罗多德自己将此等同为一种补充或附录(prosthēkē)之类,即他的解说从一开始就已挑出来的东西(4.30;亦参伯纳德特《希罗多德的探究》,前揭,页195);还有,如何理解对希柏里尔人(Hyperboreans)的长篇叙述(4.32–35),如何理解对世界版图的划分(4.36–45)? 最惊人的是,为什么斯基泰的游牧民会和居住在世界另一边的利比亚的其他游牧民联系起来?

细亚返回。我们在卷一读到过一段他们侵入美底亚(Media)的记述(1. 103 – 106),斯基泰人因为追击逃跑的奇姆美利亚人(Cimerians),转错了弯儿(ektrapomenoi),取错了道儿(4. 12),结果攻击了美底亚人(Medes),征服他们,并统治了二十八年。① 他们居然能统治美底亚如此之久,"控制整个亚细亚(1. 104)",而又仍然保留他们作为游牧民族的基本天性,这也令我们大为困惑。此外,当他们最终重归故土,"到他们自己那儿去"时,我们发现,他们所留下的妇女们已经跟他们的奴隶生活在一起了,斯基泰人不得不面临一场"不亚于"面对美底亚人的"斗争"。仔细想来,很难弄懂这事。斯基泰人离开超过了一代,在此期间,大概可以设想,他们中许多(也许绝大多数)年长者,即他们的领袖,已经死去。最初留在故土的妇女可能也是如此;存活的人起码也已超过生育年龄。因此,许多"斯奇忒人"(Scythes)必定有部分传承自美底亚,而他们这"返回"是返回某个他们从未去过的地方。他们试图要求其奴隶归还的所谓"他们的女人",极有可能是他们从不相识的女人,是奴隶们和最初那些斯奇忒女人的后代。当然,他们所面对的许多(如果不是绝大多数的话)"奴隶"从未体会过奴役的滋味,他们知道的只有自由。

　　因此,要理解希罗多德这番讲述,就得悬置时间的流逝。说斯基泰人返回亚细亚要求归还他们的女人,就像说芝加哥小熊队

---

　　① 在此期间他们威胁到埃及,埃及国王普撒美提库斯收买了他们。在斯基泰人返回美底亚的途中,其中一些斯基泰人抢劫了位于叙利亚的乌拉尼亚(Uranian)的阿芙洛狄忒(Aphrodite)神庙,结果染上了斯基泰人称之为"妇女病"的疾患,在他们返回故土后生育的很多代中都看得到,相当明显。因此,不管这个"妇女病"是什么疾患——我们从希罗多德那里得不到更多信息——此疾病一定是遗传性的。

(Chicago Cubs)在1908年最后赢得了世界职业棒球大赛。今天的小熊们(肯德尔[Jason Kendall]、李[Derrek Lee]、弗洛伊德[Cliff Floyd]、伍德[Kerry Wood])跟廷克(Tinker)、艾维斯(Evers)、钱斯(Chance)、布朗(Mordecai Brown)和舒尔特(Wildfi re Schulte)有什么关系? 这里的同一性(identity)是一种诗性虚构——不管它怎样经常被人援引。因此,希罗多德以一个奇怪的故事开始了卷四,他描述了一个民族的虚构故事(fiction),该故事好似与构成该民族且必然常常更新的成员完全分离。我们先是不假思索地接受了这个故事,随后却大吃一惊。斯基泰人这种成问题的统一性看上去与诸民族普遍成问题的统一性有关。

[93]如同卷二开头是一段又长又奇异的离题话,讲述普撒美提库斯试图证明埃及语是最古老的语言,卷四也开始于对斯基泰人某种行为的表面看来毫无必要的描述。斯基泰人挤马奶的时候,要插一根管子到母马的阴道里去,然后人用嘴往管子里吹气,使母马的乳房垂下来,好让其他人能去挤奶。马奶倒进空木桶中,站在旁边的奴隶奉命摇晃木桶,马奶便会分离,奶油浮到上面撇出来,这被认为是最好的东西。

希罗多德的描述中有几件事都很奇怪。对挤奶过程的讲述中,性意味显得很突兀。一根用骨头制成的管子插到母马的性器官里去,人通过管子往里吹气时,乳房垂下来。"他们吹气"(phusōsi)与phu-sousi 即"他们将造成/引起/导致(engender/beget/cause)生长"几乎是同义词。解读这个双关语,这个句子大概是说"他们将以他们的嘴生产,与此同时除生产者之外的那些人挤奶"。斯基泰人通过向一个疑似乐器的东西里吹气,用嘴生产。如果说诗性地生产是他们的习惯,也不完全是异想天开。随后对他们起源的讲述证实了这一点,在那里我们会看到制作(poiein)与生成或生产(gignesthai)之间的区别瓦解了。① 希罗多德这番关于挤奶的离题话是紧接着这句话说的：
“斯基泰人的妇女，由于她们的男人离开了这么长的时间，已经和奴隶们一起生活了。”动词“插入”——phoitaō——也可以带有开始性交意义上的“进入”的意思。② 因此希罗多德重复了他的方式，以生育的自然过程和制作的人工过程彼此融为一体来开始卷四——genesis 和 poiēsis 成了一个东西。

但最奇异的是，希罗多德说斯基泰人“为了他们饮用的马奶”而把他们奴隶的眼睛都给弄瞎了，他以这样的话作开始，讲述斯基泰人的挤奶行为，而在讲述的结尾，他又说“为了这些东西，斯基泰人会弄瞎所有他们俘获的人”。希罗多德写得好像挤奶过程的这段说明，同时也是对斯基泰人为什么弄瞎奴隶的说明，但他从未明白指出这种同一性到底在哪儿。伯纳德特提出了一个非常有说服力的假设，在我们说明这一假设之前，需要先作一些准备。

希罗多德讲述挤奶之后，紧接着讲述[94]返乡的斯基泰人与他们从前的奴隶之间的战斗。战事的进展对斯基泰人并不顺利，直到他们中有一个人有了一个想法：

> 斯基泰人，我们所为成何体统！跟自己的奴隶作战，若为其所杀，则我们的人数愈减；若杀之，则今后我们所能役使者愈减。在我看来[正确者]，莫若抛掉长矛和弓矢，各执马鞭戮力攻之。因为他们一看到我们手执兵器，就自以为跟我们平起平坐，生来就是同等。但他们若看到我们手中所执者并非武器而

---

① 参 4.5 和伯纳德特《希罗多德的探究》，103 – 104。
② 母马的阴道用 arthra 来表示，这个词通用于指关节之属，在索福克勒斯那里用于指俄狄浦斯弄瞎自己时所刺的眼窝。这段挤奶的描述也许意在让我们想起致盲时所需的身体器官。

是马鞭,他们就会明白他们原是我们的奴隶;一经意识到这一点,他们就守不住他们的阵地了。(4.3)①

拿武器的人当然比拿鞭子的人更危险,那么,斯基泰人此处的逻辑是什么? 只有在对方以"执鞭者"为"主子"的情况下,这个策略才会奏效。也就是说,不能仅仅把鞭子当成是奴役的象征,而必须将鞭子理解为奴役的现实。当然,这不仅对"奴隶们"来说,而且对斯基泰人来说亦是如此。

可以将这事与另外一个希罗多德所观察到的十分古怪的事情联系起来。在4.7处,希罗多德谈及斯基泰人描述那个遥远的北国既不可能看到也不可能穿越,因为那里"有羽毛自天而降。地上和空气中都充满了羽毛,遮挡了视线"。再往后(4.31),希罗多德提出他本人对这种说法的解释:斯基泰人用羽毛来象征(eikazountas)雪。把形象当作事物本身是斯基泰人的典型做法。在埃及(卷二),普撒美提库斯把一种特殊语言的起源与语言本身的起源混为一谈——埃及人把 glōssa 等同于 logos[言辞]。对于卷四中的斯基泰人,现实等同于它呈现于 logos[言辞]中的诗性形象的表述:斯基泰人并非宣称,在遥远的北方,他们被某种像是(like)羽毛的东西(希罗多德解释他们指的是雪)、而就是被羽毛遮挡了视线。②

Logos[言辞]和 nomos[礼法]都必然将真实理想化,从而给世界引入某种双重性(duplicity)。我们依照"应该是"或者"本该是"来看待存在之物,但这种双重性则朝向单义性(univocity),因为它

---

① ［译注］据本文英译直译。此段译文,可参希罗多德《历史》,王以铸译,前揭,页266。

② 在波斯(卷三),作为言辞的 logos 被等同于作为理性的 logos——一个真正的波斯人不会说谎。

的整个要义就是给经验上觉得无序的事物赋予秩序。埃及人的双重视角导致把"应然"(进行调校者)等同于"曾是"(时间层面上的初始事物),由此,通过把进行调校者的实际状况等同于其所调校者的实际状况,这种双重视角巧妙地处理了进行调校者的实际状况的难题。它是一样的双重视角,只是古老一些。①

[95]卷二中的埃及人把意义简化成事物,因此而濒临丧失所有意义的境地。② 他们这样做,就将经验的双重性置于危险之境。那么,斯基泰人把现实的像(images)看作现实——他们只看见羽毛——我们从中又能得出什么?希罗多德从几个方面让我们充分理解这一问题。他告诉我们,除了一个例外(我们稍后转入这个问题),斯基泰人并未给自己制作神或者祭坛或者神庙的形象(agalmata),只是赋予其名字(4.59)。当父亲亡故时,伊赛多涅斯人(Issedones)会在一个庆祝宴上吃掉他的身体,只留下父亲的头,等这头里面空掉,毛发脱落之后,就镀上金,用作每年祭祀供奉的形象

---

① 这一埃及版的柏拉图主义导致的问题中,并非最无关紧要的一个问题是,在一个身体由于会腐朽而遭到藐视的世界中,他们的神的身体特征的问题。埃及是一块具有伟大的物质(因而是会腐朽的)纪念碑的土地,这些纪念碑意欲抵抗时间的破坏乃至质疑那些在时间中展开者的存在。波斯人没有犯这个错误。他们的神是宇宙性的,我们从不晓得他们有什么纪念碑。对他们来说,礼法(law)和logos[理性/言辞]是进行调校者,都正确无误。礼法描述的是不可能违犯的东西——乱伦被视为不存在(not to exist)。Logos[理性/言辞]的支配如此强大以至于我们不可能撒谎——我们不可能说不存在的东西。可是,大流士是通过一个聪明的诡计登上波斯王位的。世界完美有序的幻觉表现为遵从logos而对现实进行重新配置。波斯人认为礼法不会有错,认为他们不可能说谎,这最终证明他们自己没有区分谎言和真实的能力。完美的logos等于是意志的胜利,因为如果在哪里logos指不出自身之外还有什么现实,因而不容任何不完美存在,那么,在哪里logos就不再是logos。

② 卷三中的波斯人把事物简化成意义,因此濒临丧失事物的境地。

(agalma)(4.26)。在伊赛多涅斯人的心目中,家神不是祖先的形象;家神就是(are)祖先。类似地,当一个斯基泰国王亡故之时,他们会把五十个仆从和马匹杀死、掏空,再填上东西,然后让这些仆从跨在马上,安置在国王墓地周边围成一圈。埃及人试图以木乃伊法保存尸体;而对斯基泰人来说,真身变成了一个人像(statue)(4.72)。只有阿瑞斯神(Ares)是一个例外,阿瑞斯神的形象是一把古代的铁剑(akinakēs 这个词源自波斯语,4.62)。只有这个暴力和无序之神被赋予了一个记号,置于静止状态。在斯基泰人的万神殿中,他们对赫斯提神和阿瑞斯神的理解显得很奇怪——赫斯提神不断运动,而阿瑞斯神永远静止。

　　这一切让我们想到伯纳德特对希罗多德两次说到、但从未加以解释的主张,该主张说,斯基泰人为他们所喝马奶的缘故弄瞎了奴隶们的眼睛(4.2)。① 在荷马那里,我们发现 nuktos amolgōi 这个词组出现五次,似乎意为"在黑暗的或死寂的夜晚"。② 在《伊利亚特》中,这个词组总是出现在明喻中;而它在《奥德赛》中仅出现一次,还引出了一个梦境,梦境中,佩涅洛佩(Penelope)姐姐的形象/魂影(eidōlon)向她显现。在古代,amolgos 被认为来自 amelgein——"挤奶"。③ 大概因为挤奶是在[96]夜晚黑暗中进行的,于是"夜晚挤奶时间"渐渐变成了"黑夜里"——所发生的事渐渐开始代表事情发生的时间。伯纳德特认为,希罗多德首先让动词"挤奶"代表动词"制造黑暗",进而代表动词"搞瞎",从而进一步使一件事(挤奶)在口语的滑移中继续拓展,成了另一个事物(黑暗)的像。其实是希

---

① 伯纳德特,《希罗多德的探究》,页 100 – 101。

② 《伊利亚特》(*Iliad*)Ⅱ. 173,15. 324,22. 28,22. 317;《奥德赛》(*Odssey*)4. 841。

③ 此处所涉,见伯纳德特,《希罗多德的探究》,页 100 注释 2。

罗多德把这种滑移说成是斯基泰人干的,因为希罗多德所利用的这种联系正是希腊语的一个特征。尽管如此,希罗多德还是在用他自己的腔调"讲斯基泰语",他用一个希腊语的偶然(虽然回头看是可理解的)特征,搞出一个故事,自称为斯基泰人弄瞎奴隶眼睛的习俗给出原因,事实上只是同义反复;因为到头来,所谓斯基泰人为了马奶而弄瞎他们的奴隶,除了说他们弄瞎奴隶是为了弄瞎奴隶之外,就没别的意思了。希罗多德以此方式来凸显出诗歌的危险,夸张的斯基泰人,唯一的诗性民族(*the* poetic people),似乎就服在这种危险之下。一个明喻一旦开始漂移而成为一个隐喻,此隐喻就会渐渐取代明喻所意欲评论的那个真实。在斯基泰人中,由于其存在本身是为指向自身之外的形象变得如此强大,以至于遮蔽了形象自身的不完备性,所以那适用于所有视见的双重性便消失了。在这个全然诗性的世界中,由于对诗的存在视而不见,人们会把同义反复①当作因果。例如,倘若我们把灵魂确认为运动的原则,倘若我们正用斯基泰人的方式说话,我们就很容易进一步得出如下推论:即原则上灵魂不会停止其运动,从而,灵魂,以及我们,必定是不死的。身处完全诗性的世界中的人,把洞穴墙壁上的形象看作真实,而他们栖身的洞穴是封着的,任何外界光线不得进入。② 因此,他们为希腊人举行狄奥尼索斯秘仪而指责希腊人,因为"他们认为发掘出这样一位引人进入疯狂的神,不是什么适宜之举"(4.79)。斯基泰人特别怀疑狄奥尼索斯神,狄奥尼索斯神因着与醉酒、疯狂、迷狂、戏剧相关,所

---

① [译注]即重言式:逻辑学用语。意为由更简单的陈述句以一定方式组成的无意义的或空洞的陈述,以使其在逻辑上正确,无论这更简单的陈述是正确的或错误的。

② 这是斯基泰人仇外之意;特别参见希罗多德对阿那卡尔西司(Anarcharsis)(4.76–77)和司库列斯(Skyles)(4.78–80)故事的记述。

以首先代表着形象表现(因而也歪曲)真实的能力。希罗多德用这样一个故事,以一种斯基泰人的方式开始了他关于斯基泰人的这一卷,这个故事由于不可能以非隐喻性的方式获得理解,所以最终也就不能隐喻性地获得理解。他给了我们这种理解的错觉,叫我们渐渐领会到,对于那些回返的"斯基泰人"来说,没有地方、也没有人民给他们回返可能意味着什么。

为了使我们不至于错误地认为这只是斯基泰人的错误,卷四提供了许多例证,证明我们如何都可能是斯基泰人。在挤奶故事之后,希罗多德讲述了一系列[97]斯基泰民族起源的说法,有斯基泰人自己的版本(4.5 – 7),有希腊人的版本(4.8 – 10),最后还有一个希罗多德本人所接受的版本(4.11 – 12)——此说认为斯基泰人受玛撒该塔伊人(Massegetae)驱逐离开故地,随后他们同样驱逐了另一个民族,奇姆美利亚人(Cimmerians)。然后希罗多德又给出诗人阿利司铁阿斯(Aristeas)的说法,该说法对希罗多德的说法略有修正,阿利司铁阿斯说斯基泰人是被伊赛多涅斯人(Issedones)赶走的,而伊塞多涅斯人则被阿里玛斯波伊人(Arimaspians)驱逐(4.13)。这在《原史》中大概是第一次,希罗多德允许他对所发生之事的去神话色彩版本的讲述与一个诗人的版本相合——不过必须得说,前面(3.116)他已经指出,这些独眼生灵,阿里玛斯波伊人,不可能存在。尽管如此,这种相合还是给了希罗多德借口岔开话题去讲述一个故事(4.14 – 16),根据这个故事,阿利司铁阿斯死后七年又重新出现,并写了一首关于阿里玛斯波伊人的诗歌,并且在二百四十年后重新出现在意大利。一个诗人怎么能突然消失,然后又神秘重现?如果我们思考一下我们如何习焉不察地说我们正在阅读荷马或者华莱士·斯蒂文斯,也许就可以解开这个谜。我们如果认识到我们如何把这个人的作品,即他的 poiēma[诗作],等同于这个人,从而使这个人的名字具有了一种新的意义,阿利司铁阿斯的复活就讲得通了。这是语言中的一种滑移,跟斯基泰人从伊赛多涅斯人那里听来独眼人的事以后就杜撰出一个民族,称之为阿里玛斯波伊人(Arimaspians)并无两样——这个名字来源于斯基泰人语言中表示"一"的 arima 和表示"眼睛"的 spou(4.27)。希腊人借用 Arimaspian 这个名字来指称虚构中的独眼民族,而不知道并没有一个能离开他们是独眼的这一宣称而存在的民族。这名字就是宣称;说他们是独眼乃同义反复(tautology)。并无任何存在作这一形象的基础;形象就是存在(being)。

希罗多德卷一到卷四中的记述意在成为基本理解模式的完美的像,由此也成为世间存在的完美的像,每个民族都由这一基础模式构成。也许卷四最陌生的特征在于希罗多德关于斯基泰人诗性倾向的普遍性所举的第二个例子,即他离题谈到的世界地图问题(4.36-45)。一开始,他嘲笑制作地图的人,这些人不合理地追求世界中的对称和平衡,仿佛亚洲必定是欧洲那个尺寸。他们强求对称,即便为此需要歪曲他们宣称要描述的世界的真实特征。换言之,他们通常无视这一事实,即地图是"像",只有当地图能够比照其所描绘者进行检验时,地图才成其为地图。犯了斯基泰式错误的地图制作者被像所诱,仿佛是像让世界成为其所是。虽然希罗多德接受了将世界划分成亚洲、欧洲和利比亚的习惯性划分,但他同时也承认这种划分是习惯性的(4.45)。这也许显示出了希罗多德本人心里的世界"地图",在他的地图中,无疑实际存在于[98]埃及、波斯以及斯基泰人中间的那些特征被夸大了,以致成为理想化的类型(ideal type)。

这些诗性夸张中的另一点是,斯基泰人这个民族是如此完全地诗性,以至于不再承认各种诗性形象是诗。而这种夸张的结果是,如希罗多德所说："斯基泰人在我们所知的所有人类事物中最重要的一件事物上,作出了最有才智的发现,虽然我对斯基泰人其他的东西并不推崇。"(4.46)这最伟大的事物就是自由。斯基泰人无法被征服的原因在于,正如大流士入侵时所发现的,没有属于斯基泰人的那个"那儿"。斯基泰人没有定居于城市、堡垒、房屋或农田,他们是彻底流动的民族。因为他们没有任何固守之物,所以也就没法从他们那儿拿走任何东西。但这与他们作为诗性民族的天性有关吗?

诗,在其最强烈的极端情况下,会否认形象与事物间的差异。但是,当"雪"和用以表达"雪"的本性的事物之间不再有区别时,便会导致世间事物的存在——它总是指向自身之外——变得不可见。我们表现得就像我们是在面对真实。也因此,斯基泰人认为他们是被羽毛遮挡了视线。但我们所看到的任何事物都可用作其他事物的形象——毕竟,雪也会让我们想到羽毛;"去看"从不单纯意味着去看存在之物,因为任何存在之物总是会唤起异于其自身的某些事物。简单把事物看作其所是,将意味着去除它们这种"唤起"他物的力量。但这也将意味着根本没把这些事物看成它们真正所是。"是"就意味着是含混的。完全的视见(vision)去除了这种双重性,就瞎了,因为,所有事物都总是形象,视见不可能不是不完全的视见。希罗多德创造了斯基泰人:他们根本不能看,因为他们不会看形象,他们处在被奴役中,因为他们是瞎的。然而,我们需要更清楚地看到奴役和瞎是怎么关联在一起的。

斯基泰人如此受制于事物表面,以至于杀了他们的王司库列斯(Skyles),因为他秘密过着双重生活,采纳希腊的生活方式(4.78 - 80)。他们不承认隐秘事物的存在,对于他们来说,并没有表面之下的什么东西将各表面结合到一个单一存在中。在他们对含混的拒绝中,通过把自由等同于完全缺乏约束,斯基泰人把愚蠢(希罗多德告诉我们,他们所居住的黑海这个地方[the Euxine Pontus]是那些最愚蠢的部落所在的区域,4.46)和浅薄转变为智慧和深度;他们无论在哪里都毫无限制。当我们谈及一个原始的民族时,斯基泰人是我们所要表达的最极端的情形。他们的自由要求一种能够仅仅显示为完全不确定的完全的单纯。① 他们[99]什么都没有,所以从他们那里也就拿不走什么。乔普林(Janis Joplin)②的这些处于另外一个时空的追随者们是不可征服的,因为对他们来说,"自由只不过是另一个表达没东西可失去的字眼"③。因此,斯基泰人的自由根植于彻底非永恒的永恒之中。这个河流的民族、变化的民族、自由的民族崇拜赫斯提亚,远在所有诸神之上,指的就是这个意思。这个斯基泰国王可以做他想做的任何事,唯独不能停止做一个斯奇特人(Scyth),但是"斯奇特"正意味着不是任何别的什么——不是他者。这个自由民族是全然非双重性的;他们就是他们之所是,而不是别的什么。反讽的是,这意味着他们并不存在。

---

① 薛西斯(Xerxes)在入侵希腊期间想要计算波斯士兵人数(7.59 – 60),他让一万人尽量紧密地挤在一起,在他们周围围个圈。然后他根据这个圈造一道墙,让剩下的士兵继续这么一群群地挤进围墙去——每一群大概就有一万人。斯基泰人在4.81想做的事似乎类似。他们的国王阿里安特斯(Ariantes)想要知道他所统治的人数,便要求每个斯基泰人带一个铜箭头到埃克萨姆帕欧斯(Exampaeus),但他不是去数这些箭头的数目,而是把这些箭头熔化了铸成一个巨碗。斯基泰人是不可能知道他们的人数的,因为最终,他们对自由的彻底信奉,使他们没有任何规定性特征——无论是作为个体还是作为群体,而计算数目则必然需要对事物作出区分。

② [译注]珍妮丝·乔普林(Janis Lyn Joplin),美国歌手、音乐家、画家和舞者。有"摇滚乐皇后"和"迷幻灵魂皇后"美誉。

③ 乔普林论"我和波比·麦克吉(Bobby McGee)"的话,*Pearl*(1971),这首歌由 Kris Kristofferson 作词作曲。

在卷二,希罗多德展示了埃及从热爱固定和稳定到赞美多变的转变。埃及人的最后一任国王阿玛西斯是最传统最保守文化中的篡位者,一个革新者、热爱希腊事物者、人类生活永恒流变的辩护者。① 在卷四,我们则看到斯基泰人的故事,这个完全诗性的民族自豪于自己不受强制——彻头彻尾的自由,而这种自由的直接结果却被证明是瞎眼和奴役。然而,卷四并没有以斯基泰人结尾,而是接下去叙述利比亚的事(4. 145 – 205),在这段叙述中,关于库列涅城(Cyrene)的起源(4. 145 – 67)是希罗多德又一个惹眼的离题。关于利比亚的叙述从 4. 145 的以下文字开始:"在他[美伽巴佐斯(Megabazus)]做这些事[在海列斯彭特人中间]的时候,来了另一支攻打利比亚的远征大军……",希罗多德没有讨论这次远征,而这次远征将卷四这部分与这卷剩下的部分、也与卷二结尾联系起来,直到 4. 200 – 205。如果他从 4. 168 – 199 直接跳到讨论利比亚的地理和习俗(nomoi),就跟他先前的叙述有可比性了,但不是这样,他插进一长段关于库列涅的叙述,使我们不由得对其含义产生好奇。

库列涅是一个结合了希腊、埃及、斯基泰人特色和[100]利比亚特色的城市。这是一个非洲海岸边的希腊殖民地,由来自特拉(Thera)的移民建立,这些人从斯巴达被流放至此。此前他们从列姆诺斯(Lemnos)来,是阿尔戈英雄(Argonauts)的后裔,他们在去往斯基泰的科尔启斯(Colchis)的路上滞留在了列姆诺斯。科尔启斯是金羊毛(the Golden Fleece)的所在之地,也是被伊阿宋(Jason)带走的美狄亚(Medea)的故乡,依照希罗多德的说法(2. 104),这是一个埃及人的殖民地。通常,依据不同的叙述来源,建城的细节会有

---

① 卷三中,类似的变迁发生在波斯,在波斯,也许最神圣的习俗是讲真话,但大流士却是通过一个放肆的谎言登上王位的。

所差异,但所有叙述都同意库列涅是个诸民族和诸习俗大杂烩之地。库列涅移民的背景故事全都以各种方式强调其来历的不确定性,强调严格划分这些人所属种族的困难。这些民族中似乎没有哪个真正来自它们自以为所来自的地方,这使我们不由得怀疑一个民族和一个地域间是否真有这种紧密联系。也许,所有民族都是流浪者。

民族与地域间这种非固定的联系由地域名称得到进一步强调——这些名称看起来要么是对属类特征的具体说明(例如,卡里斯特,Kalliste),要么来自建立者的名称(例如,特拉[Thera])。关于库列涅的故事处处可见由具体特征而来的人名——巴图斯(Battus)意为"结巴",特拉意为"猎人"。希罗多德很注意命名的事,这一点从4.149就看得很清楚:"既然特拉斯(Theras)的儿子拒绝跟他一起乘船,于是[特拉斯]就说要把他儿子像羊留在狼群中[oïn en lukoisa]那样留下,这个年轻人就从这个词得名,叫做欧约律科斯(Oiolukos),不知怎的,这名字还流传开来了。"

由于库列涅人并不能把自己的起源追溯到某一个地方,所以他们也是斯基泰人之属,最终能将斯基泰人绑在一起的只有意志,没有别的。但库列涅人不同于斯基泰人的地方在于,尽管他们不是来自什么地方的民族,但他们确实建立了一个地方。要做到这一点,他们必须用一种迄今为止在《原史》中尚无前例的方式来建造。故事经历了不少的曲折,但最终,在一个作为 katartistēr[秩序恢复者]引入的名叫德摩纳克斯(Demonax,"民众的主人")的人帮助下,他们组建了一个稳定的政体。因为他们不能简单地遵循祖先的方式,所以他们是希罗多德的书中第一个真正从事政治的民族,即是第一个这样的民族:对他们来说,nomos 的意思并不主要指习俗(custom),而是指我们今天意义上的法(law)。希罗多德将库列涅人放在卷四结尾,作为说明希腊人何谓的一个最初的范型。

卷四之后,《原史》的特征改变了,读起来人类学的意味少了,更像是历史了——即叙述有意识的政治决定。库列涅标志着这种转变。在此之前,政治生活是被删节的;一个民族的方式,即他们的nomos[礼法],主宰的力量如此之大以至于塑造了他们的性格,而他们自己并不知道;他们有点像植物。真正的政治生活某种意义上要求人"首先"被连根拔起,成为流浪者,以便让他们知道扎根意味着什么。当希罗多德在卷五到卷九转而讨论希腊时,他的注意力也转向这种自我扎根(self‒rooting)、自我意识的[101]政治生活。但是,要看到去型塑未来将型塑一个民族的方式对该民族来说意味着什么,首先必须看一个民族如果被彻底塑造过会是什么样子,然后再看另一个身份认同仅仅在于型塑(也就是制作,making)行动本身的民族又会是什么样子。前一个,埃及,全是果没有因;后一个,斯基泰人,全是因,没有果。当然,两个极端都是不稳定的。埃及的稳定导向不安,斯基泰人的自由导向奴役。他们的方式就是没有方式;或许可以说,只关心意志行动本身的意志——也就是说,意志缺乏一个特定对象——是空的。它到头来也都全是果没有因。相反,希腊人却因为不完全诗性(这不是说,尽管他们同时看两面,但他们还是能看见;而恰恰是说,因为他们同时看两面,所以他们能看见),所以才是真正诗性的,他们将自由与统治这两种特征结合了起来。由于承认这种双重性,即把灵魂的不定性与同一性配合起来,希腊人在希罗多德的《原史》中显现为——以一种并不打算完全历史化的方式——第一个充分人性的民族。

第三部分　欧里庇得斯

——灵魂作为同一与差异

戴智恒　译

[103]欧里庇得斯的剧作《海伦》(*Helen*)和《伊菲格涅娅在陶洛人中》(*Iphigeneia among the Taurians*)显然可以看作一对。在《海伦》中,我们得知海伦并没有真的前往特洛伊,她在最后时刻被空气塑成的影像取代。真正的海伦寄居在埃及,战争持续过程中,她一直在此地隐姓埋名。至于《伊菲格涅娅在陶洛人中》,我们被告知伊菲格涅娅在奥利斯(Aulis)也不曾真的被她父亲献为祭品,她在紧急关头被一头鹿换走。真正的伊菲格涅娅被安置在陶洛人的家园,她变成了阿尔特弥斯(Artemis)神庙的一名祭司,监管人牲的献祭。而希腊人奔赴特洛伊时,还以为伊菲格涅娅的献身已经为他们顺利抵达付上了代价。基于与希罗多德《原史》的关联,这两部剧作就更成为一对。《海伦》和《伊菲格涅娅》分别给出了对《原史》卷二和卷四的一种解释。① 欧里庇得斯意在向我们展示以埃及和斯基泰人(Scythians,陶洛人是居住在黑海的斯基泰人)为代表的两个极端给灵魂造成的影响。《海伦》聚焦于个人身份——灵魂的恒定和自我同一(self-sameness)——的虚幻。欧里庇得斯以此剧检验了

---

① [译注]戴维斯的老师伯纳德特教授曾在晚年的访谈中提到这点,可以推测戴维斯受到伯纳德特讲授本剧的启发。详参伯格编,《走向古典诗学之路——相遇与反思:与伯纳德特聚谈》,肖涧译,北京:华夏出版社,2007,页198(注:中译"摹仿希罗多德的卷二和卷四"应为"摹仿希罗多德《原史》的卷二和卷四"。)

一种可能性：一个人灵魂的同一与其说跟纪念碑似的恒定性有关（这正是埃及人以及《伊利亚特》中赫克托尔和后来阿基琉斯所犯的错误），不如说跟这个人镶嵌其中的故事不断流传有关，因此它的实现有赖于诗。希罗多德把诗理解为希腊文化的标志性特点。《伊菲格涅娅》则聚焦于仪礼（ritual）的核心地位和不稳定性，仪礼标志着人类在世间看待客体、然后看待自身所用的双重方式——即客体和人自己一方面是真实的，指向自身之外，一方面又异于自身（由此看，此剧也是对斯基泰人所谓"雪即羽毛"的一种注解）。这也有赖于诗，尤其是悲剧，作为必要的手段，以防止双重意义的世界退化为某种均一和扁平，这正是种种野蛮状态所接近的那种极端情况。对这种不稳定性的自我意识，以及以诗的形式表达这种意识的尝试，标志着希腊人与野蛮人的区别。

尽管如此，《海伦》和《伊菲格涅娅》仍然属于悲剧范畴。故此，它们[104]各自的方式也揭示出自身的最终失败——希腊人的诗终归是寻求稳定性的一种版式。最终，一种诗化读解由于将其中的形象固化为"实在"（reality）而逐渐式微，这正是诗歌形象本身的原初力量所导致的必然后果。由此，欧里庇得斯向我们展现出灵魂的作用，即它试图借由悲剧来减缓沉降过程（sedimentation）——任何意欲展现灵魂作用的尝试都会发生这样的沉降。他认同希罗多德对希腊人的典型人性（humanity）的颂扬，并使其重点更为突出。最让希腊人区别于其他民族的不单单是诗，具体地说是悲剧。悲剧展现我们的人性，但同时又说明了"为何"及"如何"不能一劳永逸地解决那些构成我们人性的张力。我们谁也不是纯粹的"希腊人"。

第六章 鼓动千艘战舰出航的假象

——《海伦》中身份的二重性

[105]在亚里士多德看来,作为诗的一种形式,悲剧是人性的一种范式,情节或故事则是"第一要义,如同悲剧的灵魂",最佳的情节要求有他所谓的恍悟(recognition)。① 倘若他说得没错,悲剧的恍悟应该提供一扇通往自我认识的大门。由此来看,欧里庇得斯创作的《海伦》这部剧充满众多能够促成真实或虚假恍悟的错乱身份,它应该是理解人的本性的切实入口。因此,《海伦》理应会给予我们某些关于人的灵魂以及关于我们自身的教海。欧里庇得斯笔下的一部戏剧竟然是自我认识的手段,对这种说法我们大可不必惊讶,因为古人告诉我们,他的戏剧"得益于苏格拉底的补助"(Sōkratogomphoi)。② 众所周知,苏格拉底是位尤其热衷于追求自我认识的哲人。

于是,为了探知我们自身,我们心怀期待地急切找来欧里庇得斯的《海伦》一读,但读毕之后,我们又无所适从。这出戏究竟在讲

---

① 参见《诗术》(*On Poetics*),1450a29 – 39。[译按]中译均参陈明珠所译的戴维斯逐句解读《诗术》的专著《哲学之诗——亚里士多德〈诗术〉解诂》(华夏出版社,2012)中的引文。

② 此语出自墨涅希洛科斯(Mnesimachus);由第欧根尼·拉尔修引述(II. 18)。[译注]中译可参《名哲言行录》,徐开来、溥林译,广西师范大学出版社,页76。

什么？鉴于该剧写作于公元前412年的悲剧节庆,它不该是部悲剧吗？而在现时代,先不说它所受的苛刻评价和直接驳斥,至少方家的评语明显不一。① 《海伦》获得的评价有这样一些声音:"一部优雅的浪漫剧","对悲剧的戏仿","谐趣十足","相比崇高的悲剧而言更接近喜剧和轻谐剧(operetta)","但又充满令人不悦之事和毫无意义的冷嘲热讽",一部闹剧、悲喜剧、蹩脚的悲剧,"在任何层面上都算不上悲剧","一次惊艳的失败",一部浪漫悲剧(un tragédie romanesque),一出"表达观念的戏剧",而且就像《魔笛》一般,"一部半抒情性,半哲学化的浪漫剧"。② 故此,《海伦》本身的身份(identity)就可以算是个不小的谜团。

[106]欧里庇得斯此剧说海伦从未真正去过特洛伊,这一惊世构思部分借自抒情诗人斯泰西科拉斯(Stesichorus),部分取自希罗多德。海伦既未曾被帕里斯诱拐,又没有自愿跟随他落跑。诚然,她被许配给帕里斯作为诱饵,以贿赂他在著名的"帕里斯评美事件"中称阿芙洛狄忒比赫拉和雅典娜更美。但在阿芙洛狄忒兑现这一诺言之前,赫拉用一个幻影,一个 eidōlon,即由空气化成的完美替

---

① 关于那些严厉批评,试举一例,Ulrich von Wilamowitz‐Moellendorff,《欧里庇德斯研究论集》(*Analecta Euripides*[Berlin:Borntraeger,1875]),页241,244)。

② 参见 Richmond Lattimore, *Euripides II*(Chicago:University of Chicago Press,1956),页263;A. W. Verrall,*Essays on Four Plays of Euripides*(Cambridge, U. K.:Cambridge University Press,1905),页43–133;G. M. A. Grube,*The Drama of Euripides*(London:Methuen,1941),页337,352;Anne Pippin,"Euripides' Helen:A Comedy of Ideas",*Classical Philology* 55, no. 3(1960):151;Cedric H. Whitman,*Euripides and the Full Circle of Myth*(Cambridge,MA:Harvard University Press,1974),页35,68;Gilbert Norwood, *Greek Tragedy*(New York:Hill & Wang,1960),页260;M. Patin,*Euripide II*(Paris:Hatchette,1883),页75。

身,换走了海伦。之后,真正的海伦被宙斯藏匿在云雾里,宙斯吩咐赫尔墨斯将她妥善安置在埃及王普罗透斯(Proteus)的宫廷,她一直待在那里,度过了战争十年以及墨涅拉奥斯撤离特洛伊试图返家的七年。在此期间,普洛透斯去世,他的儿子,特奥克吕墨诺斯(Theoclumenos)迷上了海伦,想让她成为他的妻子。他开始杀害任何来访埃及的希腊人——估计是希望保守海伦仍然活着的秘密(但鉴于歌队均由被俘的希腊妇女组成,我们尚不清楚他是否从未洗劫过希腊城邦——至于为何洗劫,我们依然存疑)。与幻影海伦做伴的墨涅拉奥斯和他的船员在埃及遇难后,径自前往普罗透斯的宫邸乞援,得到一位善待希腊人的女守门人的忠告:须在惹来杀身之祸之前赶紧离开。正逢其时,他遇到了海伦,她刚从另一个希腊人忒伍克尔(Teucer)口中得知墨涅拉奥斯据说已死,随后又在特奥克吕墨诺斯的妹妹——名为特奥诺埃(Theonoe)的女先知——那里获知他不但活着,还近在咫尺。经过一番不小的混乱——包括有人汇报说幻影忽化为云烟,两人终于认出了对方并计划逃离。他们说服特奥诺埃向她的兄长隐瞒墨涅拉奥斯的出现。然后海伦告诉特奥克吕墨诺斯,她听墨涅拉奥斯的某个随从(实际就是真正的墨涅拉奥斯)说她的丈夫已经离世,她答应嫁给特奥克吕墨诺斯,条件是他答应在海上为墨涅拉奥斯置办一场象征性的葬礼,亦即送葬仪式。特奥克吕墨诺斯被告知,整套仪式务必奢华有加,而且需要一艘船只驶出海面,里面载有一套轻型盔甲、一只牲物及若干大地产出的农作物——也就是可备出航的食粮。后来事情正如我们所料的那样,海伦和墨涅拉奥斯召集一道遭遇海难的船员,接管了这艘船,扬帆而去。就在特奥克吕墨诺斯气急败坏地派人追赶他们并要杀害他妹妹的关头,海伦已逝的亲兄弟——如今位列诸神——介入(一种典型的欧里庇得斯风格)并阻止了他,还告诉我们,海伦死去后将成为一位神,而墨涅拉奥斯死后也会与众神同在。

[107]这部剧的结局的确似乎皆大欢喜——虽然这在欧里庇得斯的作品中并不少见。不过更明显地缺乏悲剧色彩的是剧中人物自身。当我们初次识得因遇难而沦落埃及的墨涅拉奥斯时,他看起来更忧心于他的着装情况,唯恐堂堂"洗劫特洛伊的英雄"会被误认作无家可归的流浪者(415ff)。海伦的逃亡计划包括伪造墨涅拉奥斯死亡,在此,她告诉我们(1085)她随后将进屋剪掉头发,穿戴玄色装束,并用指甲划破自己的脸颊——一切都是为了扮作一名哀伤不已的寡妇。数百行后,她果然削发穿黑重新上场,但我们不再听闻她脸上有什么刮痕。显然,海伦不会任由自己销毁美丽的面容——那举世闻名的美丽面容。在全剧开场不久的地方,她曾如此思忖过自杀:

> 最好是去死;我怎能不死得漂亮点呢?
> 投缳自缢实不体面,
> 连奴隶也无法认同。
> 他们反倒觉得割喉自刎还算高贵美观,
> 而且肉身脱离生命只是一瞬之事。①
>
> (298–302)

对我们来说,海伦对各种寻死方式相对的美所作的奇怪且以我为本的比较,实在"出人意料地不得体"和不合时宜,难怪人们常常

---

①　我始终引用收录在 A. M. Dale, *Euripides*: *Helen* (Oxford, U. K. : Clarendon Press,1967)的 Gilbert Murray 校勘的文本。引文皆由我译出。[译注]如无特别说明,此章所引的段落均由译者根据 Davis 英译,参考 Lattimore 的英译和张竹明的译文统一译出。

质疑这个段落的真实性。① 海伦和墨涅拉奥斯看似非常登对。墨涅拉奥斯是久负盛名的攻陷特洛伊城的人（不过他似乎已经忘了自己曾需要多大的帮助——记得荷马甚至把他称作一名"柔软的矛兵"，《伊利亚特》17.587），而海伦则是世上最美的女人（虽然在此剧中只有她一个人这么直白地评价她身上的美）。所以，初看之下这两个异常虚荣和肤浅的人似乎更像是肥皂剧或轻喜剧而非悲剧中的人物。

我们把《海伦》此剧称作一种身份危机，但这个危机如果跟我们该怎么称呼海伦本人这个问题相比，就变得无足轻重了。海伦和墨涅拉奥斯有一个女儿赫耳弥俄涅（Hermione），可见在海伦被诱拐之前，他们肯定已经结婚至少一年，但看来没超过三年。因为，假如海伦十六岁结婚，那么本剧一开始她就得三十七岁了，可既然所有人似乎都认为她的长相和十七年以前无甚差别，那就很难设想她会比这个年龄大太多。由此可以推断，我们眼前这位女子十七年前已嫁给一个男人大概三年左右。另一方面，幻影海伦[108]曾与帕里斯同床十年，获救之后又与墨涅拉奥斯共寝七年，他们并未怀疑过她的真实身份。那真海伦何以是真海伦呢？因为幻影是由空气捏造的吗？但海伦又是怎么"制成"的呢？一种说法是，宙斯变形为一只逃避老鹰追逐的天鹅，猛然扑向海伦的母亲勒达（Leda），使她受精怀孕。海伦是从一只蛋里诞生的，这故事未免难以置信，甚至连海伦自己也半信半疑（20－21,257－529）。难道这个动听的故事无论如何会让她的真实性比那幻影的真实性更可信么？这是一个非常重要的问题，因为剧中一切都取决于对海伦来说真实何意，也随之取决于哪个海伦才是真实的——究竟是隐居埃及的这个，还是那

---

① 参 Dale，*Euripides：Helen*，前揭，页86。

一个：她确实做了海伦为人所熟知的那件事，从而使得那场战争成为可能——该战争确立了与野蛮人相对而言的希腊人的含义。人们可能记得那老套的笑话，说莎士比亚的戏剧（或者换个说法，荷马的诗篇）并不是由莎士比亚本人，而是由另一位同名人士写就的。我们所要面临的难题可以用如下方式表述。在《海伦》的开场白中，有个角色走上台来说，"这里就是埃及"，又说"我就是海伦"。当然，这里并非埃及，只是狄俄尼索斯剧场的幕台（skēnē），坐落于雅典卫城的山坡上，而"她"其实是个戴上巨型面具的男演员。为什么我们接受她的声称呢？我们为了整个故事——muthos［神话］——的缘故而悬置了不信。当然这使得海伦并不见得跟她的幻影相差多少，她们都是凭借被安置在一个故事当中才成为各自所是的。

在剧中有身份问题的不止海伦一个。开场白的后半段讲述了她与忒伍克尔的见面，后者是埃阿斯（Ajax）同父异母的兄弟，因无法阻止他的弟弟在特洛伊的自杀行为而被父亲放逐，离开了他们在萨拉弥斯（Salamis）的家。忒伍克尔来埃及打算向先知特奥诺埃寻求前往库普罗斯（Cyprus）的指示，阿波罗神谕已告知他注定在那里建立一个新的萨拉弥斯。故事主线出现一个奇特的颠转：忒伍克尔把真正的海伦看成一个形似者（look-alike），一个影像。起初，他满腔怒气，因她所引起的毁灭而憎恨她，只有当他考虑到她不会真是海伦时，他才变得温和些（我们不太清楚他为何如此确定她不可能是真正的海伦，因为他明显并不确切知道她除了在墨涅拉奥斯——他本人正好要在埃及现身——身边外还会在什么地方）。只有考虑海伦的真实性，同时把她看作一个影像或幻影时，他才能把海伦看作她真正所是。反过来，海伦却不认得他，虽然传统说法常常把他归入她原来的求婚者之列。当她问他是谁时，他首先以一个关乎属类的描述来回答——"不幸的阿开奥斯人中的一个"（84）。

接着他说，"我们的名字是忒伍克尔，生养我的父亲名叫特勒蒙
（Telemon），萨拉弥斯是养育我的祖国"（87－88）。"我们的名字"
这样的表达（虽然在希腊文中用第一人称复数表示单数并不少见）
[109]暗示许多人也叫做"忒伍克尔"（譬如特洛伊一个传奇国王的
名字）。忒伍克尔本人是普里阿摩斯（Priam）的一个女儿所生的儿
子。我们也知道，特勒蒙生下了另一个儿子，另外，忒伍克尔正打算
建立一座与其祖国同名的城邦。忒伍克尔没能以完全一清二楚的
方式描述自己，因为每个普通名词都因其通用性而在原则上适合用
来指涉多个个体。我们倾向于给事物命名，以克服语言的属类特
点，但当我们为婴儿起名，着意突出他们的独一性时，我们又会求诸
书本，父母往往期望从中挑选出最合适的名字。特勒蒙放逐了自己
的儿子，因他没能保护埃阿斯；埃阿斯选择自杀，是因为他得不到死
去的阿基琉斯的盔甲——得到它可以表明埃阿斯已成为希腊当时
最优秀的战士。① 显然，埃阿斯要想被承认是希腊人中独一无二的
一位，就得穿上阿基琉斯的盔甲。看上去像阿基琉斯是衡量独特性
的尺度。② 因此，一个名字就像盔甲一样，必然不足以完成它的使
命，因为它是一个旨在说明内在品质的外在身份标志——一层充当
一个人不可复制之核心的盔甲。一个名字本身赋予不了身份。

海伦和忒伍克尔随后的谈话透露出某些东西。特洛伊已被攻
陷，陷入一片火海之中，"甚至连城墙的痕迹都看不清了"（108）。
这样说来，战争没留下任何外在标记，因此战争也可能是一种错觉
或幻想——一首诗里的事。忒伍克尔说他"亲眼看见，正如我见到

---

① 试比较行40－41。

② 就这点而言，请考虑《伊利亚特》第十六卷中帕特罗克洛斯（Patroklos）
的命运。

眼前的你一样"(118)——见到墨涅拉奥斯抓走了海伦。然后当被问到"所见的这一表象是否看似真的"(121)时,他答道,"我是亲眼看见的;而心智(mind)也同样看到"(122)。他充满自信地把眼见当作辨认身份的黄金准则,而就在此时他却误判了眼前人的身份。与此同时,海伦也一样,甚至在迫使忒伍克尔区分所见和所闻的差别(117),以及询问了她家人的命运之后,她还是太快就将墨涅拉奥斯已死的说法当作了事实。她之后将告知歌队,忒伍克尔"清楚地说过她的丈夫已经被杀的事实"(308)。就算忒伍克尔说过这话,凭什么她就相信他呢? 海伦肯定不会羞于宣布别人在明显具有决定性的证据面前犯了多大的错误。忒伍克尔仅仅是在转述关于墨涅拉奥斯死亡的传说;不是也有不少报道说海伦跟随帕里斯去了特洛伊么? 歌队所作的解释——即恐惧使我们假定最坏的情况(312)——只是表明,心智多大程度上决定了我们认为自己见到的是什么。视见对身份的揭示并不比一个名字所揭示的多。

终于,忒伍克尔渐渐厌倦了讲故事(muthoi,143),他极力强调他来埃及的事由:他是为寻找前往库普罗斯[110]的路而来的。阿波罗预言他将在那里建立一个新的萨拉弥斯,但忒伍克尔不知从何入手。他已被告知关于他的故事,但故事与现实联系不上。海伦跟他说,"航海的事到海上就知道了"(151)。故事必须自圆其说,因为没有任何途径把故事锚定于现实之中。忒伍克尔答道,她说得很漂亮(kalōs,158);美显得不必与真实相关联。身份,即事物的真正所是,既不是关乎身体的问题,又与姓名无干。也许可以认为它是从语境中——即事物被嵌入其中的故事——构建起来的。但一个故事与现实并无关联,就很可能只是纯粹的诗性想象。这里所报道的墨涅拉奥斯的死,和剧尾海伦用来实现逃逸而设计的墨涅拉奥斯的死,都一样虚假。

在《海伦》这部剧里，没有一个人可以声称自己拥有不成问题的身份。墨涅拉奥斯惊讶于住在普罗透斯王宫邸的守门老妇人竟然认不出他这位"洗劫特洛伊的英雄"——尽管他前不久还在抱怨自己看起来是多么糟糕。即便如此，他依然认为自己"在任何地方都无人不知"（504）。而海伦，在告知歌队自己刚从先知特奥诺埃那里获知丈夫并未死去而且就在埃及后（528－40），此刻蓦然回首，则发现一个她认不出是墨涅拉奥斯的男人。

我们再来看埃及人。普罗透斯拥有与《奥德赛》卷四所描述的海神一样的名字。在该卷中，墨涅拉奥斯讲述自己的战船怎样因风暴而停搁在远离埃及海岸的岛屿上。为了找到离开的方法，他必须控制住普罗透斯——这位拥有能力化身为任何事物的海神，并且坚持到普罗透斯变成他自己为止。这位意为"第一"的神的身份从某种角度上又指所有事物。与他同名的是位埃及国王，据说他"居住在这宫邸里"，但其实在戏剧开始前的某个时候他就已死去。他的坟墓显眼地坐落于宫邸前面，而他的儿子特奥克吕墨诺斯如今继位为王，进出门前时常向老王致礼（1165－1168）。赫尔墨斯曾让普罗透斯好好保护海伦，现在海伦为了躲避特奥克吕墨诺斯步步紧逼的追求，只好像在神庙里寻求庇护一样在坟墓旁寻求庇护。既然普罗透斯依然保护着海伦，我们就不很清楚，在埃及，活着与死亡之间的差别究竟意味着什么。总之他的身体仍然在那里——埋葬在他的宫邸入口处。

《奥德赛》里的墨涅拉奥斯知道如何从海神普罗透斯女儿的手里抓住海神，这位女儿名叫埃伊多特娅（Eidotheia），意思大略指像"一个神的模样（look）［或"形状"（shape）］"。《海伦》里的普罗透斯也有一个女儿。起初她的名字是埃多（Eido）——"形式"（form），意思是"形状"（shape）或"知识原则"（principle of knowledge）。但一进入青春期

（显然在埃及你必须以你的所是而得名），她就获得了知道"神意,关于一切现在和将来的事情"（13－14）的能力,于是被命名为特奥诺埃——[111]"通晓神"。因此,欧里庇得斯是把荷马笔下的埃伊多特娅切分成了青春期前的埃多（Eido）这一颇成问题的身份和成年但仍是处女的先知特奥诺埃（Theonoe）。特奥克吕墨诺斯,Theoclumenos,其名字意思是"倾听神"或"服从神",同样有个同名者——一位预言者和逃亡者,后来成了奥德修斯的儿子特勒马科斯（Telemachus）的朋友兼盟友（《奥德赛》,卷15）。

简而言之,存在两个普罗透斯——两个"第一"。不在我们此剧出现的普罗透斯乃是这样一个神:它的身份就是没有一个确定的身份。我们此剧的这个普罗透斯身份则完全是含混的。他死了、但又没死。他留下两个孩子,一个名为"通晓诸神",另一个名为"服从诸神"（欧里庇得斯由此发明了雅典和耶路撒冷之间的张力）。特奥诺埃这位通晓神的人又分裂为青春期的所是（某种待知的东西）和现在的所是（某个已有所知的人）。这部戏剧的情节最后以她的兄长顺应他的名字而服从诸神作结;当然,他的同名者正如他的妹妹一样是个先知。

《海伦》剧中所有人的身份和众多事物的特性无一不是双重的,这一点典型体现在海伦的双胞胎兄弟——卡斯托尔（Castor）和波吕杜克斯（Pollux）身上。他们合称狄奥斯库里（Dioscuri）——宙斯的儿子。但和海伦一样,我们尚不清楚这意味着什么,因为我们常常被告知,廷达瑞奥斯（Tyndareus）也可能是他们的父亲（137）。当海伦问及他们的情况时,忒伍克尔说,"他们死了,也没有死;有这么两种说法（logō）"（138）。他们要么为海伦感到羞耻而自杀,要么变成了"极其相似的星辰且是一对神明"（140）。这对双生子自从获得宙斯赋予的隔日有效的不朽后,就轮流出现在晚空中。① 当然,很难理解这种现象的确切含义。两个一模一样的生命体交替出现在同一个地方,这会意味着什么呢? 为何两者不能简单地合为一? 在本剧最后,当狄奥斯库里向特奥克吕墨诺斯发话阻止他杀害他自己的妹妹时,他们说,"我们双生子狄奥斯库里呼求你"(1643 – 1644)。接着他们转而跟海伦说,"我对我的亲妹妹说"(1662)(楷体为译者所加)。《海伦》是这样一部剧作:在里面似乎谁也认不出谁——很显然,这是有充分理由的。不朽的双生子竟会在交替时日像神一样出现在天空,标志着欧里庇得斯把这部剧的身份问题弄得多么充满疑问。双生子既是二又是一,既活着又死去,既是神又是有死的,既有肉身又没有,如此种种含混性恰恰在某种程度上示范了我们自身存在之本质的含混性。

让我们看看是否能试着解开其中的一些难题。像许多希腊悲剧一样,《海伦》也有一场显著的"恍悟"(recognition)场景。既然恍悟必定围绕身份问题展开,或许我们可以通过细看海伦重识墨涅拉奥斯的场景而获得某些提示。海伦[112]遵从歌队的建议,向特奥诺埃探问她丈夫的命运,现在方才归来。她已经获知他仍在人世,甚至就在"这片土地附近某处"(538)。海伦对着不在眼前的丈夫说道,"你何时回来? 你还有多久才回来?"(540)。紧接着,她转过头来,看见墨涅拉奥斯,然后说了下一句台词:"噢,这是谁?"(541)。虽然实现恍悟所需的铺垫已经准备妥当,海伦还是没有入套。而另一方面,墨涅拉奥斯认得海伦的身体,但又知道她不可能是海伦——"我从没有见过更相像的身体"(559)。这恍悟时刻本身可谓非同寻常,而且出奇地让人摸不着

---

① 参见《塞浦路斯之歌》(*Cypria*) I。

头脑。它始于这么一句没有人能照字面准确翻译出来的话,因为这句话实在太奇怪了,即海伦望着墨涅拉奥斯,说"噢,诸神——甚至[或"同样"]认出朋友[或"那些亲近的人"]乃是一个神!"(560)。我们起先会感到困惑,然后会倾向于认为这句话肯定表示诸如"认出一个朋友是多么神圣的事情!"之类的意思。但紧接的下一句却使这变得难以理解:

> 墨涅拉奥斯:你是希腊人还是本地女人?
>
> 海伦:希腊人,我也想知道你是哪里人。
>
> 墨涅拉奥斯:女人啊,我看你像极了海伦。
>
> 海伦:你也真像墨涅拉奥斯;我都不知道我在说什么。
>
> 墨涅拉奥斯:你确实认出了一个最最不幸的男人。
>
> 海伦:噢,经过漫长的时光,你终于回到你妻子的怀抱。
>
> (561–566)

当海伦说,甚至认出朋友就是一个神时,这句话不可能是表示因认出墨涅拉奥斯而愉悦的感叹,因为倘若如此,她下一句话就会变得完全莫名其妙。我们会相信,她在前一句认出了已经阔别十七年的丈夫,后一句却又问他来自哪个国度吗? 所以恍悟必定稍晚才出现,即她在行 566 才明确表明这一点。另一方面,墨涅拉奥斯也不接受她就是海伦的事实,直至使者前来告诉他那个幻像海伦已经消失于空气之中(605–621),他才相信。由此看来,尽管从未见过"比这更相似的身体",墨涅拉奥斯还是不相信自己的双眼。要点可以这样来概括:海伦在行 566 由于期盼而"认出了"墨涅拉奥斯;而墨涅拉奥斯直到期望对方是海伦之时,才认出她。问题又是眼睛与心智之间的关系:期待,不管是恐惧还是渴望,都影响着我们的想法,决定着我们的"所见"。① 墨涅拉奥斯[113]回应海伦宣称是他妻子时说,"我是不是该说自己神志不清呢? 我的眼睛害病了吗?"(575),也表达出眼睛与心智之间的关系。对此海伦答道,"除了你的眼睛还有什么别的能教导你呢?"(580)。当然,如果这话当真,幻影海伦就该是真正的海伦了。

让我们重新开始。为何海伦没有立刻认出墨涅拉奥斯呢? 怎么说也已经过去十七年了。海伦或许还美颜常驻,但墨涅拉奥斯已经变样了。海伦知道他应该是谁,却不太相信自己的双眼。名字依旧是墨涅拉奥斯的名字,但人却改变了。行560那句奇怪的话并不是说把一个朋友认出来就是神圣的;毋宁说,海伦感到了失望。你可能一直相信你会认识自己亲近的人——philos,但即使那些与你最亲密的人,你也不可能把握他们不变的核心本质,就像你不可能认出一个神。能认出朋友,就是一个神,因为只有一个有能力看穿他人内心的存在才能真正认识他们。

假如海伦和墨涅拉奥斯 philtatoi——彼此亲密无间,他们就会看透对方的内心,完全认识彼此。但他们之间的关系实在讽刺透顶:他们相互利用。墨涅拉奥斯并不是在一个神圣洞见降临的时刻认出了海伦,而是直到获悉幻影海伦已经消逝,才承认眼前的她就是海伦。他现在为何接受一个彻头彻尾的幻影的存在,原则上是没有什么理由的。这两个海伦从来没有被同时看见;一个一出现,另一个马上就消失了。这里不存在时差的问题,因为海伦大可以在墨涅拉奥斯前来的同时,来到普罗透斯的住所。进来通报"你的妻子悄无声息地飘升至

---

① 这个问题正是海伦与歌队互唱(kommos)的主题。期待心理使我们诗化我们所在的世界,赋予这个世界的细节和我们自身以超乎本身所应得的重要性。我们往往以牺牲真实为代价来隐瞒偶然性。

空中"(605)的奴仆在 11 行之后又说,"欢迎,勒达的女儿,你那时在这儿么?"(616)。墨涅拉奥斯现在接受她是他的妻子,正是因为他需要某个(some)海伦,以免他经过十年战争和七年漂泊后尴尬地空手而回;他需要她来为他的人生轨迹正名。墨涅拉奥斯起先拒绝承认她,则是因为他需要证明另一轨迹的正当性——"我在那里[特洛伊]吃的许多苦使我相信,你却不能"(593)。将他一生的伟大功绩重新解释为对一个幻影的追求,他承受不了这个。① 另一方面,海伦也不是确切意义上认出了墨涅拉奥斯。她需要他,因为假如没了他,"我永远都不会再回到希腊,我的故乡"(595–596)。② [114]此外,她分阶段地告诉墨涅拉奥斯她所知道的,并且只透露她认为说服他相信自己的身份所必要的内容——譬如她假装对自己的幻像一无所知(572,574),只在已明确别无选择时才向他提起(582)。试完一计又一计,海伦表现得仿佛自己就是个货真价实的冒充者。后来两人终于同意承认对方的身份,但原因不是他们相信彼此,而是他们相互需要。他们看到的是自己心里所告诉他们必须看到的东西。

倘若果真"认得"朋友就是一个神,那么神究竟是什么样的存在,它怎么会是个动词?墨涅拉奥斯第一次从守门人那里听说了海伦,宙斯的女儿或者廷达瑞奥斯的女儿——她曾经居住在斯巴达——现在

---

① 墨涅拉奥斯即使在承认海伦的身份之后,仍表达出对她是否忠贞存有疑虑(794)。也就是说,即便当他认出她时,他也承认自己无法了解她。这种情况直接出现在海伦质疑墨涅拉奥斯的说法之后,即他声称他进普罗透斯宫邸大门乞援时,只是行动上而非名义上这样做。她没有自动地接受他对他自身内在高贵品质的理解,这高贵使他在行 456"让泪水弄湿眼睛"后又在行948 拒绝向特奥诺埃哭求。

② 海伦知道那些沦为俘虏的人是多么渴望返回家乡;后来,为了确保她们的合作,她将承诺救出在特奥克吕墨诺斯宫廷中沦为奴隶的希腊妇女,但丝毫没有解释她打算怎样信守承诺或会不会信守承诺(1385–1389)。

正居住在普罗透斯的住所(470－472),那时他满心疑惑:"我该说什么好呢? 我该怎么想?"(483)。两个问题对他而言并不简单等同,暗示着内在动因与外在表现之间的一种区分。一方面,有可能尼罗河沿岸住着另一个叫海伦的女人,她由一个名叫宙斯的人所生(之所以该宙斯是一个人,是因为我们都知道天上只有唯一一个宙斯);另一方面,也可能有另一个廷达瑞俄斯和另一个斯巴达。但这两种情况在墨涅拉奥斯看来都不太可能。不过,"世界之大难免有许多东西同名,城市和城市,女人和女人有同样的名字,都是有可能的,没什么奇怪的"(497－499)。这里明显有所缺漏——明显到一位睿智的翻译者,里拉提摩尔(Richmond Lattimore),顺手就把缺漏直接补上了,即声称世上还有许多男人也共用一个名字。但墨涅拉奥斯有意回避这个结论,因为他完全不能承认别处还存在另一个墨涅拉奥斯。他对重名的可能性的全部思索,目的都是找到一个办法来解释他自身作为"洗劫特洛伊的英雄"的单一和独特性。这可以一定程度上帮助我们理解为何墨涅拉奥斯如此谨慎地指出,纵使可能有另一个男人叫作宙斯,天界也只有一个宙斯。不可能同时存在两个宙斯,一个在埃及,一个在希腊,因为是一个神就意味着是一个普遍存在的特殊体。阿瑞斯(Ares)或许是个战争之神,其名有时仅仅意为"战争",但他同时也是独一无二的——是一个被发现与阿芙洛狄忒偷情的家伙。诸神是意义(他们表示某种意义)和个体性(他们是具体某个事物)的合一。①

---

① 在这意义上,quid sit deus("何为神?")的问题与 ti to on("何为存在?")的问题是一致的。在后一情况下,存在的问题时常在两个极端浮动:一方面,一个事物的存在就是它永存和不变的形式——它的 eidos;另一方面,一个事物的存在是任何使它变得特殊的东西——它的 todeti。后者显然与身体相关,但奇怪的是不能简单将它等同于身体。常被引证来说明这个问题的是亚里士多德的《形而上学·Z》。

墨涅拉奥斯渴望得到这种身份,坚信[115]这身份属于他这个"洗劫特洛伊的英雄",正如它也属于拥有"鼓动千艘战船出航的容貌"的海伦。可见,事实不只是认得朋友唯有神而言才可能,而且,是(be)一个神也意味着是某种自身难以被人认出的存在——一个由完全的可理解性(perfect intelligibility)和完美的理智(intelligence)之间不可能实现的结合构成的存在。诸神只是我们所指的灵魂的完美再现。

我们渴望成为神,但这样做却让我们身陷险境,因为如果说阿瑞斯代表战争,那么他就是一个类,而作为一个类,他又是某种包含诸多个例的东西——他可以被复制。墨涅拉奥斯一不小心可能会变成一个onoma,即一个名字或名词——某种由空气塑成之物,由于它可代表一事物,所以又可代表其他事物,故而必定可与它所指称的那事物剥离开来。原则上,哪怕意在作为我们个人的身份标记,也没有任何名字是唯一的,因为一个标示独特性的记号本身不可能是独一无二的。这个问题正好由海伦开场白中的一句台词体现出来。Neilou men haide kalliparthenoi broai 既可以指尼罗河美丽如处女般的(virginal)水流——之所以形容为处女,大概是因为这些水流源自融化的白雪而非支流,也可以指美丽动人的处女、甜美的仙女——这正是尼罗河水流的拟人化。尼罗河的淙淙水流或指有待命名的神祇,或指用神圣的形容词来描述的事物;语言不能帮我们解决这个问题。海伦往后接连谈及普罗透斯、他的妻子普萨玛忒(Psamathe,意为"沙")、特奥克吕墨诺斯、埃多和特奥诺埃等人,他们全都具有这种双重性:他们即是名字,又是名词。

《海伦》的重要情节发生在本剧开始之前,也就是帕里斯评判阿芙洛狄忒为女神中最美丽的一位的时候。我们假定是赫拉胜出。那样的话,她不就是女神中最美的——亦即代表美的女神——因而也就是阿芙洛狄忒了吗？想想拿莎士比亚开涮的笑话。帕里斯的判词，只有当我们把普遍品质和个体身份合在一起时才有意义。乌拉诺斯（ouranos）意为"天空"，该亚（gaia）意为"大地"，与此同时他们分别又是具体神的名字。他们结合后诞下新一代的诸神，其中一个儿子叫克洛诺斯，非常接近 khronos——"时间"一词。克洛诺斯阉割了乌拉诺斯，然后新一代的诸神开始执掌大权。同时，"时间"剥夺了"空间"的绝对统治权。乌拉诺斯和该亚的结合，一方面涉及性，一方面也描述了两者不可能脱离对方而存在的事实。大地不可缺少某种包裹着它的东西；外裹层缺少了某些内在之物也无以自存。认得朋友、亲属和那些至亲至爱的人，就是一个神。认出我们的至爱涉及普遍和特殊的综合，[116]尽管我们经常认定我们最亲爱的人是独一无二的——我的唯一（one and only）。阿芙洛狄忒就是在一个特定个体身上融入普遍意义的结合体。欧里庇得斯在《海伦》中尝试分离这两个要素。幻影海伦是诱使希腊人远征特洛伊的任何东西的象征。独特的个体海伦则隐居在埃及。在这个意义上，欧里庇得斯只是领会了荷马的暗示。在《伊利亚特》中，特洛伊长者们在城墙上赞叹着海伦的惊世之美，说"特洛亚人和胫甲精美的阿开奥斯人为她这样一个妇人长期遭受苦难也无可抱怨；看起来她不可思议地酷似永生的女神"（3. 156 – 158）①。之后，海伦告诉赫克托尔，整场战争是因她和帕里斯而起，"好让我们可以成为后世之人的歌题"（6. 356 – 357）。荷马笔下的海伦被比作一个神，她也把自己理解为一个纯粹诗性意义的人物。由此她见证了自己的不真实。

那么，希腊人不由自主地远征特洛伊，为着由天空（34）、一团云

---

① ［译按］参考罗念生、王焕生译文，见《伊利亚特》，人民文学出版社，2008，页64，根据 Davis 英译有改动。

气(706)做成的逼真幻影,为着只是一个名字或语词的东西(43),不惜苦战十年光景,究竟有什么意义?特洛伊战争原来是以某种不真实之物的名义而进行的,这看来不但使海伦"鼓动千艘战船出航之容貌"的名声和墨涅拉奥斯"洗劫特洛伊之英雄"的声望变得黯然无光,还质疑了希腊人历史上最重要的一次事件——他们最伟大的功绩——的意义;事实上,正是这一重要事件赋予了他们与野蛮人截然对立的希腊人身份。① 从一方面看,为了一个幻影而劳师动众攻打特洛伊,似乎显得荒谬可笑。从另一方面看,假如海伦只是个特定的实存者,那么事情也将同样可笑,因为显然海伦自己不会被交还给希腊军队的每个成员。从理想主义和现实主义的角度解释人类行为,都注定碰壁;这些解释让我们的生命显得悲剧般可笑。

在本剧开幕之前,我们相信只有一个海伦。恍悟过程中呈现的这场喜剧动摇了这一信念,并迫使我们质问自己:我们是否总能够确信另一个人的身份——或就此而言,确信我们自身的身份。这再显然不过地也适用于追问那些我们自认为了解的人——那些我们所爱的朋友和我们所恨的敌人。海伦可以说,"诸神啊,甚至认得朋友就是一个神",但当忒伍克尔首次见到且"认出"她是自己所憎恶的海伦时,他却说,"诸神啊,我所见到的是什么? 我是否见到一个极像那毁了我和所有阿开奥斯人的令人恨之入骨的女人?"(72 –

———————

① 特洛伊战争的重要性,在修昔底德那里以一种有趣的间接方式予以承认,他想要证明雅典与斯巴达之间爆发的伯罗奔尼撒战争是"发生在希腊人与部分野蛮人之间——总之是在绝大多数人类之间——的最大的运动(the greatest motion)"(1.1.2),但直到他废掉此前特洛伊战争有关这一点的宣称,他才得以证明这点。[译注]关于"最大的运动"和"希腊性"等论题的精彩论述,可参见施特劳斯,《修昔底德:政治史的意义》,载潘戈编,《古典政治理性主义的重生》,郭振华等译,北京:华夏出版社,2011,页136–143。

74）。我们呼喊诸神,除了表示"感谢上帝",[117]还可能意在感叹
"该死的"（gaddamn）。希腊人对正义最普遍的定义是扶友损敌,我
们一旦缺乏识别朋友的能力,那我们践行正义的能力也会成问
题。① 这反过来也让人对特洛伊战争的正当性提出疑问,这场战争
始于对宾客友情（xenia）之习俗的违反。

　　问题或许可以用不同的方式表达:若无识别朋友的能力,又何
以与朋友分享——鉴于朋友应该共享我们的一切? 不无趣味的是,
当墨涅拉奥斯的奴仆前来告知他幻影海伦消失的消息,并随即相信
眼前真正的海伦的身份时,他要求分享墨涅拉奥斯的喜悦之情
（700）。② 墨涅拉奥斯回答道,"当然,老家伙,用言辞［logoi］共享
吧"（701）。言辞成了共享的界限（limit）。言辞在我们之间作中
介,这同时标志着并不存在一个绝对的"我们"。然后,奴仆开始对
因果关系进行长篇反思（711–733）。神是一切的始因,但一切事物
表面上都受运气的影响,因而就有了所发生之事与其意义之间的分
隔。奴仆起初对海伦的结婚事件持有敬意,但在她做了丢脸事后,
他对这些事件表示痛惜;如今,既然她的声誉得以澄清,他便又恢复
了敬意。结婚的事件当然没变——变的只是结婚所代表的意义。
生命在时间中绽放,如同一部悲剧——一生事件的意义只有依故事
结局来看才能得到理解。这位奴仆以自己为例,他说,好奴仆与他
的主人同甘共苦,故而就像他的主人。他或许被称作奴仆,但他天
生是高贵的——他的精神是自由的。换言之,这位奴仆竟敢声称他
分担着海伦的厄运。就如海伦所遭遇的一样,运势（tuchē）也用藏

---

　　① 　例如参见柏拉图,《王制》,332a–c。

　　② 　这位奴仆用双数或复数来称呼墨涅拉奥斯;这两种方式看起来都十
分奇怪,除非提醒我们回到646行,在那里歌队用双数来称呼海伦和墨涅拉奥
斯为一对。

有好的一面的糟糕表象折磨着他。海伦所认为是她异于常人的宿命或运数（tuchē）的东西，其实也是所有人身上既普通又必要的分野——他们的看似所是和实际所是之间的分野。真正的友谊意味着分享快乐（700）、幸事（736）和运气（tuchē，738），意味着"分享同一运势（tuchē）"（742）。倘若享有共同生活的必要条件是苦乐与共，那么政治生活所要求的就是某种严格意义上不可能实现的东西。我们的灵魂并不对其他人开放——即便是我们的灵魂伴侣。幻影海伦的存在暴露了笼罩在海伦和墨涅拉奥斯内心的不信任感，但它也在揭示特洛伊战争的虚无性的过程中，暴露了政治生活颇成问题的境况。

特洛伊战争的故事——不管是传统的版本还是[118]欧里庇得斯笔端海伦那修正主义的讲述——肇因于帕里斯关于诸神中哪位最美的评判。我们对美的事物的经验是复杂的，一方面，我们经验到这种事物自成一类，独一无二，另一方面又经验到它某程度上成了该类别的典范，并且它还因自身的美险些就要超出这一类别。这一点在希腊文中更为明显：to kalon 不只在形容海伦的意义上意指"美"，还在描述阿基琉斯的意义上（墨涅拉奥斯也希望同样适用于他自己）意指"高贵"。由此看，《伊利亚特》是一部通篇关于美的诗作。如果说对美的体验本身结合了对特殊事物的体验和对某种普遍事物的体验，那么，对美的体验似乎就是一个典范，说明了我们在鉴定事物的身份时综合以上两种体验究竟是何意。这样的体验虽然强烈地在美的事物上透显出来，但它也许其实指出了我们具有一种潜在的能力，可以把任何事物看成与其他事物分离的事物，即看成一。然而，《海伦》一剧的那一特定前提——幻像——旨在表明，这一强大的动机其实是个错误。因而《海伦》剧里的每次"恍悟"在某种程度上都是有缺陷的。To kalon 是一个总称，它表示每个神身上所出现的东西——特殊存在与普遍原则相统一的幻觉。

帕里斯致力于识别美者的判决为所有审判奠定了基础。任何判决都涉及两个部分——关乎公正的普遍原则和案件的具体情况：什么是犯罪，他是否有罪？因此，绝对正义需要符合以下条件：被告是个行为个体，因而应依其所为得奖赏或承受罪咎；同时他又完全合乎某种普遍有效的规则，并因此成为一个类型。希腊文 tuchē 在《海伦》剧中多次变更的含义充分展现了这种双重性，因为它既可以表示运气（chance），又可以表示命运（destiny）。就前者来看，我个人是自由的，故对自己负责；就后者来看，我的命运已经注定。①这就是帕里斯选择阿芙洛狄忒的含义所在：所有神从某种角度看都蕴含了这种张力，但阿芙洛狄忒作为美本身（*the* beautiful）却是这一张力的典型范例。

《海伦》包含了两次审判。它们同时发生且处理同一个问题——是否允许海伦和墨涅拉奥斯离开埃及。宙斯乃前一次审判的法官，特奥诺埃则是后一次的。以下是特奥诺埃的陈述：

> 就在今天，宙斯王座前的集会上，众神将就你的问题展开争辩。一方面，赫拉虽然以前对你怀有敌意，可现在好心了，愿意放你带着这里这位［海伦］平安返国，让整个希腊［119］知道亚历山大［帕里斯］的新娘，库普罗斯女神［阿芙洛狄忒］所赠予的礼物，乃是假的。另一方面，库普罗斯女神却存心想要破

① 这正是所有悲剧的双重视角，亚里士多德称之为看似如此（the likely）和必然如此（the necessary）。参《诗术》，第 7 – 8 章，对勘我的《哲学之诗》（*Poetry of Philosophy*，South Bend, IN: St. Augustine's Press, 1999），页 52 – 54。［译注］中译可参陈明珠译，《哲学之诗——亚里士多德诗术解诂》，北京：华夏出版社，页 73 – 77。

坏你的返乡之旅,这样,她借海伦的无用婚礼换取赛美胜利的
诡计就将不被谈起,也不致败露。可结局取决于我们:或者如
库普罗斯所愿,我去告诉我的兄长你在这里,以此害死你;或者
再次站在赫拉一边,救你一命,瞒着我的哥哥,虽然他命令我,
在你返乡碰巧途经这地方时务必向他报告。(878－891)

于是宙斯将听取这一案情,并在赫拉和阿芙洛狄忒两人的意愿
之间作出判决,前者试图揭穿阿芙洛狄忒作弊,后者则希望彻底掩
盖罪迹。但特奥诺埃接着说,她将会决定海伦和墨涅拉奥斯的结
局,并继续聆听二人站在各自立场所做的辩护。这两种情况怎么可
能同时为真呢?虽然我们的确知道宙斯会做出判决,但我们并不清
楚他会如何判决。与此类似,我们可以在具体情况下保留行动自
由,同时又在总体上相信命运。这一张力就保存在整个事件的属人
方面,保存在海伦和墨涅拉奥斯给出的相当不同的论述之中。海伦
恳求特奥诺埃对她的兄长撒谎,说墨涅拉奥斯不在埃及。海伦的理
由颇为奇特。她把自己转变为一件原本属于墨涅拉奥斯、正要被特
奥克吕墨诺斯非法盗走的财产(这当然意在提醒我们海伦被帕里斯
拐走的事件)。这所有权的正当性是如此重要,甚至连"一个不义
的财主(ploutos)也得放弃非法所得"(905)。海伦从未过问富人最
初是怎样把财富弄到手的。她给出的例子饶有趣味,因为 Ploutos
曾有一次出现在剧中,是作为哈得斯(Hades)的名字——哈得斯是
掌管冥府的神或代表冥府本身,在那里无所谓第一所有权的问题,
因为那里没有时间可言。① 海伦拥有如此清晰的正义概念,只是因

---

① 我们所想到的关于哈得斯的这点,其实也清楚地体现在 913 行的波塞
冬身上。

为她在某一时刻让时钟停止了转动;或许对诸神和哈德斯而言,时间凝固没有多大的问题,对冻结在十七年时光中的海伦所滞留的埃及来说,或许亦是如此,但对一个常人而言,这一点却无法真正成立。海伦的论证预先假定存在绝对固定不变的所有权——一个最初的所有者(owner)。不但她丧失了自己的所有自由,她对固定性的坚持也描述了一个从某个最开端就受一种必然秩序支配的世界。另一方面,墨涅拉奥斯则坚称普罗透斯曾同意保证海伦的安全直至特洛伊战争结束,届时她可以被带回家去。约定就是约定,当一个男子表明他的意志(will)时,这意志就是一切。在墨涅拉奥斯的世界里,除了自由,一切都不算什么。灵魂只能存在于意志和自由这两者的艰难结合中。完美的灵魂——一个神——实乃这两者不可能实现的完全调和。

[120]《海伦》的故事是关于出走埃及的故事。为何是埃及?国王的名字叫普罗透斯——"第一"。他虽已死去,但仍被叫做国王。他的坟墓就在他的宫邸之外,他的儿子也常常跟他说话。他的女儿"认识神",并想保持处女之身——也就是不生育。这个国家本身的主要特征是尼罗河——刚好是全剧第一个语词。它的众支流如处女般无暇,它们直接来自第一源头,而非某个更大运动的部分。当墨涅拉奥斯首次看到普罗透斯的宫邸时,他叫它"富人(plousiōn)众多大宅"的一间(432)。富人这个词非常接近Ploutōn——死神哈得斯的别名。埃及是个事物保持不变的地方;它们是其所是,所以人的名字就是用来形容他们的名词。普遍和特殊之间不存在任何区别。埃及就是哈得斯,海伦在此地"生活了"十七年,一点儿也没变,换言之,她从未活过。我们看到,希罗多德指出,埃及人过于蔑视人类身体的短暂性,即肉体易于变化和腐朽的特性,以致他们崇尚其反面。这就引起了某些怪异的习俗:他们否

弃人类,于是便转而崇拜动物(罔顾动物也会变化和死亡的事实),又因为他们企图使肉身保持恒定,于是便将尸体做成木乃伊。这导致他们遵循着古怪而又自相矛盾的习俗——一方面鄙视活生生的躯体,一方面崇拜死尸。但这些习俗底下的原则总是可以追溯到他们试图在身体范围内找到某种永恒的东西——某个首要事物(a first thing)。因此,埃及是一个让特殊个体转变为普遍原则的地方。墨涅拉奥斯和海伦已经以各自的方式获得某种作为幻像的永恒,现在却想要返乡。但返乡意味着他们必须逃离埃及,而这不过是以另一种方式渴求永恒。

他们的逃离证明需要三件事。首先,特奥诺埃必须说谎。忒伍克尔之前尽管已经获得阿波罗的神谕,还是去埃及请教她。而特奥诺埃似乎是个更出色的先知,她没有那么含糊其辞,而是直言不讳。然而,一旦她出于正义而说谎,她就不再是绝对可信的。埃及就不再是那个所有事物都只是其所是的埃及。换句话说,真真正正地言说未来之事,意味着没有未来。对于人类而言,有将来意味着对未来所发生之事一无所知,意味着人不是最终的成品,尚未拥有一个稳定的身份,而且暂时是个动词而非名词。第二,墨涅拉奥斯必须"死去"。他务必将"洗劫特洛伊的英雄"的光环抛诸脑后。第三,海伦必须剪掉头发,穿上玄衣,刮毁容貌;她必须舍得放弃自己那鼓动千艘战船出航的面容。当然,最终墨涅拉奥斯并没有真的死去,他干脆重新宣称自己是一个新故事的英雄。而海伦也受不了刮破自己的脸蛋。因此,为了避免[121]成为一首诗中的人物,成为一个幻像和名词——而非成为真正意义上的人,墨涅拉奥斯和海伦不得不发起一个计划,使他们转变成一篇新诗作——《海伦》——中的人物。无怪乎在剧尾,变为神以后难辨彼此的孪生兄弟告诉了我们为海伦和墨涅拉奥斯所存留的结局。海伦将化身为神，而墨涅拉奥斯将与众神一起生活在福岛（the isle of the blessed）。他们根据一种想象出来且牵强附会的词源关系，重新把该岛命名为"海伦"（helenē）——该岛一直守护着赫尔墨斯曾偷走海伦的地方——并说这个岛起源于 klepsas，意思是以偷盗获取。欧里庇得斯就此不单使海伦这个人物意蕴丰富，还把她塑造成了一个女神。

《海伦》的一个特殊之处在于它对合唱颂歌——stasima 的使用。通常（但并非所有悲剧都严格遵守这一做法）在希腊悲剧中，开场白过后，合唱歌队进场唱一曲颂歌，这叫进场歌，即 parodos。接下来的部分由人物的对话组成。随之而来的是一组合唱颂歌。然后，戏剧片断和合唱颂歌交替出现，直到全剧以 exodos 即退场曲结束。在《海伦》中，则看到一首对唱曲，kommos，亦即歌队和一个戏剧人物之间的往来对歌，出现在了"平常"看到第一合唱歌的地方。接下来的"颂歌"，即第一"合唱歌"，极其简短，简直不像是合唱颂歌，只有十三行篇幅（515 - 527）。因此，剧中真正的第一合唱颂歌要等到第 1107 行——此时《海伦》全剧已过三分之二——才出现，而且其篇幅比欧里庇得斯一般剧作的第一合唱颂歌大约多出 300 行。这样所造成的结果是，悲剧更富有"诗性"的部分拖了很久才出现。等到合唱颂歌好不容易进入剧本时，却似乎显得堆砌味十足——就好像欧里庇得斯从他的保留剧目中抽出一些唱词，硬塞在《海伦》的情节之中，其内容与《海伦》情节的联系微乎其微。用于合唱的 exodos，即退场曲，原来是欧里庇得斯原样用作其他三部悲剧（《阿尔刻提斯》[Alcestis]、《安德洛玛刻》[Andromache] 和《酒神伴侣》[Bacchantes]）和稍有改动的《美狄亚》的退场曲。现在看来，这个偶然只是迷惑性的，欧里庇得斯心中有一个主题性目的。就此而言,第二合唱歌①或许更为明显。欧里庇得斯在那里好像无缘无故引入了得墨忒耳(Demeter)、珀尔塞福涅(Persephone)和哈得斯的故事——得墨忒耳女神的女儿珀尔塞福涅每年都会被哈得斯带走半年。她的母亲为失去她而伤心,大地也变得贫瘠。这是对四季更替现象的神话解释。但这一版本的故事中并未使用专名;我们只能根据行为来推断这一剧情中人物的身份。这也是个关于永恒与生育间的张力的故事,到故事的最后,我们困惑地发现,与海伦相对比的人物并不是忧愁的得墨忒耳(毕竟海伦有几次提到过她的女儿赫耳弥俄涅的命运),而是永远的处女珀尔塞福涅。我们得到一个关于母亲失去[122]女儿的类型化叙述,在某种程度上,海伦就是在这方面受到了指摘。她由于过分沉溺于自己的美——她永恒性的标记——而违背了母亲之道。尽管申明自己不同于那个幻像,自己是真实的,但她还是想得回自己的名字。在《海伦》中,诗,亦即象征,乃是幻像的领域。随着剧情的发展,当真实的海伦——虽然已经有了她自己的自我理解——将要再次成为一个诗性虚构时,幻像又回来了。欧里庇得斯深知,诗必然使其角色超离于真实;诗美化其角色,并将其转变为专有名词——即转化成 eidōla[像]。所以,抨击这一过程的合唱歌中没有提到任何一个专名,这并非偶然。那个确实去过特洛伊的幻影海伦,是希腊诗歌中的一个形象。希腊诗歌把理想形体化。乍一看,《海伦》似乎旨在解决这个问题——写就一部关于与理想相对的真实的诗歌,但最终结果却证明,埃及这个看似复原这种真实的地方,实际上却把肉身理想化了。《海伦》讲述了这样一名女子的故事:她为了避免成为一个幻像,结果成了一个

---

① [译按]作者认为真正的第一合唱歌应是剧本中的第二合唱歌,所以这里的"第二合唱歌"是指剧本中的第三合唱歌(1301–1368)。

木乃伊。

欧里庇得斯创作了一部关于身份问题——事物、他人及我们自身的身份——的戏剧。他表示，恍悟或者说确定某事物的身份需要将此物固化或者说使其稳定不变，从而必然将其抽离于时间之外。他还说明，纵然我们渴望达到这种不变性，但我们同时也想活着，因而处于变化之中。这一点精到地表达了人类意图神化自身的冲动。我们的欲求的双重特征，可以由圣经中一句话的两种可能的译法描述出来："我是我所是"和"我将是我所将是"。① 墨涅拉奥斯和海伦，某种意义上他们各自只得到了所渴求之物的一半，现在都想着逃离。因此他们策划了一个逃走的办法。但逃走的行动本身却证明是对他们所要逃离的东西的重现，因为人类做任何事都必须预先设定模范——理想。作为理想，这些欲求的对象必然不是真实的，它们是影子——美的 eidōla［像］。《海伦》之所以最终是一部悲剧，是因为海伦和墨涅拉奥斯并没有意识到，他们深入 kalon［美或高贵］以寻求真和善（亲爱，或 philon）的意图，必然引他们去从事某种理想化事物的活动，且这一欲图本身也是个幻像。或者，当海伦说出那句有名的话"诸神啊，甚至可以认出朋友的就是一个神"时，她可能在表达自己对诸神之真实性的怀疑，但为了表达这种怀疑，她不得不首先向他们发出吁求。通过呼唤一个幻像以证明它的确是个幻像，海伦为我们展现出她自己的灵魂身份那难以捉摸而又奇特的特质。

---

① 参见《出埃及记》3.13。

第七章　雅典人中的欧里庇得斯

——《伊菲格涅娅在陶洛人中》里灵魂的双重视野

[123]按亚里士多德的说法,欧里庇得斯是所有诗人中最具悲剧性的。① 既然"情节乃第一要义,如同悲剧的灵魂",而最美的情节包含突转和恍悟,且最好的恍悟"来自事件本身",那么,亚里士多德引欧里庇得斯《伊菲格涅娅在陶洛人中》的情节作为例证,就并不令人意外。② "所有诗人中最具悲剧性的"这位诗人自当写出最好的悲剧,而《伊菲格涅娅》显然就是亚里士多德心目中的候选。但亚里士多德也说过,在最美的悲剧情节中,一个比一般人好的人要经历从好到坏的运势。③ 在《伊菲格涅娅》中,雅典娜安排各种事情,好让结局完满收场,不仅对于奥瑞斯忒斯(Orestes)、伊菲格涅娅如此,甚至对于构成歌队的被俘的希腊妇女而言也是如此。这难道是从好运到厄运的发展? 这部剧作怎能是悲剧中的佼佼者呢? 它怎能算是一部悲剧? 当然,欧里庇得斯没读过亚里士多德,可能并不知道自己该做的事。但难道亚里士多德也没读过亚里士多德的书吗? 这位倍受赞誉的赞誉情节之士,怎么可能满心盛赞一部情节如童话的悲剧? 有论者表示,"《伊菲格涅娅在陶洛人中》通常被认

---

① 《诗术》1453a29。

② 参见《诗术》1450a38 – 39、1452b30 – 31 及 1455a16 – 18。

③ 《诗术》1453a7 – 12。

为是一部特别精心构思的戏剧,相比同类剧本诸如《海伦》或《伊翁》,明显更清晰明了,更不成问题",但这种说法只会加深上述困惑。① 一部不成问题和清晰明了的悲剧,恰恰在其悲剧性上是成问题的。

《伊菲格涅娅在陶洛人中》由一段讲辞开篇。伊菲格涅娅透露,原本认定被阿伽门农在奥利斯(Aulis)献作牺牲以求希腊人能顺利航行至特洛伊的她,实际上在最后时刻由阿尔忒弥斯掠走并以一头鹿替代了。伊菲格涅娅被带到陶洛人所在的斯基泰的阿尔忒弥斯神庙,在这里,[124]不是女神就是当地的国王托阿斯(Thoas)(34)任命她做了祭司,负责为祭祀仪式准备人牲。伊菲格涅娅刚刚做了一个可怖的梦,她认为此梦是在预示她弟弟奥瑞斯忒斯之死。与此同时,奥瑞斯忒斯和他的堂兄弟兼姐夫皮拉得斯(Pylades)抵达陶洛的海岸,他们受阿波罗所托,前来从神庙盗取阿尔忒弥斯的神像并带回雅典。等任务完成后,奥瑞斯忒斯就能解除痛苦,这大概意味着他将不再受复仇女神的迫害——因为他杀害了自己的母亲。伊菲格涅娅为"死去的"奥瑞斯忒斯主持例行葬礼后,有人向她汇报抓到两个希腊人。她准备把他们送上祭坛作人牲。而后很长一段剧情里,伊菲格涅娅发现这两位俘虏原来是阿尔戈斯人,接着她向奥瑞斯忒斯打听阿尔戈斯的情况,最后还提出,如果他送封信给那里的某个人,他就可以获得自由。奥瑞斯忒斯答应的条件是,由他的朋友皮拉得斯,而非他自己,去执行这个任务。伊菲格涅娅要求皮拉得斯发誓递送书信,皮拉得斯问,如果信遗失在大海的话他该怎么办。伊菲格涅娅让他默记信的内容,在此过程中泄漏了

---

① 参 Christian Wolff,《欧里庇德斯的〈伊菲格涅娅在陶洛人中〉:原理、仪礼和神话》,*Classical Antiquity* II, no. 2(1992):307。

收信人(奥瑞斯忒斯)及信中内容(她并没有真的被献祭)。皮拉得斯立刻兑现誓言的诸多要求,亲手把信交给奥瑞斯忒斯,后者随即透露自己的身份并提供了证据。现在的问题是他们三个如何一起逃离。伊菲格涅娅决定告诉托阿斯,奥瑞斯忒斯和皮拉得斯都是弑母者,送上祭坛献祭前必须用海水净化,被他们玷污了的阿尔忒弥斯神像也须如此。伊菲格涅娅先利用自己的权威确保其他所有人都将留在室内,然后便带着奥瑞斯忒斯、皮拉得斯和女神神像一同下海。他们准备乘坐奥瑞斯忒斯的船逃走,但受到逆风阻挡。托阿斯正要派人把他们活捉回来时,雅典娜出面阻止了他。她命令奥瑞斯忒斯在哈莱(Halae)建造一座新的阿尔忒弥斯神庙,并每年例行一次人祭。伊菲格涅娅将会担任位于布劳戎(Brauron)的阿尔忒弥斯神庙的祭司;她死了会埋在此地,人们将用早夭女婴所穿的上好衣裳供奉她。组成歌队的被俘的希腊妇女也能够返乡。托阿斯同意了,因为违背神乃疯狂之举。因此,可能除了托阿斯一人之外,所有人自此以后就永远过上了幸福美满的生活。他们果真如此吗?

在某个层面上,《伊菲格涅娅在陶洛人中》明显讲了两件事——希腊人与野蛮人的区别和人祭的意义。该剧第一个语词是Pelōps[佩洛普斯],伊菲格涅娅把她的希腊血统的源头追溯到这位祖先的名字上。据说坦塔洛斯(Tantalus)——吕底亚国王和佩洛普斯的父亲,杀害了自己的儿子,献给诸神做晚宴,以测试他们的神性,看看他们是否能够辨认出自己在吃人肉。所有神都立刻意识到这一诡计,只有得墨忒耳例外,她显然沉湎于痛失珀尔塞福涅的事情,心不在焉地吃了一块佩洛普斯的肩部。坦塔洛斯受到严厉的惩罚。[125]诸神(用一个象牙做的肩部)把佩洛普斯的躯体重新拼装起来,使他复活,从此之后,他来到希腊,娶了皮萨(Pisa)的希波达米娅(Hippodamia),建立了伯罗奔半岛,生了阿伽门农的父亲阿特柔斯(Atreus)。伊菲格涅娅由此开门见山地提醒我们,希腊人最初是亚洲人,虽然亚洲人得以重组是诸神拒绝人享用祭的结果。① 伊菲格涅娅反复从人祭的角度理解希腊人与野蛮人之间的区别,虽然传说她最早的祖先坦塔洛斯把自己的儿子献给诸神做晚餐(386–391),她的祖父为了复仇杀害了兄弟的儿子(179–190, 811–817),她自己的父亲也打算把她祭献给阿尔忒弥斯,作为顺利远赴特洛伊的代价(6–27,203–228)。② 根据城中一条古老的法律——在这城,"野蛮人托阿斯是蛮族之王"——伊菲格涅娅现在准备将任何踏上陶洛土地的希腊人献作祭品。她称其为一个"只有名字是高贵的(kalon)"节日。出于恐惧,她慎言其余——神庙里做过的不可言说的事情(28–41)。后来,伊菲格涅娅怀疑诸神怎么会要求这样的献祭,甚至怀疑关于她祖先坦塔洛斯的故事的真实性。一定是"那些在这里杀人的人"将他们自己的卑劣加诸女神(385–391)。践行她的逃亡计划之前,伊菲格涅娅向阿尔忒弥斯祈祷:

> 女主人[potnia],你曾把我救出奥利斯的幽谷,使我免遭冷血父亲的毒手,现在还要请你救救我和这两个人,否则就会由于你的缘故,人们不再认为洛克西阿斯(Loxias)的话是可信的。还是和善地(eumenēs)离开这野蛮的地方,到雅典去吧。

① 《伊菲格涅娅》同样一开始就提醒我们,在人祭问题之下,还潜藏着更为深层的食人问题。向一位奥林匹亚神献祭,需要给神奉上牺牲的脂油和骨头,但动物身上的肉要吃净。参见赫西俄德,《神谱》,行507–560;Jean–Pierre Vernant,《希腊宗教》,载《古代宗教》(*Religions of Antiquity*),Robert M. Collier 编(New York:Macmillan,1989),页176–181。

② 歌队也强调了他们从欧洲(135)流放至蛮荒亚洲的事(180)。另一方面,托阿斯则断言没有哪个野蛮人敢弑母(1174)。

既然已有一个幸福的城市可以居住,你又何必还待在这个地方。(1082 – 1088)①

[126]倘若曾救伊菲格涅娅免于被献为人牲的阿尔忒弥斯仍一如既往的话,她现在也应该再次伸出援手。陶洛人就是因为实行人祭,所以才不适合担当守卫阿尔忒弥斯神庙之职。伊菲格涅娅直接根据他们践行人祭的事实确定野蛮人的蛮性。另一方面,很可能因为她是个希腊人,她认为作为到访者的他们为了实施逃跑甚至不惜杀害一个当地人/外邦人(xenophonein)的建议实在太可怕了(deinos)(1021)。② 伊菲格涅娅似乎认为,杀自己人比杀外邦人要少些野蛮。

鉴于人祭在本剧的重要性,伊菲格涅娅在操办人祭过程中的表现的含混,就令人倍加费解。她以解释她的梦开始,过程中,她常常混淆了给那些准备献为人牲的人涂油与实际上杀死他们之间的区别。她说她的手艺(art)就是宰杀外邦人(53),尽管实际上是别人

----

① 作为复数形式,potnia(potniai)用来指复仇女神(索福克勒斯《俄狄浦斯在科罗洛斯》,行 84;希罗多德《原史》,9. 97),当然她们被叫做 Eumenides,或和善者,在埃斯库罗斯以其命名的戏剧里,她们勉强同意赦免奥瑞斯忒斯,并定居在雅典。在这里,伊菲格涅娅劝谕她的 potnia 阿尔忒弥斯做个和善者,住在雅典这个新家里。《伊菲格涅娅》的情节清楚地告诉我们,奥瑞斯忒斯尚未洗净身上的罪。欧里庇得斯意在改写埃斯库罗斯的故事版本。奥瑞斯忒斯还没有认清自己弑母究竟意味着什么,他的母亲曾因为丈夫杀害了女儿,也就是奥瑞斯忒斯的姐姐,而狠心杀死了自己的丈夫。既然奥瑞斯忒斯似乎并不太在意伊菲格涅娅之死,那么伊菲格涅娅仍是一个未完的问题。她是又一个要被改造成和善者的复仇女神。不过,埃斯库罗斯和欧里庇得斯似乎一致认为,这就是希腊人与野蛮人的区别所在。

② 当然,这是特洛伊战争中面临危险的外邦人的处境问题的另一个版本。

割断了牺牲者的咽喉。但这又是真的吗？这部剧最难解的谜题出现在伊菲格涅娅与牧人的对话之中,她从这位牧人那里听到奥瑞斯忒斯和皮拉得斯被捕获的消息,对他说,"女神的祭坛从未沾上希腊人的血浆"(258－259)。伊菲格涅娅特别强调了梦里的赤褐色(xanthas)头发,它从她的祖屋坍塌后仅剩的柱子的顶檐上长出来(52),紧接着,皮拉得斯说到祭坛的檐口被血染得赤红(73)。疑题似乎已得到解决,不过就在伊菲格涅娅说出"从未溅过希腊人的血"这话后,牧人随即在他的叙事中引入一个事实——追捕人牲的事件发生在离捕porphura[紫鱼]的人藏身处不远的地方,这种鱼正是制作紫色染料的成分;接着他说到他们牧人如何吹起kochloi[海螺]发出警告,这种贝壳类动物也是紫色染料的原材料(303)。所有这些细节也许可以认为仅是为叙事增色而额外添加的——如果不考虑在《伊利亚特》(17.361)和埃斯库罗斯的《波斯人》(317)中porphureos指血迹的颜色的话。于是,我们读到有一座沾血的祭坛(73),读到关于祭坛从未染过血浆的宣称(258－259;其根据似乎是古老法律规定用希腊人来献祭的这样一个事实),读到剧中不必要地引入了用作血色染料的材料(263,303)。似乎作者想让我们猜疑,陶洛人所施行的人祭也许只是一个精致的骗局。

　　话虽这么说,但我们必须立刻回答:这是不可能的。伊菲格涅娅[127]有一封信,是一个俘虏为了她而写给奥瑞斯忒斯的,这个俘虏同情伊菲格涅娅,而且认为应该由法律而不是由她的手来为奥瑞斯忒斯的死负责。这法律只可能指规定杀死希腊人的法律。所以,至少有一名希腊人已经死去。欧里庇得斯似乎不让我们有可能在情节层面上解决这个难题:一方面,与我们早前的印象相反,一直以来都没实施过人祭;但另一方面,至少已经举行过一次人祭了。但或许矛盾就是关键。由于我们不由得迫切想知道到底是否曾经献过活人,因此不得不追问,献人为祭究竟是什么意思。当阿伽门农献上伊菲格涅娅的时候,他满足了神谕的要求,将"一年中所生的最美好的东西"(23)献给了女神,这神谕就如同亚伯拉罕被告知要献上他"[所爱的]唯一的儿子以撒"。① 人祭的意义在于,我们贡献出自己的至亲——对我们来说最重要的事物。虔敬要求我们把最珍视的东西献给诸神。一只羊羔也许是你所亲爱的,但一个人更是可亲爱的。从这个角度理解,杀死自己的孩子就是最虔敬的体现。而另一方面,就在一个人被放置在祭台上的那一刻,他的人性已被贬低了。② 一方面,最高意义上的虔敬需要实行人祭;另一方面,献人为祭就是使人变得低于他所是——不再是最伟大的祭,而只是另一只等待焚烧和吃掉的动物。神给我们下的是一道不可能实现的命令:任何牺牲都满足不了要求,除非该牺牲表明我们奉上了最接近我们自身的东西,但在我们献它为祭的过程中,我们自身却又不再是我们自身。《伊菲格涅娅在陶洛人中》在人祭问题上产生了含混,因为人祭本质上就是含混的。实行人祭意味着实行不了它;人祭是不可能实现的。

《伊菲格涅娅》一开始就承认,被认为是人祭的并非人祭,因为到最后时刻,人变成了动物。完全不清楚这种转变(或许人肉尝起来像鹿肉)的希腊人,无疑需要有人教授他们它的含义。作为对他们施教的工具,这部剧将使他们变成彻底的希腊人。伊菲格涅娅本人仍然混淆了祭祀行动本身与行动的目的、宣称或者说意义的区

---

① 　《创世记》22.2。

② 　正是基于这个原因,欧里庇得斯让伊菲格涅娅自愿地登上奥利斯祭台(《伊菲格涅娅在奥利斯》行 1368 – 1401),而在这部剧中,则让她确保奥瑞斯忒斯和皮拉得斯在充当人牲之前必须松绑(468 – 471)。非自愿的人祭会剥夺一个人的人性,但即便出于自愿的人祭也会造成人的价值的贬低。

别。她没有细致区分她的职责和那些割断动物喉管的人的职责,而且她假定,由于梦境显示出她在对她认定是奥瑞斯忒斯的人施行祭礼的司职,这就意味着奥瑞斯忒斯已经身亡。鉴于她没有充分理解[128]行动的意义(也可以说是对行动的诗性展现)与行动的实在(reality)之间的区别,伊菲格涅娅犯了一个典型的野蛮人的错误——一个斯基泰人的错误;就好像每个人都像托阿斯似的,其名字就描述出其人最重要的特征——如同捷足者全叫作斯威夫特(swift),所有叫卡朋特(Carpenter)的人都在树林里工作(2,31-33)就好像那些拥有皮鞭的人就必定是主人。然而,通过区分行动的意义与实在,不就有可能一面保存人祭的崇高虔敬,一面又免于卷入凶残低劣的行动了吗?这样的话,“为神圣之故”——hosias hekati(1461)——也就会披上它惯用俗成的含义,“为形式之故”。《伊菲格涅娅》——毕竟总的来说讲的是未能成功实行的人祭——讲的其实就是仪式性的、即形式上的献祭的优越性。

我们还可以从第一次瞥见奥瑞斯忒斯和皮拉得斯的场景,清晰看出欧里庇得斯心里在想着实在和意义的二重性。随着两人小心翼翼地进场,皮拉得斯两次提到要以双重方式看周围。

> 我在看(horō),正在用眼睛四面八方地打量(skoupoumai)。(68)
> 但当我眼顾四方(egkuklountaophthalmon)时,我还必须仔细检视(skopein)。(76)

皮拉得斯暗中区分了看眼前之物与一种象征性的看,后者涉及对所见物之意义的理解。类似地,当牧人们首次遇见奥瑞斯忒斯和皮拉得斯时,他们对于看到了什么并无争议,但对这东西背后所指涉的意义却各执一词，产生了重大分歧。对于某些人来说，这些外邦人是神（daimones，267）或某个神的影像（agalmata，273）；对另一些人来说，他们不过是倒霉的船员（276）。这种二重性只能在疯狂中或梦境中才能消融。奥瑞斯忒斯错把陶洛人的狗群和牛当成复仇女神（据说她们的声音是牛和狗群所发出的叫声的 mimēmata［翻版］，293 – 294），而伊菲格涅娅总以为给她的弟弟涂油就等于杀了他，对于他们两人而言，视见不是两重性的：羽毛与雪之间没有区别。

假如奥瑞斯忒斯区分开祭祀的仪式和实在，或许他对阿波罗的指令的理解就会大为不同。我们并不清楚神谕的具体措辞，只看到奥瑞斯忒斯转述的版本：

> 你叫我到这陶洛人国度的边界——你的姐姐阿尔忒弥斯在这里有她的祭坛——来盗取女神的雕像（agalma）；据这里的人说，这神像是从天上掉到这神庙里来的。（85 – 88）
>
> 这时那里的黄金三脚鼎传出了福波斯的话语，他叫我到这里来取走这个从宙斯那儿掉下的神像（agalma），把它放到雅典人的土地上。（976 – 978）

[129]当然，也可能阿波罗是叫奥瑞斯忒斯去斯基泰人的土地上带走他的姐姐，因为在希腊文里分不清是他的姐姐还是"那个姐姐"（the sister）。① 阿尔忒弥斯的 agatma［神像］和伊菲格涅娅这个人都是从天而降（29）。这种含混在全剧结尾淋漓尽致地体现出来，

---

① 参见 Moses Hadas, *Introduction to Classical Drama*（New York：Bantam Books，1966），页108。

当时奥瑞斯忒斯为了实施逃亡,把伊菲格涅娅扛进他的船里,此时她刚好手持阿尔忒弥斯的 agalma[神像](1381 - 1385)——拯救阿波罗姐姐的行动恰如拯救奥瑞斯忒斯自己姐姐的行动。Agalma 一词在希腊语中的含义甚多("愉悦"、"声誉"、"荣光"、"礼物"、"影像"、"雕像"等等),欧里庇得斯让其中一个牧人在初见奥瑞斯忒斯和皮拉得斯时说,他们是涅柔斯(Nereus)的 agalmata(273)。当然他们并非真被看作雕像,而是被看作类似于最爱的人或物之类。如果这个词是这样用的话,也就很容易把伊菲格涅娅理解为阿尔忒弥斯的 agalma。当然,假如她仅是阿尔忒弥斯的一个 agalma,那她比雕像也强不了多少。作为女祭司,她履行她的职责,但她也宣告了她的人性:她怀疑自己的神主(patroness),责备阿尔忒弥斯的"诡辩"——一方面不让任何由于杀了人或触碰过分娩女子或尸体而不洁的人接近她的祭台(380 - 383),一方面又接受人祭。人之可以是个 agalma,绝不多于人之可以是人牲。伊菲格涅娅是、又不是阿尔忒弥斯的一个 agalma。不过,奥瑞斯忒斯完全没有理解这种含混。他只想着他是去取走一个雕像,找到伊菲格涅娅只是运气,他从未想过把一个事件看作另一个事件的影像。他和他的姐姐都没有双重视角。

然而有理由相信,在欧里庇得斯看来,就像在希罗多德看来一样,双重视角正是人类灵魂的典型特征。伊菲格涅娅以哀悼她的亲人(philos,59)奥瑞斯忒斯的死来拉开戏剧的帷幕,虽然她几乎不认得他。她最后一次见他时他还是个幼儿,但她还是把所有的希望都倾注于他身上。他只是她名义上的朋友;在她知道他的名字之前,她乐意看到他死。奥瑞斯忒斯和皮拉得斯则是更深意义上的 philoi[朋友]。据牧人讲,当陶洛人攻击疯狂的奥瑞斯忒斯时,皮拉得斯冒着自己生命的危险保护他亲爱的人(philonandron)(310 - 314)。

这一说法令伊菲格涅娅以为那两人是"［生于］同一个母亲的一对兄弟"（497）。奥瑞斯忒斯回答说他们是相爱（philotēti）的兄弟，而不是血缘上的兄弟（498）。当奥瑞斯忒斯得到一个机会，可以送伊菲格涅娅的信到阿尔戈斯来拯救自己时，他因皮拉得斯是他的philos［朋友］而想让他代劳（597－608）。视这次机会为不幸（"有朋友将死的人，不值得朋友们羡慕"）的皮拉得斯则希望与奥瑞斯忒斯共死，因为他是他的朋友。[130]假如不这样做的话，他会无地自容（674－686）。奥瑞斯忒斯的回应是，这会使他更为难受；他叫皮拉得斯忍受遗弃他的羞耻感，好让他——奥瑞斯忒斯——不必受其煎熬，他还称皮拉得斯为他的所有朋友中最亲近的（philtaton…philōn，708）。朋友似乎是那些将朋友的利益等同于自己利益的人；他们如同一体。

为何《伊菲格涅娅》突然专注于philia［友爱］——亲情或友情——的问题？对奥瑞斯忒斯来说，像一个兄弟那样去爱皮拉得斯之所以可能，只是因为皮拉得斯实际上并非他的兄弟。仅当两个通过彼此同意而绑在一起的人表现得如同他们被某种完全超出他们所能同意的东西——譬如出生——绑定在一起时，最高意义上的Philia才能显明出来。靠必然性来维系的恰恰不会是朋友。意志在最强大的状态下将显得好像是必然，但恰在那种程度上，意志不再是意志。① 就像纯然的含义或者说单一的视见不再是含意一样，彻底自由的意志也不再是意志。奥瑞斯忒斯说他和皮拉得斯是相爱的兄弟，但他的意思不可能就是他所说，因为倘

---

① 因此，在《伊菲格涅娅》，daimōn一词和由它合成的词有时意为命运或宿命（157，202－204），有时意为神（267，391，570）。在1486行，雅典娜告诉托阿斯，"必然性比你和诸神都更强大"。

若他们就是兄弟,情同手足的表现便没有什么特别之处,而 philia 是特别的。因此,这话的比喻义——只能理解为不完美或不完整——是衡量它的"真实的"、因而也是它的"完美的"含意的尺度。具有讽刺意味的是,比喻意义上的兄弟情谊,亦即兄弟之情的一种幻影(simulacrum),才是真正的 philia。它要求我们为了理解自身而把自己理解为我们所不是的东西;我们必须具有双重视野。意义与实在不一致,才可担任实在的尺度。起初,似乎我们生活的比喻性层面是基于某个更为根本的实在来解释的,但结果这比喻反过来变成了我们生活的实在。仪式并非提醒我们某种更深层的实在;它构建了一个"更深层"的实在,随后对其加以解释。《伊菲格涅娅》的情节可谓一个例证。伊菲格涅娅把她的梦过度阐释为奥瑞斯忒斯死了——由于她既不知道她的父亲已死(543–545),也不清楚奥瑞斯忒斯是她母亲生下的最后一个孩子(比较917–919),故而不可能意识到他是她家族里最后一位男嗣。于是她举行了一次葬礼,期间她奠酒、恸哭,如果可以的话她还会放自己的赤褐色头发在他的坟墓上(158–178)。因此,她对梦境的误解引发了一种仪式,这个仪式本身就可以是梦境的意义。一场梦先被解释为一种仪式,然后这一仪式又被解释为它所代表的梦。伊菲格涅娅声称,关于在柱顶边染有血色的祭坛上洒酒的梦,其实是她履行祭司职责的一个影像,所以这梦象征着死亡。然后这种想法促使她履行了一场葬礼,[131]这葬礼反过来又可以理解为她最初所解释的梦境的真正含义——她看到自己向其实还活着的奥瑞斯忒斯洒酒。

真兄弟之间的友爱只有在否弃维系他们的血缘纽带之后才会显露出来;残杀兄弟的行为则表明对纯粹动物性关系的否弃。意图杀害你的兄弟,似乎是仅仅把他当作一个人来爱的先决条件,因为只有通过这种方式,你才能确定你是因他本人、而非看在他是你兄弟的份上才去爱他。《伊菲格涅娅》的情节反映出这一辩难。伊菲格涅娅不仅实际上是在打算杀奥瑞斯忒斯的情况下才逐渐认出了她的这位亲生弟弟,而且她还要求奥瑞斯忒斯主动跟 philtatonphilōn〔所有朋友中最亲近的一位〕分开,好让他自己可以顺利逃走(595)。要想知道你爱什么,你必须离弃它,但反过来离弃它就等于否定了你的爱。友情和虔敬一样,基于相同的理由对我们提出了不可能达到的要求。两者的意义都有赖于一种瓦解其意义的实在。

　　《伊菲格涅娅在陶洛人中》是这样一个故事,它讲述关于事物的实在被其意义取代时所发生的情况。这部剧作的基本"事实"是,虽然伊菲格涅娅没有死在奥利斯,希腊人仍得以到达特洛伊。特洛伊战争的必要条件不是她的死亡,而是她死亡的意义——这有点像开战前先得承认战争的残酷代价。具讽刺意味的是,一次真实的献祭也不会如此完美地实现这一目的。祭礼迫使我们承认,我们关心的是我们所模仿的行动的意义,而非该行动的实在。通过分离意义和实在,祭礼迫使我们承认,意义存在于实在之中。这就如做梦一样,做梦几乎就如同一种自然的仪式——一种分离经验与现实的体验,这种分离引诱我们在现实之中寻找意义。① 陶洛人似乎在伊菲格涅娅降到他们当中以前就已有拿外邦人来献祭的习俗(39),我们并不清楚他们是否只献希腊人,因为在伊菲格涅娅问奥瑞斯忒斯和皮拉得斯像哪里人之前,就被告知去作准备拿他们作祭品(241-246)。我们明确知道的是,陶洛人把他们所做的仅仅解释为对阿伽门农在奥利斯"献"伊菲格涅娅为祭品一事的报复(336 - 339)。然而一旦承认做一件事也是为了表达别的什么意思——除了表达

---

① 参 1234 - 1282 行。

对外邦人的憎恶,还想在象征意义上为伊菲格涅娅报复——那么这事就不再真地必办不可了。重要的是象征意义,而不是行动本身。

希腊人与野蛮人不同,就在于他们意识到意义的首要性。在《伊菲格涅娅》中,欧里庇得斯在实验彻底地理性化或希腊化希腊人——某种意义上就是实验赋予他们单一[132]的视见;这部剧是一个宣告,宣告希腊人跟亚洲完全不相干。若要希腊人攻击特洛伊的战争(此事迹比其他任何事物更能把他们凝结成一个民族)没有一丝一毫沾染野蛮之风,就必须否认伊菲格涅娅被献作祭品的事。① 既然伊菲格涅娅没有被杀,谋杀阿伽门农的行为就没有了正当性,而如果克吕泰墨斯特拉(Clytemnestra)完全错了,奥瑞斯忒斯弑母就是完全正当的。坦塔洛斯家族开始显得清白无比起来。尽管如此,不少问题仍未解决。这部剧作的开头提到了希腊人起源于亚洲;这些希腊人——伊菲格涅娅、奥瑞斯忒斯和皮拉得斯——预谋了一个像佩洛普斯那样逃离亚洲的计划。这一策谋涉及那种不可靠的品质:伊菲格涅娅认为希腊人不可靠(1204),使者也这样评价刚好是希腊人的女仆(1298)。这并非毫无根据的控诉。伊菲格涅娅的"走为上计"就利用了陶洛人纯真的虔诚。② 然而,声称要去净化阿尔忒弥斯神像,实质是借机接近奥瑞斯忒斯的船,这种计谋意味着他们并不把神像看作神圣之物。他们的行为让我们联想起阿尔忒弥斯在奥利斯的所为:两者都涉嫌出于不可告人的动机操纵神圣者。本剧还有其他数次类似的事件。当伊菲格涅娅意识到自己无法保证皮拉得斯会把她的信送到阿尔戈斯时,奥瑞斯忒斯上前

---

① 基于相同的理由,伊菲格涅娅只得矢口否认坦塔洛斯和佩洛普斯的故事(386 – 390)。

② 亦可参见欧里庇得斯的《海伦》,行 1049 – 1066。

询问她的不知所措（amēchanein，734）所为何事。她要求皮拉得斯发誓。皮拉得斯听命，但随后说他们在誓言中漏掉了一件事（753），伊菲格涅娅则表示这无关紧要，因为他们大可以再立个新的誓言（754）。显然誓言很容易根据发誓者的方便不断进行修正。在这里，诸神不过是些舞台道具——mēchanai。一旦神变成了一个将戏剧人物从困难局面中解脱出来的解围者（deus ex machina），这么一个神事实上就再也不会受人敬拜了。那么，在奥利斯用一只鹿替代伊菲格涅娅，究竟是显现了阿尔忒弥斯的力量呢，还是表明这位神无关紧要？要理解作为一个 agalma［神像］的阿尔忒弥斯，我们必须明白她所拥有的力量。为此，她必须被予以极其严肃的对待；她必须被思想为真实的。但是这样的话她将不再被理解成一个影像——她所代表的东西。阿尔忒弥斯的意义与她的实在或者说力量相冲突：她既想、又不想被人唤以阿尔忒弥斯之名。也许《伊菲格涅娅在陶洛人中》的悲剧性就在于，它的"喜剧收场"暗含着神圣的消隐。诡计或意义（希腊性）的得胜，意味着一切约束条件都是可变通的。仪礼起先似乎确立了意义之于实在的首要性，但它只是一种无意义到令人奇怪的意义。

仪礼保存某种已做之事的意义，而不保存［133］做此事的过程本身。① 每年在哈莱（Halae）举行祭礼所用的刀具上的血迹，意味着实际上从未执行过的人祭。仪礼是纯粹的意义，可一旦拿掉实际行动本身，仪礼就有失去其意义的危险。起初举行仪礼是 hosias hekati——为神圣之故，但到头来却是 hosia hekati——为形式之故。因为做了，事情就完了。《伊菲格涅娅》的结尾刚好指出了这个问

---

① 这就如同 phantasia［想象］可完全摆脱感觉，乃至不再需要所感知之物的差异性（otherness）。参见本书第二章 III. A. 上半部分。

题。伊菲格涅娅、奥瑞斯忒斯和皮拉得斯的逃跑计划正要破产之际,雅典娜伸出了援手。但与其现在才出手,为何不一开始就相助?如果从结尾来看,本剧的所有行动都变得毫无意义,只是为了形式而已。雅典娜的介入剥夺了这些行动的实在性;倘若他们知道她会解救他们,他们的努力就犹如哈莱的祭礼,不过一场仪式而已,但这也就是说,他们完全可以以马虎对待——为形式之故。因此,希腊人的聪慧有可能瓦解那用以区分他们与野蛮人的意义。《伊菲格涅娅》,这个关乎仪礼与希腊性的彻底胜利的故事,由此也成了希腊性之消亡的绝唱。在这里,也如在希罗多德《原史》的卷四,希腊人是人性的典范。然而,鉴于"以两分的视野看待事物"是人类灵魂的特性,使灵魂统一就等于使之失明。

希腊人对野蛮人的依赖,以一种奇怪的方式显现在伊菲格涅娅发现奥瑞斯忒斯是她的弟弟之后(869 - 899)。她首先悄悄比较起自己差点杀死奥瑞斯忒斯的大胆和她父亲的大胆(862,869),接着悲叹奥瑞斯忒斯目前的处境。

> 我能想出什么办法(poron),在你的血染红这刀之前,把你送回祖国阿尔戈斯,躲过这屠杀,让你再次逃出这个城邦呢?不幸的灵魂啊,你也应该为此动动脑筋。你会舍弃船只,仅靠疾速的双腿,取陆路逃跑吗?你若穿过蛮族部落,行走在无路的路上(hodous anodous),那简直是自寻死路。还不如穿过布满阴森礁岩的海峡(stenoporou),这可是乘船逃走的极佳航道。可怜的我,可怜的我!有什么神祇,凡人,或意想不到的事情发生,能在山穷水尽的时刻,让我们阿尔忒弥斯仅存的两个后人找到一条出路,脱离这苦难(poron aporon)呢?(876 - 899)

问题在于如何逃离亚洲和野蛮人。奥瑞斯忒斯不能选择步行，因为这将迫使他穿过野蛮人的领地，那里有着不是路的路——hodous anodous。anodos 不仅仅是由前缀 an 构成的否定词 an‐hodos，还是由 ana（"向上"）和 hodos 组成的复合词。它不但[134]指"无路"，还指一条"向上的路"。所以荒蛮之地的路既是一条死路，又是一条上升之路。类似地，伊菲格涅娅问有什么神、凡人或任何难以捉摸的东西会找出解决问题的出路，她所说的"出路"原文是 poros，而"问题"的原文则是 aporon——没有出路。因此，尚未意识到这点的伊菲格涅娅实际上吁求一条没有出路的出路。① 她需要寻求一条解决他们问题的没有出路的出路。她把这比作从野蛮人的无路之中走出一条向上之路，实现一次攀升。但这正是对仪礼的一种特殊形式——悲剧——的描述。野蛮人的 aporos［无路］，当被展现出来并成为自我意识到的东西时，就变成了希腊人的 poros［路］。看似无路的，实质上是条向上之路。通过仪式体验人祭的野蛮性，就像体验悲剧。悲剧教化人（civilize），因为被教化意味着作一个受仪式洗礼的野蛮人。

悲剧勾勒出一个问题，即一个充满种种难解之处的 aporia，然后以一种特别的方式展现这个问题，乃至使得对问题的亲历体验成为一种解决方式。但这一步骤的实现是不完整的。悲剧作为戏剧，瓦解了它所讲东西的实在性和严肃性，就此而言，悲剧意在完成自杀，以此为遗忘它所描述的问题铺平道路。就像仪礼跟它所象征的实在相隔绝，希腊性也是如此完满，以至于成了彻底非野蛮的。可是，

---

① 这似乎是欧里庇得斯对索福克勒斯的《安提戈涅》（360 行以下）的反思。亦参伯纳德特，《神圣的罪业》（*Sacred Transgression*, South Bend, IN: St. Augustine's Press, 1999），页 40‐50。

已转化为解决方法的问题，很快就不再被视为问题，随即也不再是个解决方法。当我们确信对家庭的非理性依恋是人性的一种必然特征时（我们都有母亲），它就成了某种人人都得"应付"的东西。但它不再具有施加于我们的强大控制力，正是这种力量使我们有可能去理解基于这种情感且揭示这种情感的悲剧。如果俄狄浦斯（Oedipus）和厄勒克特拉（Electra）仅仅需要疗方来照料拥有他们这名字的复合体，悲剧就不再可能。但当悲剧不再可能之时，这些复合体也不再是可理解的。完全的希腊化状态因此是不可能实现的；是希腊人（也就是说成为完全人性的），就意味着保留什么是野蛮人——以双重视野看待事物——的回忆。《伊菲格涅娅》正是以提及佩洛普斯开篇，并时常提醒我们希腊人的亚洲渊源。有可能堕落成为野蛮人，这是我们所有人的基本现实；作希腊人意味着在某种意义上承认这一事实。

《伊菲格涅娅在陶洛人中》的情节展示了真正的活人祭祀如何被礼仪性的祭祀所取代。这一过程涉及从斯基泰人的领地到雅典、从亚洲到希腊的运动。伊菲格涅娅为实现逃跑计划而对阿尔忒弥斯 agalma［神像］的巧妙运用，使得此剧的行动成为可能。这一计谋所蕴含的变的意义，从［135］hosias hekati 这一表达显明出来：为神圣之故而做的事，逐渐变成了为形式而做。在某种层面上，《伊菲格涅娅》讲述了希腊人性如何优于蛮族人性的故事。欧里庇得斯高扬一件事实：与野蛮人不同，希腊人以承认共通人性的方式展示了他们的人性。他们没有实行人祭，而是将这种行为仪式化，从而提取出其意义——牺牲一个人的最爱——运用在非野蛮的行动中。然而，从更深的层面看，《伊菲格涅娅》点明了一切仪礼的脆弱性。礼仪的成功亦是其失败，因为它由于隐藏自身的野蛮渊源，变成了无法理解的。因此，《伊菲格涅娅》为至少三种雅典仪礼所自来的"实在"提供了解释。① 奥瑞斯忒斯告诉伊菲格涅娅,当他暂留在雅典时,他并不是完全没有受到款待,但由于雅典人不想与一个弑母者共饮一杯,所以各人自分小杯来酌饮。他说,这自此之后就成了雅典的一个风俗——酒罐节(Choes)(947 - 960)。在剧尾,当雅典娜吩咐奥瑞斯忒斯和伊菲格涅娅该做什么时,她实际上也是在为雅典已然存在的一些仪礼提供解释。她直接对奥瑞斯忒斯说(1446)叫他听她的 epistolē[消息]。这个词还可以表示"信",伊菲格涅娅用它来描述一个她曾杀以献祭的希腊俘虏为她写的消息(589)。这两个"信"之间可能会有什么关联? 伊菲格涅娅的 epistolē 说她没有死;她被献祭一事只是一个幻像——一个象征。雅典娜的 epistolē 则指引奥瑞斯忒斯去雅典建立一个象征性的陶洛人之地。他要去哈莱建造一座神庙供奉阿尔忒弥斯的雕像,这位女神将被称作 tauropolon[陶罗波拉]。这是阿尔忒弥斯在雅典的别称,还没有《伊菲格涅娅在陶洛人中》这部剧之前就有了这个称呼;该名意为"被陶洛人崇拜",或"狩猎公牛"。从一个已经存在的神庙开始,欧里庇得斯澄清了围绕着它的诸多含混之处,提供了一个故事来赋予其意义。同样地——尽管意义没那么明显,雅典娜嘱咐伊菲格涅娅去布劳戎(Brauron)的阿尔忒弥斯神庙当一名女祭司,死后她将被供奉以 agalmata[礼物]——死于分娩的女子的精纺衣袍。这似乎也是一个已经存在的仪礼,而欧里庇得斯要为其创造一个"实在"。

就此而言,欧里庇得斯写下了这样一部悲剧,它重新让人意识到仪礼背后的原初实在,这些仪礼已变得过于为形式之故,以至于人们不再清楚施行它们的缘由何在。但倘若潜藏在仪礼背后的实

---

① 参见 Wolff 在《欧里庇得斯的〈伊菲格涅娅在陶洛人中〉》全篇对这三种仪礼的讨论。

在就是这些仪礼的野蛮起源,那么可以公允地说,对于已经变得如此文明、以至于不再具有意义的仪式来说,欧里庇得斯的悲剧使其重新野蛮化。事实上,这正是整部《伊菲格涅娅》要做的事。悲剧[136]以仪礼的方式重新恢复了为仪礼奠基的实在。一旦承载含混的工具变得过于完美以至于使得双重视野不再可能,那就必须巧妙地促使它变得少些精巧。这一过程乃是希腊人真正与众不同的特质。他们不只是单纯地握手;他们还提供足够充分的故事,以让我们重新认识到,握手最初是一种标志,示意人们同意避免拔剑相向。如果不想让这仅仅成为几许古代知识,那么这些故事必须重新唤起对可能真的拔剑的恐惧。它们必须使我们重新变回野蛮。类似地,假如没有了像《伊菲格涅娅》这样一部悲剧所要激起的对人祭的恐惧感,也就无法理解在哈莱举行的人祭仪式。

这岂不仍然是一个欢喜的结局? 悲剧超越了仪礼一步。在这部剧作中,欧里庇得斯为现实存在的仪礼提供了一个想象的语境,好让我们在思想上变回野蛮,从而使我们实际上得到教化。通过提供一种诗性的(即虚假的)实在来支撑我们日常生活仪礼的意义,欧里庇得斯提供了一个结合实在和意义的模型。悲剧向我们揭示了潜在于我们 nomos[法、习俗]中的 phusis[自然],以此使得我们重新对我们想当然的事感到惊奇。因为正如亚里士多德所说,"爱好迷思(myth)的人在某种程度上是个哲人"。结果,我们不需经受苦痛就获得了知识——意义和实在的完美叠合。

然而最终而言,即使这种解决也并不彻底。显而易见的是,雅典娜的介入并不单纯是一个欢喜结局,因为伊菲格涅娅不允许回家。她和奥瑞斯忒斯必须终生分离。奥瑞斯忒斯本来被派去陶洛人的地方,完成看似一件的两件事情:他得去救他的姐姐并盗取阿尔忒弥斯的神像。在这里,实在和意义被巧妙地混淆了。最后,阿尔忒弥斯的神像被安置在哈莱的一个神庙里,这里每年都举办一场祭礼:一个人会被带到神庙,看似要被献祭,当刀刃靠近他的喉咙时,hosias hekati,即一滴血将会落下。这么一场装样子的祭礼旨在提醒我们人祭所蕴含的意义。另一方面,伊菲格涅娅则留在布劳戎,她在这里过世后,将得到祭祀供奉,这些供奉是为称谢母亲们为生育儿女所做的真正牺牲。前一个祭礼中,死亡是有意造成的,却不真实;后一个祭礼中,死亡是意外造成的,却一点不假。前者意在使意义成为真实的;后者用于使真实变得有意义。两者都以各自的方式试图弥合灵魂与世界之间的裂隙,好让灵魂的诸客体(影像和想法)与世上的诸客体同一,让灵魂不是"在某种意义上就是一切存在",而就是一切存在。正如我们所见,[137]这标志着灵魂和世界两者"内外"之分的消解。

　　尽管意义和实在必然"在某种意义上"相关,但它们在剧尾的分离暗示着欧里庇得斯心里清楚它们永远不可能简单地达成完美结合。最终,悲剧也是一种仪礼,其意义必定随时间丧失,《伊菲格涅娅在陶洛人中》就是欧里庇得斯有意识地做的一次不完美尝试,旨在提供一种仪礼来恢复悲剧的意义——或者这就是亚里士多德称他为所有诗人中最具悲剧性的原因。这一有意识的不完美,其本质正是隐藏在柏拉图所有对话下面的基本问题;它的非悲剧形式的表达就称为哲学。因此,我们现在必须转向柏拉图。

第四部分　柏拉图

[139]如果说,欧里庇得斯挑战我们去面对人类灵魂潜在的悲剧性,那么可以说,柏拉图则迎接了这一挑战。因为在柏拉图哲学的核心处,他可能比其他任何思想家都更多地认识到,灵魂必然的不完全总是有可能使灵魂以悲剧告终。某种意义上,柏拉图的问题很简单:既然哲学就是最好的生活,而哲学并不完全也不可能完全,为什么人的生命却又并不是悲剧性的呢? 为什么哲学不仅仅是那不可抗拒但又不可实现的、已经体现在阿基琉斯身上的、人类对于完全的渴望的一个更为复杂的表现呢? 柏拉图跟欧里庇得斯一样,思考了他从希罗多德作品中发现的一个问题(我们将在第八章讨论这一点)。在《王制》卷二,柏拉图根据希罗多德《原史》第一卷改写了巨吉斯的故事。把两个故事联系起来的,是两位作者都认识到,僭政和对正义的渴望其实有一个共同的根源,那就是灵魂对整全的erōs[爱欲],以及随后灵魂对自身的错误认知;由于这种错误认知,灵魂才会去想象整全可以通达。灵魂对自我的错误认知体现在法上,因为,为了证明对违法者的惩罚正当,法必须假定灵魂是纯粹的施动者;此外,法也必须假设灵魂是潜在自足的,格劳孔的僭主渴望,以及他要求苏格拉底证明正义的人仅仅由于他的正义而完全幸福,其核心便在灵魂的这种潜在自足性。一个人渴望正义,也就是渴望事物及他自身完全在其当有的位置——处在静止之中。这种渴望若不加约束,就会导致僭政。

《克莱托普芬》(第九章)将考察这一从正义向僭政的转移,并让我们看到,一个可能对正义加以对象化描述(这正是克莱托普芬要求苏格拉底做的事)的世界,如何也将是一个没有任何主体是正义的世界——一个完全被动、灵魂不可能存在于其中的世界。克莱托普芬想要一个完全有序的世界,也就在不经意中排除了意愿正义的可能性;而失去了对正义的意愿,正义就并不真的存在。

《希普帕库斯》(第十章)则从另一方向来审视这个问题。苏格拉底提出善的衡量标准[140]最终还是灵魂这一片面真理,也是为了指出这一真理所包含的危险——危险在于,僭主可能把自己的灵魂误认为是一切渴望的对象。在这里,灵魂太把自己当回事,结果把自己对象化并因而消失了。

《斐德若》(第十一章)揭示出 erōs[爱欲]就是这些谬误的根本所在,因为,当灵魂为了自己而出离自己时,它不可避免会在过程中误认自己。当灵魂试图理解自己时,它就把自己对象化了。甚至当灵魂力图把自己理解成纯粹的施动者,理解成某种完全积极的东西时,它也使自己成了被动的。而在 erōs[爱欲]中,构成灵魂的张力——自然与结构的张力、施动者与受动者的张力——变得极其显明。但由于灵魂是一——我们都有自己的身份——那岂不是说,必定有某种介于主动与被动之间的东西,它是二者所产生的困境的基础,而且比灵魂这两只角当中的任何一只都更为根本?

柏拉图的《游叙弗伦》(第十二章)通过思考希腊语法中的中动态,思考那位被他所"败坏"的人当作效法对象的苏格拉底,来进一步思考灵魂的这一奇特的居间性(in-betweenness)。《游叙弗伦》甚至很明显地没有提到"灵魂"这个字眼,意在让我们看到,虽然灵魂往往一旦被提到就消失,但它可以通过这一"消失"行为本身被展现出来。《游叙弗伦》彰明了柏拉图哲学为什么必须是对话的形式——对话将哲学生活呈现在我们眼前,即它一方面通过言辞教育我们,一方面用苏格拉底的人格(person)来引诱我们。

第八章　法的灵魂

——希罗多德和柏拉图笔下的巨吉斯故事

黄旭东　译

[141]柏拉图《王制》第二卷一上来就血气迸发。格劳孔不满意苏格拉底在第一卷中对正义之善的论辩，要求苏格拉底给出新的证据。格劳孔倍受不义生活的诱惑，同时又对不义生活深恶痛绝，他希望他的僭越欲得以净化。所以他想要苏格拉底证明，正义就其本身而言就是善的（尽管实际上他们刚达成共识，正义属于那类事物——它们善，既因为其本身又因为其后果），也就是说，正义并非仅是一种必然的恶，并非是一种就法或曰 nomos 而言而非就自然而言的好（《王制》359b）。① 为阐明己意，格劳孔讲了一个故事，值得我们全文转引：

> 哪怕那些践行［正义］之人，也并非心甘情愿地践行它，只是因为没有本事行不义，他们才践行它。对此，倘若我们作一番设想，就会察觉得到。一旦我们赋予每个人（既给正义之人也给不义之人）做任何他想做的事情的可能，让我们跟着瞧瞧，

---

① ［译按］nomos 可作"习俗"、"惯例"或"法"解。英译 law 特别指明晰、强制性的 nomos，此时我们对应译作"法"；英译 custom 突出潜移默化的 nomos，此时我们对应译作"习俗"。

欲望会把每个人带到什么地方。我们会当场逮到,正义之人在干不义之人干的事。这是因为正义之人也渴望多多益善,每个自然造物都自然地把"多多益善"[这个东西]看成好来追求,只是在法之下,才不得不转向尊重公平而已。我所说的所谓自己做主,就这个样,倘若他们可以拥有据说是吕底亚人巨吉斯的先祖所拥有的那种能力的话,那就尤其这个样。[据说]他是一位牧人,在当时吕底亚的统治者手下当差。有一天在他放牧的地方,雷雨狂作,地也震动,大地裂开一道深渊。面对眼前的景象,他十分惊奇,走下去,除了[人们]传说的许多奇物外,他还看到一尊铜马,空心的,马身上开着些小门。透过马身的门洞,他瞧见里面躺着一具尸体,块头比人大,除了手上戴着一枚金戒指外,再没什么。于是他取下那枚戒指出去了。[142]后来他戴着戒指出席牧人例会。这一例会是要向国王汇报每月的羊群情况。他和其他人坐一块儿,碰巧把戒指上的宝石朝他自己的手心一转。那一刻,和他坐在一块儿的人都看不见他了,大家议着事,都以为有人不在了。他很惊奇,再碰了下戒指,把宝石往外一转,他现形了。他琢磨着,试试这枚戒指到底有没有这种能力,结果总是:戒指向内转,他就变为隐形;往外转,他就[变为]现形。搞清楚了这个法门,他马上设法使自己成为国王报信人的一员。等来到国王身边,他便勾引王后,与她同谋算计国王。杀死[国王]后他得到了王权。(《王制》359c – 360b)①

---

① 柏拉图《王制》译文系笔者据 John Burnet 希腊原文本(Oxford,1978)译出。[译按]中译基于作者英译,参考郭斌和、张竹明译本(北京:商务印书馆,1986)。

　　格劳孔进而推断出,倘若正义之人和不义之人都拥有这一变得不可见的能力,以至于能够摆脱他们行动的后果,那么他们到底都会做些什么。格劳孔创作的这首诗,可以见出灵魂之中不义的强力(power)和自然性以及正义的脆弱和约定性。《王制》后九卷都是苏格拉底对这首诗的深入而详尽的思考。

　　不论有意无意,格劳孔这首关于可见与不可见、篡夺王权及对女人的爱欲的诗自有其原型。在《原史》开篇,希罗多德讲述了巨吉斯登上吕底亚王座的故事(《原史》1.8 – 12)。这是书中第一个详细讲述的故事,包含了希罗多德不可能具有第一手知识的——因为事件的发生比希罗多德生活的年代约早七代人——众多引文中的第一段引文。① 既然所引内容必定是创作,这个故事便也是诗作了。据希罗多德讲,吕底亚王坎道勒斯(Candaules)是如此爱他妻子,以至于认为她是天底下最美的女人。坎道勒斯频频向他信赖的侍卫巨吉斯赞美自己的妻子。然而,他烦乱不安,生怕自己这一宣称不被相信,因为他妻子的美从不公开见之于人。于是,坎道勒斯劝说巨吉斯藏到王后的寝室,这样就可以看见她裸露的形相(eidos)了。巨吉斯抗议,可当坎道勒斯执意要他这么做时,他遵从了。在那个决定命运的夜晚,巨吉斯把自己藏起来,暗中观察王后,但他溜出去时,王后看见了他。王后没有当场表示她的发现,而是第二天召集了她最忠诚的仆众,并且唤来巨吉斯威胁说,他必须[143]作一个选择:要么马上去死,要么杀死坎道勒斯,娶她,成为吕底亚的王。巨吉斯不得不考虑自身利益,自然,他最终选择了后一条路,建立了一个传承五代直至克洛伊索斯

---

　　① 希罗多德暗示,他的故事版本参考了诗人帕洛斯的阿基洛库斯(Archilochus of Paros)的诗作,见《原史》1.12。

(Croesus)才倒台的王朝。希罗多德《原史》中最深的主题就蕴含在这个故事中——即 nomos 或者说法的强力与自然的关系。与格劳孔的戒指故事相仿,希罗多德这个故事也为《原史》接下来的九卷提供了一个框架。而且它关注自然与 nomos[法]的关系。或许格劳孔不知道他所讲传说的来源,但柏拉图肯定知道,这暗示我们,对勘《原史》与《王制》的结构,可以使我们从中学到点儿东西。当然,这样的对勘会占去许多篇幅,但也许我们要学的东西就浓缩在这两个故事本身之中。

让我们从《原史》的开头开始:

> 这儿展现出来的是哈利卡尔那索斯人(Halicarnassus)希罗多德的探究(historiē)。拿它出来,既是为了人类在时间之中生成的事物不至湮没,也是为壮举伟业不至失去名声。希腊人和异乡人都展现出一番伟业,他们交战的起因以及其他事情我都写到了。①

希罗多德带有双重意图。一方面,他写作《原史》,是为了在时间之中生成的事物不致被时间湮没。② 这是一个普遍原则,似乎无差别地适用于任何时间所产生的吞噬的事物。某种程度上,希罗多德意图克服人的暂存性。另一方面,他写《原史》是为了让一个特定事件即波斯战争中的壮举伟业青史留名。希罗多德的《原史》将兼具包罗万象与非常特殊两个特点,这只是历史问题的

---

① 希罗多德《原史》译文系我据 Carl Hude 希腊原文本(Oxford,1988)译出。[译注]中译基于作者英译,参考王以铸译本(商务印书馆,1959)。

② tōi khronōi 既可以理解为"在时间中"也可以理解为"被时间"。

一个版本而已——以固定原则来解释流变。① 或许,这场有着特定敌对双方的特定战争,之所以如此引发希罗多德的兴趣,正是在于希罗多德察觉到,那场战争的起因特别显明了我们作为暂存者的共性。

首先我们惊讶地发现,在希罗多德看来,战争的起因与掠夺紧密相关。公允地说,希罗多德所用的希腊词 harpagē[抢]及其同源动词 harpazō[抢]有点类似拉丁词 rapio,以及我们英语词 rape 的较少用却较古老的意思,它们都有一个较宽泛的意涵,[144]"抓住或带走"。但是,名词 harpagē[抢]在《原史》中出现 15 次(动词出现的频率更高),其中有 9 次与带走女人相关——想必是抢夺而带走;8 次出现在前 6 章(所占篇幅不到全书的 0.5%),且这 8 处中有 7 处与普通意义上的抢夺有关。② 此外,动词 harpazō 在同样这几章中也出现了 8 次。抢夺显然是开篇的主题。波斯人说,阿耳戈斯的伊俄被腓尼基商人带到埃及,希腊人(是克里特人,不同地方的希腊人)以牙还牙,在腓尼基的特洛伊城带走了欧罗巴。后来阿耳戈斯英雄又加倍实施希腊人的报复,在美狄亚家乡黑海边的科尔喀斯(Colchis)掳掠了美狄亚。③ 据波斯人讲,由于后来事情变得很显然,即希腊人不会为抢走欧罗巴付出任何赔偿(字面的意思是"不会给予正义"),特洛伊的亚历山大便决定偷取

---

① 如果真正意义上的历史等于是讲述动与静的结合(togetherness),那么历史就是对存在的解说。参见柏拉图《智术师》250a – d。

② 见《原史》1.2(2 次),1.3(3 次),1.4,1.5,2.118 和 5.94;用以指"窃取或劫掠财物"者,见《原史》1.6,1.97,3.47,3.48,3.104 和 9.42。

③ 我们后来得知,科尔喀斯是斯基泰人境内的埃及殖民地,见《原史》2.104。有人或许会跟波斯人一样感到奇怪,这事与科尔喀斯人有何干系(显然,希腊人很容易把某一异乡人混同为别的异乡人,尽管两方的城邦可能相隔千里)。

一名希腊人的妻子,后来证明这个妻子就是海伦。而希腊人把海伦遭劫看得极为严重,远远超出亚历山大的预料,最终结果是特洛伊灭亡。

不过希罗多德知道,希腊人讲的却是一个不同的故事(《原史》1.2)。譬如希腊人讲,赫拉因为伊俄与宙斯有染,对她非常恼怒。宙斯为了保护伊俄,把伊俄变身为雌牛,但赫拉仍然无情地对她一路追赶,直至埃及。在那儿,宙斯把伊俄变回人形,再后来伊俄生下了一位神,也是一头牛,即埃及人尊崇的神牛阿庇斯(Apis)。① 至于欧罗巴,希腊人讲,宙斯把自己变为一头公牛,载着欧罗巴远赴克里特。在那儿,欧罗巴生下宙斯的几个儿子,米诺斯、萨耳珀冬(Sarpedon)和剌达曼托斯(Rhadymantus),再后来又与克里特王结了婚。② 美狄亚和海伦遭劫也是类似的神话式叙述。③ 希腊人认为有必要神话化、找寻其神圣原因的事,在波斯人那儿却被去神话化且等闲视之。希罗多德援引了波斯渊博之士的话:

> 一方面,我们信持(nomizein),抢别的男人的女人是不义之人干的事,而[另一方面,]处心积虑替那些已然遭劫的女人报仇是蠢人[干的事],毫不在意才是明智之人[干的事],

---

① 参见埃斯库洛斯《被缚的普罗米修斯》行 823 – 876 和希罗多德《原史》2.38。希腊人经常把伊俄等同为伊西斯(Isis)。参见 W. W. How 和 J. Wells,《希罗多德笺注》(*A Commentary on Herodotus*,Oxford,1928),(前揭)1:54 – 55。[译按]伊西斯是古埃及神话最重要的女神,司生命和健康,庇佑丰产和母性。

② 参《伊利亚特》14.321 – 322。

③ 参《神谱》行 992 – 1002 及《希普利亚》卷 I。

[145]因为显而易见,倘若她们自己不情愿,她们不会被抢走。
(《原史》1.4)

此番对于抢女人的令人不快的辩护——"她要求如此"——
或许是见于文字记载的首例,在这里,希罗多德揭示了波斯人的
某些有趣之处。波斯人是这样的民族,希罗多德后来讲到,"但凡
他们不允许去做的事,他们也不允许去说"(《原史》1.138)。相
应地,波斯人的法律或习俗(nomoi)中有一条是这样子的:绝对无
人犯过弑父或弑母的罪行,因此,若有地方貌似发生了弑亲,那儿
必定有某种生下来就由吉尔伯特和沙利文(Gilbert and Sullivan)
混合而成的怪胎。①

波斯人对希腊人的敌意可以溯源到特洛伊战争,那时欧洲人竟
然"为了一个斯巴达女人"进犯小亚细亚(《原史》1.4)。希罗多德
似乎赞同波斯人的看法,即"抢夺"相对而言倒还不是什么严重的
事,因为他首先说,他会告诉我们谁是第一个对希腊人行不义的小
亚细亚人(《原史》1.5),然后又告诉我们这第一次不义之举不可能
是辛梅利安人(Cimmerian)进犯伊奥尼亚,因为此次进犯不过是为
了 harpagē——在这儿显然作"劫掠财物"解(《原史》1.6)。不过,
他仅仅是部分认同波斯人的观点。希罗多德站在两者之间,一边是
希腊人,他们认为 harpagē[抢女人或抢财物]不义且把它看得很重,

---

① 参见伯纳德特,《希罗多德的探究》(*Herodotean Inquiries*, The Hague:
Martinus Nijhoff, 1969),页71。[译注]希罗多德讲波斯人信持:那些所谓弑
亲之事,我们追查下去一定会发现,犯事的孩子要么并非亲生,要么便是私
生,决然不会真有弑亲之事(《原史》1.137)。吉尔伯特(1836—1911)和沙利
文(1842—1900),英国人,他们搭档写了不少诙谐讽刺的轻歌剧,前者作词,
后者谱曲。

一边是波斯人,他们认为[抢女人或抢财物]不义却把它看得很轻。① 倘若考虑到美底亚人(Mede)在所有小亚细亚人中最接近波斯人(《原史》1.134 和 3.89)——居鲁士有一半美底亚血统——那么我们的推论便可更进一步。那个在居鲁士登上王座,以及在波斯人打败吕底亚人这两件事中都起了作用的美底亚人,似乎是希罗多德的一个杜撰。他名叫哈尔帕哥斯(Harpagus)——harpagē 的阳性形式。给孩子取名"强奸者"看起来相当怪异,②这应当向我们传达了波斯人对抢夺的看法。希波战争的起因——它将以其特殊性显明人性的一个普遍要素就是暂存性——与希腊和波斯对抢夺的严重性的不同评估有关,进而也跟对女人在性欲上的重要性的不同评估有关。

所有这些问题在巨吉斯的故事中都有所呈现,应该也就不足为奇了。

[146]这个坎道勒斯爱上了(ērasthē)自己的妻子,且因为爱[她],就坚信(enomize)他的妻子是天底下最美的女人。对于这些看法他是如此坚持(nomizōn),而达斯库洛斯(Das-kylus)的儿子巨吉斯又是侍卫之中尤其令他喜爱的(他时常向巨吉斯谈起自己最在意的那些事),因此也竟时常向他赞

---

① 虽然希罗多德似乎不把[作"抢女人"或"抢财物"解的]harpagē 当回事,但他一面通过拒绝承认 harpagē 是不义之事表达出这一态度,一面却又在劫掠的意义上使用该词。因此,希罗多德使我们注意到什么是波斯人的观点中最不同于[希腊人]的地方:他们认为 harpagē 不义但也无关紧要。正义问题对波斯人而言不是最重要的问题,这跟波斯人无法理解抢夺的严重性以及因此无法理解女人的重要性有关。

② 哈尔帕哥斯是希罗多德笔下的中心人物之一,而其他同时代史家都没有提到他——这一点非常重要,尤其是我们发现,色诺芬写居鲁士上台史的《居鲁士劝学录》(Cyropaedia)也没有提到哈尔帕哥斯。

美他妻子的样子(eidos) 美。过不多久——因为坎道勒斯是
命中注定不得善终的——坎道勒斯就开口对巨吉斯说:"巨
吉斯,我认为单向你讲我妻子样子美,你是不会信服的——
因为人们确实不会像信赖眼睛那样信赖耳朵。造(poiei) 个
法子去看她的裸体吧。"巨吉斯听闻叫了起来:"主子啊,吩咐
我去看我女主子的裸体,您这话说得多荒唐(unhealthy) 啊,
因为女人脱掉衣裙的同时也脱掉了与女人相宜的羞耻心
(aidōs) 。很久以前,人发现了诸多美的事物,我们必须从这
些事物中学习。里面有一条是——看(skopein) 你自己的东
西。我信服您的妻子是天底下最美的女人,求您别要求我做
违法的事哟。"(《原史》1.8)

Eros[爱欲]作为名词在《原史》中出现 3 次,同源动词 eraō[爱]
则出现 8 次。① 在这 11 处中,2 处用以指坎道勒斯对其无名妻子的
爱;7 处用以指诸类乱伦之爱——米塞里诺斯(Mycerinus) 可能爱上
他女儿,并且最终强暴了她(《原史》2.131),冈比西斯(Cambyses)
爱上他妹妹(《原史》3.31),阿里通通(Aristōn) 爱上他最好朋友的
妻子,薛西斯(Xerxes) 爱上他兄弟的妻子,后来又爱上他侄女(《原
史》9.108);剩下 2 处用以指对僭政的 erōs[爱欲]。② 多数情况下
牵涉到的女人都是无名的(有一次例外,薛西斯的侄女,叫阿尔塔温
特[Artaynte])。所有牵涉到的女人都是有悖于礼法的欲求对

---

① 名词 Eros,见《原史》5.32,6.62 和 9.113;动词 eraō,见 1.8(2 次),
1.96,2.131,3.31(2 次) 和 9.108(2 次)。另参见伯纳德特,《希罗多德的探
究》,前揭,页 137 - 138。

② 戴奥凯斯(Deioces)(《原史》1.96) 和帕乌撒尼亚斯(Pausanias)(《原
史》5.32)。

象——这似乎正是与僭政的关联所在。① 整部《原史》多少是以讲述薛西斯的禁忌之爱作结的,而在别的地方(《原史》7.8),薛西斯曾公开宣称,他的目标是建立一个宇宙帝国,这样他的疆域便能与宙斯也就是与天空的疆域同际。爱欲与僭政的关联,能否也在巨吉斯的故事中寻到蛛丝马迹?②

坎道勒斯爱他的妻子,因此坚信她的美丽。坎道勒斯爱的是[147]他自己私有的东西,但他想要公众像他自己那般确信那件东西对他的吸引力。坎道勒斯无法忍受自己坚信的如此之好的美不可见,某种程度上,坎道勒斯希望,这种美既是他的美,也是普遍的美。③ 图谋使本质上为私人之物(内)的本质上私密的特征被公开看见(外),就是废除羞耻心(aidōs 在《原史》仅出现过一次)。④坎道勒斯想要世界认同他自己的体验——他所拥有的东西无与伦比,是最好的。坎道勒斯欲求巨吉斯信服他对他妻子之美的评断,这无异于欲求他对世界的体验与世界之间毫无差别。姑且不论坎道勒斯自己是否意识到,本质上讲,这是僭主的欲求,欲求实实在在的宇宙帝国——即欲求按照自己的形象重造世界。

坎道勒斯想要巨吉斯也认可他所坚信的东西。他认为靠言辞不可能做到这一点,因为"人们确实不会像信赖眼睛那样信赖耳朵"。

---

① 戴奥凯斯对僭政的爱欲尤其值得注意,因为实现这爱欲证明需要让戴奥凯斯变成隐身的。参见伯纳德特,《希罗多德的探究》,前揭,页 24 – 26 和页 137。

② 巨吉斯的故事与薛西斯迷上他侄女的故事之间的关联,参见伯纳德特,《希罗多德的探究》,前揭,页 212。

③ 希罗多德在此指坎道勒斯妻子的美时用到 eidos 一词可能并非偶然。这个词源于动词"看见",意思差不多是"样子"或"可见的形式"。在柏拉图那儿,这个词作为"形相"或"型相"得到淋漓尽致的发挥。

④ 参见伯纳德特,《希罗多德的探究》,前揭,页 12。

言辞总让我们与证实言辞的实在隔着一层。要想够到真相,我们必须与证据之间没有任何中介——必须充分面对存在,消除间隔者。但是坎道勒斯忽略了这个事实,即他对妻子的美深信不疑乃是他爱欲的产物。巨吉斯若要完全面对证据,不仅必须去体验国王私室之内的东西,还必须去体验国王内心的东西。巨吉斯必须设计——或造(make)一条路来——去看王后的裸体,动词 poiein[造]也有"作诗"的意思。我们不难明白这一含混用词在此的重要性。为了做坎道勒斯希望他做的事,巨吉斯必须把自己放在不单是空间意义上的国王的位置上。把他自己想成在国王的位置上,是诗的想象行动。诗性想象是需要解释的,就这一方面而言它更接近耳朵听到的言辞,甚于眼睛看到的景象。坎道勒斯相信如是显现的事物的自明的含义——在这一点上他尤其像波斯人。① 坎道勒斯相信,他妻子的eidos[形相]可见不成问题,[148]这无异于相信内在与外在没有质的差别。坎道勒斯相信,剥开橘子皮就能看见橘子的内在,他没有意识到所见乃新的外在。坎道勒斯与居鲁士的儿子冈比西斯相似,后者在别人指责他失心疯时却认为,只要证明自己的手稳健到足以一箭射中普列克撒司佩斯(Prexaspes)儿子的心,就能证明自己神志清醒(《原史》3.35)。后来,冈比西斯还让普列克撒司佩斯去剖开他儿子的胸

---

① 譬如对勘《原史》第七卷开头讲的薛西斯。薛西斯听了关于波斯是否应当进犯希腊的论辩后,起先决定他们应当进犯,但继而又认为还应该再斟酌。晚上,薛西斯做了一个梦,梦中人叫他勇往直前地去进犯希腊。于是薛西斯无所畏惧地去做了。然而,梦与日常世界的表象同样是表象。难道它不是和那些表象一样需要解释么? 再有,倘若冈比西斯认识到意义从来并非完全自明的而通常是各种东西的混杂,他就不会认定自己做的那个梦——在梦中司美尔迪斯(Smerdis)登上了王座——在含义上是完全直白、毫不含混的(《原史》3.30)。伯纳德特曾经指出,在希罗多德的波斯人叙述中有许多意味深长的梦,但没有任何神谕(《希罗多德的探究》,前揭,页24)。

以证实其预言不虚。冈比西斯把内在和外在视为同一层级（order）。这种对可见事物之权能的无比夸大致使薛西斯认为，人若征服世界，即可变得完整。波斯人的思维乃空间性的。

坎道勒斯对可见事物的信赖与法的问题相联系。希罗多德两次提到坎道勒斯坚信他妻子最美，两次用的都是动词 nomizō。巨吉斯请求坎道勒斯不要强迫他做违法的事，显然巨吉斯坚信看王后的裸体违法，因为古人发现的美或高贵的事物（ta kala）中有一条讲，人应当只看他自己的东西。后来，在希罗多德讲完冈比西斯的疯狂后，紧接着一段文字又详细地谈到了这一原则：

> 倘若让所有人从所有 nomoi［法］中挑出最美的 nomoi［法］，那么他们每个人想一下便都会选择他们自己的，每个人都坚信（nomizousi）自己的 nomoi［法］毋庸置疑最美……在我看来，品达的诗（poiēsai）作得对，"nomos［法］是万物之王"。（《原史》3. 38）

nomos［法］可以表达两个意思，因此，我们有时译作"法"，有时译作"习俗"。当我们的行为准则有明确规定时，我们必定也意识到还有相对于这些规定的另外的选择；而当这些准则仅仅是不成文的约定时，习俗的力量就非常强大了，甚至使我们以为习俗似乎就是事物的本然。希罗多德告诉我们，坎道勒斯因把妻子看成属己者来爱，所以认为她最美，不过，这是否坎道勒斯的自我理解，我们则无从知晓。坎道勒斯可能只是单纯地认为他的那位不知名的妻子美，因为他在属己之物和存在之物之间未划出界限。而另一方面，坎道勒斯想要巨吉斯信服他的评断，这肯定意味着坎道勒斯多少对他的评断并不是完全心安理得。美的事物是我们一切评断的隐蔽尺度，我们希望以某种方式将这些美的事物带到光中显明出来。巨吉斯对国王说,古人发现(或创造)了诸多美的事物,[149]其中有一条,就是人应当只看他自己的东西,违背它即是违法。就是这条nomos[法],使得每个人都倾向于要自己的 nomoi [法]甚于别人的nomoi [法]。"照看(look to)自己的"意味着"接纳习俗所定的",然而这条训诫会使人不由自主地注意到属己之物之为属己之物。由此,它也使人产生出一种合法的渴望,要在其他东西面前为属己之物申辩。说 nomos[法]是万物之王,意味着所有人都坚信(nomizousi)他们的 nomoi[法]最美。然而,此一对属己之物的合法捍卫——让我们把它叫做爱国主义——有意无意地导致了对属己之物的不法触犯。因此,坎道勒斯的行为并非那么乖谬,而是法的双重结构的必然结果——因为法在告诉我们,我们的路是唯一的路时,必然也会告诉我们还存在着其他的路。法通过迫使我们揭开它命令我们维持其隐蔽的事物,确保了我们的羞耻心(aidōs)。

这个故事以双重方式向我们显明以上所说的双重性,在坎道勒斯身上为然者,在巨吉斯身上亦然。巨吉斯敬法,这似乎是坎道勒斯如此信任他的原因,同时也是由于这个原因,他在坎道勒斯命令他去看秘密的美(ta kala)时畏缩不前。可是他合法的国王命令了他,他必须遵守。法迫使巨吉斯僭越法。考虑到这一悲剧性的结论,那么,希罗多德把居鲁士的故事——故事中,哈尔帕哥斯(Harpagus)这一形象极为突出——写得像是俄狄浦斯故事的翻版,或许就并非偶然(《原史》1. 108 – 129)。

那么,这一切和女人有什么相干呢?为什么坎道勒斯的那位不知名的妻子可能代表法?巨吉斯的故事让我们留意穿衣服和 nomos[法]之间的联系。女人脱去衣服也就脱去了羞耻心。希罗多德告诉我们,"在吕底亚人那儿,而且我敢说在其余异乡人那儿也是如此:哪怕男人的裸体被人看见都算是奇耻大辱(aiskhunēn)"(《原史》1. 10)。

这一评述显然是要叫我们注意,事实上对希腊人而言,这种羞耻心肯定看起来有点土气。① 裸体锻炼(gumnazomai)是希腊人的标志。然而,希腊人把裸体锻炼作为区分标签给"穿上",不也是一种"穿衣服"么? 亦即——且不论即便对于希腊人而言,女人裸体与男人裸体是否意义相同也并不清楚——如果说人所忠于的特定 nomos[法]最明显地显示在他为遮羞所穿的衣服特征上,那么,自豪地把这种裸体锻炼作为希腊人和异乡人的区别,不也只是一种较复杂的地方观念而已吗? 即,它只是特定 nomos[法]的一个特定标志,而并非 nomoi[法]的流溢,这法有利于它自己所代表的自然。② 希腊人是这样的民族:他们向自己展现,他们是不同于其他民族的民族,是某种意义上的普世性[150]民族(a universal people)——被拣选的民族。③ 然而,无论他们多么不一样,也并未摆脱政治生活的悲剧。

当薛西斯的父亲大流士准备进犯希腊时,为防不测,他觉得有必要指定一名继承人(《原史》7. 2 - 3)。大流士在当王前已有三个儿子,最年长的是阿尔托巴札涅斯(Artobazanes)。大流士当王后,又与新妻居鲁士之女阿托莎(Atossa)有了四个儿子,其中最年长的

---

① 参见伯纳德特,《希罗多德的探究》,前揭,页 12。

② 就这一点来说,裸体锻炼与肃剧类似——一种仪式上返回野蛮人的做法。

③ 对勘《原史》7. 61 - 83,希罗多德几乎完全从穿着上去列举薛西斯军队中不同族群间的基本差异。《米示纳》(Mishnah)中有一个有趣的相关段落。当拉比加马利亚(Gamaliel)在阿卡(Acre)的阿芙洛狄忒浴场洗澡时,斐洛索费斯(Philosophos)之子普罗克洛斯(Proklos)问他,"你的律法书中写着,'当毁灭的物连一点都不可沾你的手',为什么你还在这阿芙洛狄忒浴场洗澡?"加马利亚回应他说:"不可在洗澡时作答。"而编者评注道:"裸体时禁止言谈律法"。参见 Mishnah,Herbert Danby 译,有导言和简注(Oxford,1933),页 440。[译按]《米示纳》为古犹太经书。

是薛西斯。阿尔托巴札涅斯在伸张自己的诉求时坚称，任何人都坚信应该由最年长的［儿子］继承王位。薛西斯则声称，凭自己与母亲——帝国的缔造者居鲁士之女——的联系，他应得到这王位。但后来在斯巴达流亡分子德玛拉图斯（Demaratus）的策动下，薛西斯引一条据说乃斯巴达人的 nomos［法］（不清楚斯巴达人是否确有这样的法）①为证说，当王以后出生的儿子，较当王以前出生的儿子享有优先权。大流士接受了薛西斯这一说法。这一说法暗含的意思是，不是人而是王才有后代，仿佛人的存在完全被他的职事耗尽了似的，仿佛 nomos［法］与自然之间不可能有任何区别似的。后面紧接着的故事使我们确信，这多少是波斯人的观点。薛西斯作王以后，宣称自己也计划入侵希腊，因为帝国扩张是波斯 nomos［法］的本质。② 入侵的终极目标是"使波斯的领土与宙斯的天空同际"（《原史》7.8）。无需赘言，在那样的世界里，天地的自然法与波斯人的 nomoi［法］将没有任何区别，而希罗多德式多元意义上的相对政治将不再是一个选项。

当薛西斯就他的入侵计划向谋士征求意见时，谋士们各执一词。薛西斯一开始对阿尔塔巴诺斯（Artabanus）的反对尤为忿怒，后来经再三斟酌，还是决定取消这次远征。然而到了晚上，薛西斯做了个梦，他梦见一个高大魁梧、[151]形象俊美的人告诫自己，不要改变远征的主意。薛西斯没有理会这个梦，第二天仍宣布决定取消远征。但第二天晚上，那个梦中人又来到他的梦中，更加严厉地告诫他。惊恐之下，薛西斯唤来阿尔塔巴诺斯，提出一个古怪的计划。为了确认是否是神在

---

① 参见 W. W. How 和 J. Wells，《希罗多德笺注》，前揭，2:125。

② "波斯人啊，并不是我自己新创并颁布了这条法，我只是接受过来使用它。据我从长者们那儿得知，自从我们夺过美底亚人的统治权，我们就从未停止过进取。"（《原史》7.8）

向自己讲话,薛西斯决意让阿尔塔巴诺斯穿上王袍,坐到王座上(顺便提一句,这么做是犯罪),再睡到王榻上去。倘若阿尔塔巴诺斯做了相同的梦,那么这个梦即是神示。这是相当怪诞的做法,结果,梦中人没有上当,他对作为阿尔塔巴诺斯自己的阿尔塔巴诺斯讲话。无论如何,除非我们认为是王与穿王袍、行王事之间没有任何区别,薛西斯的策略才有意义。长得像王,走起路来像王,就肯定是王吗?① 薛西斯的计划混淆了内在与外在、存在与似在(seeming)的界域。这是典型波斯式的——完全以外在的方式去理解内在现象。

这个故事与继位风波的关联在于,波斯人坚信,根据 nomos [法]你是什么——你"穿着"什么——那么你就是什么。因此,波斯人不可能承认存在弑母或弑父的可能。既然你的存在被你作为孩子的这一角色耗尽了,那么,你除了做孩子做的事情之外就不可能再做别的什么。② 约定俗成的角色之外,再无什么内在实质;人

---

① 这个故事应该联系居鲁士幼年和伙伴们玩游戏时扮演国王的故事来思考,参见《原史》1.114–116。[译按]《原史》中讲,年幼的居鲁士(那时他还只是被认为是一个牧人的儿子)被小伙伴们推选为王以后,鞭打了一个抗命的贵族孩子,当孩子的父亲把居鲁士带到美底亚王阿司提阿格斯面前问罪时,他竟理直气壮地为自己的行为辩护。他认为,自己确实有权如此。再后来,因为这个事件,阿司提阿格斯发现,居鲁士便是自己原本以为已经除掉了的外孙——他曾在梦中得知,自己的外孙会推翻自己并且成为亚细亚的霸主。有意思的是,当阿斯提阿格斯再次意欲除掉居鲁士时,释梦僧称,既然居鲁士已经当过王了,他便不可能第二次当王,阿斯提阿格斯竟接受这个说法而放了居鲁士。在这个故事中,似乎不论居鲁士、释梦僧还是阿斯提阿格斯都相信,是王与行事像王之间没有区别。

② 这即是《王制》"一人一艺"原则的真正含义。只有这是你唯一的工作,你才可能把你特定的工作做得尽善尽美,但这就使你成了鞋匠,或卫士,而不是其他什么。你的存在与你的职能同一,其他什么也不剩。类似问题参见索福克勒斯《安提戈涅》(行 1)及伯纳德特《神圣的罪业》(*Sacred Transgressions*, South Bend, Ind. ,1999),页 1–2。

有一个角色,但没有灵魂。希罗多德讲完那条错综复杂的斯巴达 nomos[法]——大流士应该就是出于对它的考虑才决定把王位传给薛西斯——在故事收尾处补充了一个自己的看法:"即使没有[德玛拉图斯的]这条建议,薛西斯仍然会成为国王,因为阿托莎拥有一切权能"(《原史》7.3)。希罗多德承认波斯人无法承认的东西——女人的权能,这一权能显然是 nomos[法]的基础,但又抵制被纳入到 nomos[法]中去。这一权能是隐蔽的,而且需要被隐蔽,然而,政治生活若要成为可能,就不能没有它。波斯人与希腊人的区别正在于此:波斯人试图将一切等闲视之,而希腊人承认女人的重要性。让我们回到开头,希腊人不像波斯人,他们不认为抢夺无足轻重。

就其特有的属性(idiosyncratic)而言,女人的权能是生育,此为[152]女人与暂存性的关联所在。出征希腊前,薛西斯检阅了他的军队(我们后来得知,士兵人数达一百七十万人。参见《原史》7.60)。薛西斯看到全体水陆军后,起先表示自己有福气,继而又为人生的短促哭泣起来,他想到这些人没有一个会活到百岁(《原史》7.45–46)。薛西斯集结了一支庞大的军队,为要主宰全世界。通过抹去是一个人与是一个波斯人的差别,他将使他的疆域与宙斯的疆域一样广阔。然而,有一样东西阻挠薛西斯实现成神的愿望。主宰宇宙的空间是可以想象的,但在时间法则面前,哪怕薛西斯也必然服软,他也一样会在百年之内死去。

完满的政治生活,需要一个堪当万物之王的 nomos[法],这个 nomos[法]使非地方性的爱国主义成为正当。这样一个 nomos[法]若要彻底完善,就不能给偶然留余地。然而,倘若任何事物都服从于法,那么我们不过根据法而言是什么就是什么,一切都是显明的,没什么是隐蔽的。希罗多德的《原史》以巨吉斯的故事开篇,正因为这故事指明了波斯人主宰宇宙的计划不可能实现。总有某种东西,它不能被公之于众,但公众生活又不能没有它。女人生养孩子,从而把人推入时间——使人成为特别的人。没有公民,任何政治秩序都不可能存在,但[polis]城邦的尴尬在于,公民首先是人,他们必须以非政治的方式被带入存在。阿托莎拥有一切权能,因为没有她就没有任何继承人。政治生活的一个必然性就是能够说出"王死了;王万岁!"此乃 polis[城邦]的关于自身非暂存(atemporality)的幻像。人会死,而王永不死。但这是相当荒谬的,除非政治生活之下还潜埋着另一层生活,且它没有被政治生活所耗尽。因此,扮演繁衍者这个特殊角色的女人指出一个事实:政治领域必然是不完满的且不可能不完满。然而,意欲划定秩序的政治生活,一旦感知到这种不完满,自然会倾向于去寻求完满本身。这只有靠侵犯使政治生活成为可能的私人领域本身才可能做到。薛西斯意图使他的疆域与宙斯的疆域同等广阔,建立一个普遍同质的国度,这需要他破坏自然。在希罗多德看来,波斯人不认为抢夺是什么大事,标志着他们不理解政治生活的这一根本事实。因此,由于太政治,实际上他们完全不政治。而希罗多德笔下的希腊人的不同就在于,他们意识到 nomos[法]因其依赖自然而必然不完整。这使他们成为《原史》中典范性的政治民族,同时也意味着他们是人类的典范。无论是通过斯巴达双王制不经意间不无裨益的无序(《原史》6.52)——它使斯巴达人成为唯一从未遭受僭政的希腊人——[153]还是通过忒米斯托克勒斯(Themistocles)之辈有意识地在履行公职的同时谋取私利,总之希罗多德笔下的希腊人认识到了政治事务的限度。然而,尽管这是希腊人在政治上的特别之处,他们仍不会完全摆脱把时间中生成的事物固化这一政治意图的根本矛盾的特性。或许只有希罗多德的《原史》可以说是成功地做到了这一点,且只有就它是关于政治事务的知识而言才能这么讲。

在《原史》全书接近收尾处,希罗多德讲完波斯人在萨拉米斯(Salamis)、普拉提亚(Plataea)和米卡尔(Mycale)所遭受的重创之后,一笔带过了诸多政治事件,转而向我们讲述薛西斯对他兄弟之妻的欲念。薛西斯追求她,但她不从,于是,显然为了使她和自己更近,薛西斯安排她的女儿和自己的儿子大流士[二世]结婚。虽然我们很难确知这一切到底意味着什么,但显然这事有点离经叛道,尽管希罗多德告诉我们,薛西斯是"按 ta nomizomena[合法的事物]"安排这个婚约的(《原史》9.108)。后来,薛西斯转而对他兄弟的女儿,也就是他的侄女([译按]且是他儿媳)阿尔塔温特动了情欲。阿尔塔温特不像她母亲那般贞节,她依从了薛西斯。在此期间,薛西斯的妻子织了件漂亮的袍子作为礼物送给他,薛西斯喜爱它如同喜爱阿尔塔温特(对于这两者的爱不释手,希罗多德用的是同一个词)。被 erōs[爱欲]征服的薛西斯[表示]什么都可以给他侄女。她说"你确定?",薛西斯说是,于是她向薛西斯索要那件袍子。薛西斯从他妻子那儿得到的东西,只是给他一个人的。为了证明自己对这个女孩的爱,薛西斯声称他愿意给她任何东西。当然,这话只有在薛西斯有绝对自由可以给她任何东西的情况下才能兑现;然而,若至高之王(the Great King)都不自由,谁还自由呢?为了证明他的妻子不能向他要求任何权利,薛西斯必须给阿尔塔温特那件袍子。在至高之王那儿,不存在什么限制公共界域的私人界域,私人界域即公共界域。然而,薛西斯如此行,只是因为他侄女向他要求一个这样的权利。薛西斯似乎因为羞耻,所以才表现得好像羞耻并不能掌控他似的。

与巨吉斯的故事一样,这个故事在其核心处包含了对问题的两种表达。薛西斯的妻子阿美斯特丽斯(Amestris)得知薛西斯已经把袍子给了他侄女,便认为她的妯娌才是罪魁祸首,因此,在一年一度的国王寿宴上——那时国王向大家赐礼物——阿美斯特丽斯向薛西斯索要她的姐娌。这一天显然是这样一个日子，其时就连至高之王也要承认自己的 genesis[被生]：他是时间之中的造物，因此并不是神。薛西斯无法拒绝他的妻子而又不违背那使他蒙羞的 nomos[法]——因为该法禁止他在这一庆宴中不满足大家提出的请求。因而这里有一个波斯法（law），它通过承认家庭义务从而承认了法的限度。薛西斯知道他的妻子心怀不善，于是，他试图提前宽解他的兄弟。出于这一考虑，薛西斯提议让他的兄弟抛弃妻子并且娶薛西斯的女儿替代她。他的兄弟[154]拒绝了薛西斯的提议，回到家发现妻子已成了残废。此事引致他的兄弟叛变，为平息叛变，薛西斯杀了他。再次，推动一系列事件进程的，是薛西斯不愿意承认有自己不能做的事。薛西斯不顾他可能遭受 aidōs[羞耻]，结果遭受了 aidōs[羞耻]。反讽的是，薛西斯本可能使整个事情到此为止，只要他拒绝妻子的请求。显然，前面提到的那个 nomos[法]更像是习俗而不是法，违背这法根本不可能引致叛乱。薛西斯只需要对阿美斯特丽斯讲"我不能允许你伤害我兄弟的妻子"。然而，薛西斯羞于承认有自己不能为的事情。为了证明自己完全自由、完全不受 nomos[法]支配，薛西斯必须违背自己的意愿，遵从那个关于 nomos[法]限度的微不足道的 nomos[法]的字面意思，致使兄弟的妻子（他迷恋过的人）无辜遭残，也使兄弟丧生。薛西斯不顾法的守法宣称，导致的结果是彻底受制于法。这个故事的设置以及与巨吉斯故事的用词相似表明，作者意在借此标记出整部《原史》的运动：① 波斯战争史同时亦是这样一部历史，它讲述在政治界域内实现对完

---

① 这两个故事之间的联系，参见伯纳德特，《希罗多德的探究》，前揭，页212–213。

整的欲求将带来如何后果。

现在,《原史》与《王制》之间的关联,其轮廓应已显明。和坎道勒斯欲求自己对他妻子的内在看法得到外在确认一样,格劳孔一上来对正义与不义左右摇摆也并非偶然。实际上,《王制》在结构上与《原史》显著地类似。用词上的几处重叠似乎把《王制》的几次论辩高峰联系起来。整篇对话的第一个词是 katebēn——"我下到",这个动词也出现在讲巨吉斯的先祖下降到那个深渊、哲人下降到洞穴以及厄洛斯(Er)下降到冥府之时。① 我们听到说戒指的宝石"一转"(《王制》359e),就会想起洞穴中获释囚徒那著名的 periagōgē[转头](《王制》515c 和 518d)。而巨吉斯[先祖]的故事中的深渊,使我们既想起那个洞穴,也想起厄洛斯神话中的那些深渊(《王制》614c 和 614d)。当然,这些并不是认证,它们只是在[155]聚集我们的注意力。接着我们看到,希罗多德笔下那些堪作巨吉斯的故事注解的段落,与《王制》中的这些段落恰好有着某种契合。nomos[法]潜在地就是万物之王(《原史》3.38),以致没有了"是"与"似是"的区分,这法的权能就是洞穴中被危及的东西。薛西斯使自己如宙斯的计划的必然失败,首先是《王制》第八至第九卷僭政批判的主题,然后也是——或许不那么明显但却更具悲剧性——厄洛斯神话中这一失败主题:即最好城邦所养育的人没能够明智地选择他们的来生。② 希罗多德把坎道勒斯

---

① 这个动词在《王制》出现得并不频繁:两次出现在引言部分,是讲苏格拉底下到比雷埃夫斯(327a 和 328c);一次出现在第六卷,是指辩证法所特有的在分线段上的下降运动(511b);两次出现在第七卷,与哲人返回洞穴相关(516e 和 520c);一次出现在第十卷厄洛斯神话,意指灵魂从天上坠落下来;还有一次,便出现在第二卷,用来描述巨吉斯的先祖步入在他面前打开的深渊。

② 参见伯纳德特,《苏格拉底的第二次远航——论柏拉图〈王制〉》(*Socrates' Second Sailing:On Plato's Republic*,Chicago,1989),页 225–229。

的公允而言实乃无辜的——虽然是误入歧途——erōs［爱欲］与僭政欲求联系起来，意图表明它无足为奇，它就是政治的本性所在。那么这也是《王制》论辩的潜在基底么？

倘若我们凭信字面，巨吉斯的先祖从一具块头比人大的尸体上发现了一枚戒指，①那么，这枚如此强大的戒指何以没有代代相传呢？也就是说，为什么在希罗多德那儿，巨吉斯并未已然是吕底亚的王呢？抑或，换个角度，既然那枚戒指如此强大，又何以是从一个死人身上找到的？和薛西斯一样，对于格劳孔而言，难题在于死亡（格劳孔的兄弟阿德曼图斯［Adeimentus］似乎比他更理解这一点）。格劳孔本打算编造一个故事，来证明彻底不义者的生活具有绝对优势，然而，他自己的故事细节显明，那枚戒指没有解决人最大的问题——对于逃脱时间的蹂躏，它并无用处。我们会好奇：既然细节上有麻烦，为什么格劳孔还要选择去编故事呢？第一卷苏格拉底和克法洛斯（Cephalus）对话时举了一个例子，说的是一个人在朋友那儿存了武器，后来此人疯了，为什么格劳孔需要的不只是像苏格拉底那样的一个引申性的例子呢？为什么他的故事要如此详尽？为什么巨吉斯的先祖要是一个牧人？只是为了让他的这个卑微出身与日后登上王座相对照吗？抑或这样柏拉图就能用到动词 nemein［放牧］，从而暗示与 nomos［法］的关联？再有，为什么是铜马，为什么是小门？格劳孔没有用到故事的任何这些细节，但又似乎无法抗拒地把它们引入了故事。格劳孔对他的故事过分修饰，使我们注意到，实际上，格劳孔正在使他刚否认过其可见性的某种东西成为可见的。

---

①　是否是巨吉斯自己发现那枚戒指的存在相当的争议，特别是考虑到《王制》612b，在那里，苏格拉底（和哈迪斯的隐形帽子一起说）把那说成"巨吉斯的戒指"。

巨吉斯的先祖初次发现那枚戒指的能力,据说是在他"朝自己、向他手心"转动宝石之时(《王制》359e)。格劳孔选择的语词很有启发性。把戒指的宝石转向自己是什么意思?格劳孔岂不是在将空间范畴用于那并非真有空间性的事物上吗——他自己,或者不妨说,灵魂?难道他的[156]整个论说不都是基于对灵魂的这种理解吗:即灵魂具有永恒性而且它不是在时间中展开的东西?

第二卷开头,格劳孔要求苏格拉底向他展现正义在灵魂中是什么样子——即剥离一切外在后果、一切表象以后正义是什么样子。尽管苏格拉底声称,正义是一种善,既因为其本身又因为其后果,但格劳孔要求单从正义本身的善来为正义辩护。格劳孔假定这两种善——出于本身的善和出于结果的善——彼此分离,这多少类似于假定,有可能撇开一个形式或理型——即一个 eidos——所关联的事物去说明一个 eidos,就好像有可能撇开美的理型使得其美的事物去说明美的理型一样。格劳孔的要求归根结底是要求作为一种内在倾向的正义与幸福同一。格劳孔在提出其要求的过程中,也在有意识地明白道出他反礼法的(antillomiall)欲求。nomos[法]的目标是实现正义,但它是一种由弱者形成的妥协,因为弱者做不了人凭人的本性真正想去做的事情。一旦弱者拥有了巨吉斯的戒指变为强者,那么从前的弱者就会睡王后、杀国王,从而实现他们最深的欲求——即欲求不让他们的任何欲求遭否决。

格劳孔游戏计划的最大麻烦暴露在他所作(fashion)的诗中,这诗意在表达他的这一反礼法的欲求。此诗与希罗多德笔下的巨吉斯的故事一样,问题在于可见性。① 坎道勒斯担保他会找到法子使

---

① 参见伯纳德特,《苏格拉底的第二次远航——论柏拉图〈王制〉》,前揭,页 36 – 38。

巨吉斯看又不被看到,这仿佛是说,一个人可以不是形体又看形体,进而有一种不带视角的视力。后来巨吉斯当然被看见了。人不是不可见的。尽管格劳孔作了改变,他故事的主人公是不可见的,但并没有真正解决问题。格劳孔没有看到,我们所具有的真正的欲求需要可见性——非超然性(nondetachment);成为王也许意味着,巨吉斯的先祖必须露面。他不仅想要拥有某些东西,而且想要自己拥有它们这一点受到承认。如此说来格劳孔对灵魂有特别的理解,那么他这种理解从何而来呢?

显然,格劳孔爱正义。但他因为太诚实,所以困惑。他不知道自己是真正地正义,还是只不过为了正义的后果才正义。格劳孔内视自身,发现了对禁忌事物隐蔽的欲求。因此,格劳孔关注《王制》第一卷不予重视的东西——与结果分离的道德意图。只有当正义就是正义本身的回报时,正义的回报才不可能靠伪装手段获得。为了表达这种纯粹意图,格劳孔不得不作诗。他不得不找法子以可见的形象去表达本当是内在、不可见的事物。当然,这意味着,格劳孔诗作中的人物或许看不见[157]不义之人的不义,我们却能看见,并且除非我们能够看见不义,否则他的例子起不了任何作用。起先,格劳孔对正义的欲求使他把灵魂理解为某种本质上隐蔽、永恒的东西;而后,这一欲求又使他试图显明灵魂的隐蔽性和永恒性。它既使格劳孔把灵魂理解为某种独立、超脱于身体的东西——只有系乎身体如下说法才得以讲得通,即,灵魂可能有一种与任何表象或生成物相分离的存在——又迫使他去让灵魂成为可见。格劳孔说不出他想说的,除非他让他那在身体之外的、作为某种不可见之物的"真正的自己"变得可见。结果证明,所谓彻底不义之人的自然生活,同样基于源自格劳孔的正义欲求的这一灵魂观。格劳孔对正义的弃绝,其根源就在正义之中。

　　就以这种方式孤立灵魂而言，格劳孔做的不过是 polis［城邦］一直做并且必须一直做的事情。polis［城邦］假定，我们作为在法之下负有责任的行动者，我们的灵魂是永恒、独立、不可见的；另一方面，作为在法之下负有责任的行动者，我们的动机则可以成为可见，我们的灵魂也可以靠受惩罚而改变。法庭之上，我们既能感觉罪，也能被发现有罪。这一对灵魂的理解本质上是政治的，但也是矛盾的，格劳孔的僭越欲只是这一理解的延伸。僭主把自己理解为绝对自由的行动者，由衷愤恨一切受限感，因此，他意图通过消弭自身与世界之间的一切差异，从而克服自身与世界之间的不对等。他试图把世界当作自己意愿的产物来重造，从而根除 nomos［法］与自然的区别。既然任何政治秩序都势必期望它的法被当作自然法，因此，格劳孔的僭越欲只不过是对人的灵魂这一政治化理解的自然延伸。要治愈这一欲求，就需要苏格拉底为净化政治事务下一剂猛药，猛到最终暗示对政治事务的全盘批判。第二卷论辩中的提议——决定先从城邦中寻找大写的正义，然后再去寻找在灵魂中出现时的正义——虽是里程碑式的，乍看起来却是故弄神秘。而实际上，这是苏格拉底唯一能够走下去的路，因为格劳孔关于正义之人必须完全幸福的要求，不过就是每个城邦就本邦之 nomoi［法］的正义性所作的宣称。①

　　［158］政治的难题，在于使公共的善与私人的善——职责与私

---

　　① 虽然《王制》没有明确承认城邦与时间之间存在的紧张，但柏拉图在描述关于城邦的对话可能生成所应具备的诸条件时，已间接提供了这方面的论述（参见伯纳德特，《苏格拉底的第二次远航——论柏拉图〈王制〉》，前揭，页47）。至于柏拉图明显意欲直接论述这一紧张，或许可去读《蒂迈欧》。当然，希罗多德在他的《原史》中把非时间性与暂存性结合了起来。这正是典范性故事的力量。

利——重叠。倘若我们把第一类等同于美或高贵即 to kalon，把第二类等同为善，即 to agathon，那么完美的政治就需要这两者的结合——kalos k'agathos，即希腊语表达"完美君子"（a complete gentleman）的短语。就 nomos［法］与自然而言，这一结合意味着认定 nomos［法］（什么应该做）是自然就有的。这就是正义。然而，在希罗多德笔下的波斯，正如在格劳孔的灵魂那里，意图达至这一结合却导致了普世帝国主义（universal imperialism）。在《原史》，一如在《王制》中，女人都是实现这一野心勃勃的事业的那障碍。波斯人不可能承认阿托莎拥有一切权能，但她的确有；《王制》第五卷，随着与生育（genesis）相联系的女人介入，苏格拉底最好城邦的生成（genesis）变得成问题，这也并非偶然。在波斯，被说成比女人还糟是最恶毒的侮辱（《原史》9.107），当然，格劳孔据说"在任何方面都最男人"（《王制》357a）。波斯人不可能承认自然比 nomos［法］的界域更大这一事实，但血缘关系——生育的结果——乃这事实的典型记号。波斯人是这样的民族，他们标榜自己绝对诚实。然而，他们之所以有可能克服"存在"与"似在"的分裂，只是因为他们被囚禁在洞穴中。在波斯人那儿，没有"似在"是因为没有"存在"；nomos［法］是万物之王。在《原史》中，希罗多德利用希腊人指出了各种不同的道路（没有一条完全成功的），在这些道路中，政治事务的必然不完整（公与私、kalon 与 agathon 之间的紧张）能够从政治内部得到承认，从而延缓政治事务脱离正义而变为不义的趋向。《王制》同样也是这样一种对政治生活的批判，在其中，与其说苏格拉底打算去回应格劳孔提出的问题，不如说他打算揭示格劳孔为什么会问第二卷开始问的问题。通过揭示格劳孔问题的含义，以及揭示为何此问题不能以其提问的形式来回答，苏格拉底同时揭示出，虽然灵魂并非法必定假定它所是的东西，然而它却在此假定中显明出来。

第九章　正义的主体

——论柏拉图的《克莱托普芬》

冯　庆　译

[159]也许有一件事可以明确,《克莱托普芬》应与《王制》归为一组对话。① 柏拉图出于某种原因,暗示我们把迄今为止所发现的他这篇最短的对话与次长的对话看作一对。这两篇对话都与正义有关,然而,《克莱托普芬》的四页篇幅暗示,关于《王制》用了三百多页讨论的话题,也许并没有太多可说的。因而,即使明确这两部对话密切相关,但柏拉图将这两部对话作为一对的意图却并不清晰。苏格拉底在《克莱托普芬》中只发言了两次,是他展开了对话:

> 某人先前同我们谈到阿里斯托尼摩斯(Aristonymos)的儿子克莱托普芬,他与吕西阿斯(Lysias)对话时谴责了同苏格拉底混日子的做法,却过度称赞(overpraised)与忒拉绪马霍斯(Thrasymachus)的交往。(408a1 −4)

---

① 关于《克莱托普芬》的真伪,争论由来已久。罗契尼克(Daivd Roochnik)在其详尽的文献综述中娴熟地证明了伪作说的根基是多么薄弱,同时也阐明了这种怀疑的误会根源。见氏著,《〈克莱托普芬〉之谜》("The Riddle of the Cleitophon"),载《古代哲学》(*Ancient Philosophy* 4[1984]),页132 −138。与当下大多数笺释者看法一致,我认为这篇对话是真作。

我们得留意这个诡谲的开头。① 苏格拉底是在谈论一个大概正站在他身旁的人（在希腊语中，这篇对话的第一个词是Kleitophōnta——"克莱托普芬"［Cleitophon］的宾格形式②），却好像这个人并不在场一般。他把克莱托普芬视为一个对象/客体（objetct），供一位或数位匿名同伴讨论。这与克莱托普芬的抱怨中可能表达的关键点绝非无关［160］——苏格拉底有其偏爱之人（favorites）（408c4 – d1，409a4），而克莱托普芬显然并非这个小圈子（inner circle）中的一员。苏格拉底看来不会花时间跟他谈话，尽管这个人对自己的辩证能力如此飘飘然。

克莱托普芬接着修正了自己与吕西阿斯谈话时说的关于苏格拉底的闲话，称自己的确对苏格拉底有所批评，但也赞扬了他。在其第二次也是最后一次发言中，苏格拉底称自己急切想要从克莱托普芬那里学到这些东西，③以便能尽全力践行和追求对他好的事物，逃离坏的事物。接下来，克莱托普芬发表了一段长篇讲话（约占全篇对话的85%），在其中，他称赞苏格拉底是一位最高水准的德性劝勉者（exhorter to virtue），尤其在正义的德性方面；但是，他也严厉批评苏格拉底从未实实在在地说出何为正义、如何获得正义。普

---

① 关于这一开头的解释数不胜数；其中最有说服力的也许是这种观点：这里采用了法院控诉的形式。见布鲁尼克（H. Brunnecke），《克莱托普芬反对苏格拉底》（"Kleitophon Wider Sokrates"），载《哲学史研究》（*Archiv für Geschichte der Philosophie* 26［1913］），页453；又见奥尔文（Clifford Orwin），《论〈克莱托普芬〉》（"On the Cleitophon"），载潘戈主编，《政治哲学诸源：十篇被遗忘的苏格拉底对话》（*The Roots of Political Philosophy*：*Ten Forgotten Socratic Dialogues*，edit. Thomas L. Pangle, Ithaca, NY：Cornell University Press, 1987），页117 – 120；又见罗契尼克《〈克莱托普芬〉之谜》，前揭，页136。

② ［译注］本文作者暗示这其实是呼格用法，见下文。

③ ［译注］即苏格拉底值得表扬的优点和应受批评的缺点。

遍认为,《克莱托普芬》的问题在于,柏拉图没有让苏格拉底给予回应。你得注意,这并不是来自爱利亚异乡人(Eleatic Stranger)或来自"师父"帕默尼德(Parmenides)的高层次批评,而是来自一个雅典二流政客的见解,这位政客不过是现状的修饰者与支持者之类的人物,无论现状碰巧是什么样子。① 那么,为什么让克莱托普芬享有这种空前的机会,让他在对话中说了算?

这一问题与另一问题相关。尽管《王制》和《克莱托普芬》是一对,但很难判断从戏剧角度讲哪篇在前。一方面,《克莱托普芬》先于《王制》,这似乎显而易见。《克莱托普芬》提出问题,《王制》给出答案。克莱托普芬首先控诉苏格拉底并没有兑现他劝勉正义的行为所暗含的承诺;作为回应,苏格拉底详尽分析正义是什么以及如何获得正义。根据这种解释,只要将这两篇对话视为一体,苏格拉底就是最后说了算的人。这作为一体的对话并非那种其中某个人物讲出几乎所有说辞、后面接着是一段叙述的对话(即由某个人物讲出所有说辞的对话),而是一段延伸的对谈,即《克莱托普芬 – 王制》,其中包含了五次发言:苏格拉底第一次发言,克莱托普芬第一次发言,苏格拉底第二次发言,克莱托普芬第二次发言,最后还有苏格拉底的第三次发言——即《王制》。② 克莱托普芬由此成为苏格拉底在叙述《王制》时的那位匿名听众,在一段公认为冗长的、以"我昨天下到佩莱坞港"开篇的讲词中,苏格拉底给予克莱托普芬应得的回应。

---

① 见奥尔文,《论〈克莱托普芬〉》,前揭,页 119 – 120。

② 如果《克莱托普芬》展现了城邦指控苏格拉底的真相(奥尔文,《论〈克莱托普芬〉》,前揭,页 120),那么"《王制》就是苏格拉底真实的《申辩》"。见布鲁姆(Allan Bloom),《柏拉图的〈王制〉》(*The Republic of Plato*,New York:Basic Books,1968),页 307。

这种剧本安排要遭遇的难题是, 克莱托普芬是《王制》中在场的人物之一; 苏格拉底[在克莱托普芬面前][161]叙述一段克莱托普芬本人曾经参与的对话, 以之作为新的证词, 这当然很怪异。那么, 设想《王制》中叙述的事情发生在《克莱托普芬》所叙事件之后, 不是更有道理吗? 苏格拉底之后去了克法洛斯(Cephalus)家里, 在那里、在众人之间见到克莱托普芬, 然后抓住机会回应《克莱托普芬》中尚未回应的指控。这当然是可能的, 然而同样也可以轻易地倒转这种顺序。在《王制》中的一个关键时刻(340a1 – b9), 克莱托普芬出言捍卫忒拉绪马霍斯"正义是统治者的无论什么命令"的观点。尽管苏格拉底稍后称自己成了忒拉绪马霍斯的朋友(498c9 – d1), 但关于克莱托普芬却从未说过这类话。因而完全有可能, 克莱托普芬在《王制》中从头到尾都坐在那里, 丝毫不受苏格拉底的论证的影响。他对忒拉绪马霍斯的赞许, 甚至可能是经历了《王制》对话的一个结果,《王制》远非在回应他向苏格拉底提出的指控, 而恰恰是一个例子, 展现了苏格拉底式的劝勉言辞能够从他身上引出一种惊异与失望的混合。完全有可能, 克法洛斯家里发生的事件先于《克莱托普芬》, 苏格拉底随后再向克莱托普芬重述。叙述中是否存在着什么, 使得关于正义的无说服力的论述转变成了在克莱托普芬看来有可能找到说服力的论述? 如果存在这种可能, 那么可以证明《克莱托普芬》本身就与"对对话的叙述"——间接话语——和"正义"之间的关系相关。由于我们基于已有的信息似乎不足以回答哪次对话发生在先的问题, 我们只好惊奇自己的无知。要得出答案, 我们必须对每一人物言辞中的意图了解得更多; 由于缺乏克莱托普芬般的骄傲, 我们不会勉强断言看透这些人物的灵魂。我们只能知道我们不可能知道。

将这个问题放在心上, 让我们再次从头开始。

某人先前同我们谈到阿里斯托尼摩斯（Aristonymos）的儿子克莱托普芬，他在与吕西阿斯（Lysias）对话时谴责了同苏格拉底混日子的做法，却过度称赞与忒拉绪马霍斯（Thrasymachus）的交往。（408a1－4）

再次注意，第一个词是宾格形式的"克莱托普芬"。呼格——用以称呼某人的格位——也许会是更为符合惯例的开头（在26篇非叙述式的柏拉图对话中，有21篇在第一句话中包含呼格）。苏格拉底当然是在称呼克莱托普芬，但是，鉴于他们以这种方式无视克莱托普芬的在场，苏格拉底的话当然同样有某些言外之意。苏格拉底表现得很无礼，那么似乎克莱托普芬有理由做出结论，认为苏格拉底[162]在发怒。① 怒气的来源是"某人"的告发。现在，开头部分的希腊文呈现出一种有趣的模棱两可。"克莱托普芬"的宾格形式后接一个从属句，并在这个从属句里变为主语——"某人谈到克莱托普芬（宾格），克莱托普芬（主格）在交谈……他谴责……他称赞……"然而，在语法上同样有这种可能，即"在交谈"的主语，随后的"谴责"与"称赞"的主语是"某人"的主格形式。这种模棱两可带来一种古怪的解决方案，那就是，通过描述克莱托普芬，向苏格拉底告发的"某人"必然要以一种表明"谴责"与"称赞"的方式交谈、说话。既是克莱托普芬也是"某人"交谈、称赞和谴责。简单地说，对一段言辞的叙述——即，以"他说……"这种形式出现的间接引

---

① 圣母大学的欧康纳（David O'Connor）在与我交谈中提出了另一种可供参考的解释——苏格拉底是带着玩笑心态在戏弄克莱托普芬，以免于陷入一种潜在的难堪局面。两种解释都有可争议之处，这表明最起码苏格拉底的意图也并不完全为克莱托普芬所了解。

语——总是包含叙述人和发言人两种视角的统一。与此同时,这种统一中又有某些虚幻成分。此处,我们匿名的搬弄是非者称克莱托普芬"过度称赞"忒拉绪马霍斯。huperphaineō①一词既可能意味着克莱托普芬对忒拉绪马霍斯赞誉有加,也可能意味着这种赞誉了头;但是,即使设想克莱托普芬的赞誉过了头,那他知不知道这种赞誉过了头,还是说,他相信自己仅仅在给予忒拉绪马霍斯应有的赞誉?"过度称赞"中的"过度"是叙述人插入的吗?叙述必然会模糊这一区别,从而歪曲我们在多大程度上可能全凭言辞来传达另一个人的意思。两个灵魂做成一个没那么容易。

《克莱托普芬》意在提醒我们这一难题,这在开头以各种方式已经说清楚。克莱托普芬据说谴责了与苏格拉底一同"混日子"(diatribas,从字面上说是诸如"混迹"[rubbing across]或是"消磨时光"[passing time]乃至于"教导"[lecture]的复数形式)的做法。他过度称赞与忒拉绪马霍斯的"交往"(sunousia,字面上意为"相处"[being with],也有"相交"[intercourse]——性与其他方面的——和"教导"[lecture]的意思)。因此,对于克莱托普芬来说,忒拉绪马霍斯优于苏格拉底的尺度也许是,前一个人你真的可以与他"相处"(be with),而后一个你却不能。之后,当克莱托普芬提出他对苏格拉底的赞誉时,他说到"与[苏格拉底]开始相处(coming to be with)时他经常是惊奇地在听"(407a5-6)。就在彼时与此时之间,他的失望感已使得他不再那么惊奇,也不再倾向于称自己是在与苏格拉底"相处"(being with)了。关键似乎在于灵魂之间真实分享——koinōnia或曰相通——的可能性。

　　克莱托普芬说告发者搞错了，回应了苏格拉底对告发的回应
［162］。辱骂并非他的意图。相反，

　　　　尽管你装出无意的样子，但你显然对我有看法，我自己倒
　　　是乐意同你把它们（克莱托普芬说过的话）过一遍，既然我们
　　　恰好此刻单独相处（monō）。（406a7 – 10）

　　此处蕴含了许多重要信息。尽管克莱托普芬开始时断定苏格
拉底没有理解他的意图，但他似乎越来越确信地假定自己完全知道
苏格拉底的意图。苏格拉底愿意说，"显然的是（*It is manifest that*），
你知道我什么做法更糟糕，什么做法更好"（407a2），克莱托普芬则
使用了另一个习惯上与此意义相同的用语，但字面上的意思是"你
显然"（*You are manifest*）。此外，他声称不仅知道苏格拉底对他自
己不满意，还知道苏格拉底试图隐藏（conceal）这种不满意。克莱托
普芬自称知道苏格拉底看不上自己，并且对自己有过于严苛的偏
见。克莱托普芬对苏格拉底灵魂的洞察看来是无限的。他不仅仅
看到了苏格拉底表面上的意图，还看到了苏格拉底藏在这些表面意
图之下的真相，甚至看到了他设想的藏得连苏格拉底本人都不知道
的那些意图的真相。克莱托普芬说这一切现在都可以拿来讨论，因
为他们正单独相处（monō）。这个结尾尤为引人注目。先前
（406a1）苏格拉底谈到了某人"对我们"说，这个"我们"不可能包括
克莱托普芬，但是"单独相处"又暗示没有别人在场。苏格拉底难
道用复数自称？这在希腊语中并不罕见，但它与英语中的对应表达
有着相反的涵义——这是一个卑微的而非适用于君王的"我们"。
复数用法与苏格拉底常年宣称尚未认识自己的说法正好相配：有比
看上去更多的他。而克莱托普芬则说他们现在是 monō。希腊

语中有单数和复数,也用于指称一对事物的双数,monō 是一个词的双数形式,这个词意为"单独"或"独居"。单独意为与其他人分开,成为一个单位(monas)。克莱托普芬的语言暗示,二成为一不成问题,在一起(sunousia)成为一(monas)正是与苏格拉底单独相处(monō)的意思。克莱托普芬设想他能洞悉苏格拉底的内在——认识他的灵魂——即使他就是以否认自己得到了正确理解来展开话题的。其实,对话的剩余部分正是在回应苏格拉底的反讽式提法:克莱托普芬比起苏格拉底自己更加懂得苏格拉底(407a2)。

现在我们在一个更好的位置,可以暂时推测《克莱托普芬》的意图了。在都关乎正义方面,这篇对话与《王制》是一对。开端处的交流暗示这篇对话也与叙述的难题相关[164]。在叙述的难题之下潜藏的是一个更深的问题:在何种程度上有可能知道另一个人的灵魂,与另一个人的灵魂合一,进而共享另一个人的灵魂。此外,通过以复数形式自称,苏格拉底迫使我们想要知道,我们在何种程度上有可能认识自己的灵魂,与自己的灵魂相处,从而与我们自己共享所有。《克莱托普芬》在其语言与故事方面都提出了这样一种可能性,即我们本质上都是单独的(a-lone)。以这种方式单独存在,会导致质疑一种共同的善及随之而来的正义的可能性。这是与《王制》在主题上的联系。

克莱托普芬在《王制》卷一中出现,同珀勒马科斯(Polemar-chus)有一次短暂交流(340a1 – b9)。那时苏格拉底已让忒拉绪马霍斯的第一个正义定义(即"强者的利益")处在危险中,因为如果强者是统治者,且有时会搞错什么是自己的利益,那么他们有时就命令他人做并非真的符合他们自己利益的事情。接下来就是克莱托普芬与珀勒马科斯的短暂交流:

"是,宙斯在上,苏格拉底,"珀勒马科斯说,"这可非常清楚。"

"如果你替它/他(it/him)作证。"克莱托普芬抢着说道。

"何需证人?事实上,忒拉绪马霍斯自己承认,统治人士有时发布对自己不利的命令,而对方执行这些命令是正义之事。"

"这是因为,珀勒马科斯,忒拉绪马霍斯先前坚持说,执行由统治人士发布的命令是正义之事。"

"但是,克莱托普芬,他的确声称过,强者的利益是一种正义的东西。坚持了这两种观点,他又进一步承认,有时候,强者发布一些对自己不利的命令,让比他们弱、被他们统治的人去执行。根据这几个已经共同认可的论点,对强者有利的东西不可能比对他们不利的东西更富有正义性。"

"然而,"克莱托普芬说,"他说了/意思是(said/meant)[legei],所谓强者的利益就是那种强者认为对自己有利的东西。弱者必须去执行,他确认这就是正义。"

"但是他说的/意思(say/mean)并非如此。"珀勒马科斯回答道。①

克莱托普芬认为,无论强者认为什么是他们的利益,那都是正义。此外,他的用词(他使用了动词 legein,这个词既可以是"认为"也可以是"说"的意思)暗示他并未认识到,人有可能并不清

①　注意,在这段对话中,谈论的是行动而非人的正义,因为人从行动中获得相反的效果。[译注]此处选段采用王扬《理想国》中译,华夏出版社,2012,页21。个别译名与词序有所调整。

楚他们自己的意图,无论是对他们自己,还是对其他人。不清楚我们自己的意图不过是用另一种方式在说,我们可能不知道我们的意图会导致什么后果,因此我们可能会犯错。因此克莱托普芬此处的意思必然[165]是我们毫无歧义地思考。因为这种思考会完全转译为言说,所以克莱托普芬认不出直接引语与间接引语之间的区分:"忒拉绪马霍斯说"和"忒拉绪马霍斯的意思是"在事实上跟在希腊文中一样,是一回事。然而克莱托普芬又不得不介入,以澄清忒拉绪马霍斯的意思。因而,由于克莱托普芬言行不一致,他自己也不可能完全清楚他自己的意思。此事在语境中特别好玩,因为忒拉绪马霍斯将会立即否认克莱托普芬对他意图的阐释。

从《王制》当中我们了解到,对于克莱托普芬来说,思与言必然是一,所以我们理解为什么他在以他名字命名的那篇对话中是如此受挫。对于克莱托普芬来说,苏格拉底的对他的举动只能意味着两件事中的一件:要么苏格拉底无法道出何为正义(因为他不知道),要么是他不想说,因此有意使克莱托普芬丧失诸善中最大的善(410c5 - 6)。苏格拉底并非克莱托普芬所认为的那样,要么是不聪明,要么是不正义。

让我们回到《克莱托普芬》。苏格拉底表达他决心践行和追求对他好的事物并且尽全力逃离坏的事物,作为回应,克莱托普芬对苏格拉底身上的好处与坏处给予了概述。他发现苏格拉底在谴责他人时言辞之美最令人印象深刻。他说苏格拉底唱起来就像舞台上的机械降神,这种神有时奇迹般地出现在悲剧的结尾,作最终解说并带来正义,因为剧中没有一个人物了解他们处境的真相。也许克莱托普芬还没意识到,他已经指出了自己将向苏格拉底要求之事的难题。真正的正义要求具备神的能力,去看透人类并全然了解人类的灵魂。克莱托普芬把这种能力归于苏格拉底。而稍后,当他宣称已经"以苏格拉底的方式"说话时(408d1),他又会暗暗地将这种能力归于自己。在此处,他"引用"了苏格拉底的一段优美的劝谕。基于其针对的对象范围——"哦,人类啊",这段言辞在柏拉图笔下的苏格拉底言辞中可谓前所未闻[①]。因而,人们可能想知道苏格拉底是否真说过这段话。克莱托普芬是否虚构了一段苏格拉底言辞作为自己的言辞,在苏格拉底面前呈现出来? 克莱托普芬之前曾毫不费力地从苏格拉底的言辞转移到苏格拉底的意图;现在他倒转了顺序。克莱托普芬认为自己如此懂得苏格拉底的意图,以至于他毫无疑虑地发明了一段言辞以佐证这种"显而易见"的意图时,没有半点不安。

解释克莱托普芬的苏格拉底言辞包含一项困难的任务,就是区分克莱托普芬自认为在说的东西与他真正在说[166]的东西。在这段话里,他的"苏格拉底"首先斥责人类普遍活得如此无知,以至于没做任何他们该做的事情。特别是,他们过于热衷追求金钱或好处(goods, khrēmata),而没有充分操心他们自己或作为他们继承人的儿子是否知道如何正义地(justly)使用这些好处。进而,人类普遍错误地认为东西本身是好的,其实东西只是被使用时才是真正地好。东西本身并不重要,重要的是使用东西的方式,这一方式在此处被等同于正义。克莱托普芬似乎认为,父辈们受到斥责,是因为他们仅仅关心财产——外在的好处。事实上,克莱托普芬自己的说法是不可理解的,除非父辈们至少同样关心为子孙们提供这些好处。钱财对父辈们来说事实上是种手段,表明他们对自己所爱之人的好意。若是他们没有这种好意,接下来的劝勉,将是落在聋子耳

[①]　奥尔文,《论〈克莱托普芬〉》,前揭,页113。

朵里。因此,某种程度上,父辈们已经知道,并没有什么脱离了某种灵魂状态而言的善,即使他们似乎能够仅仅通过外在好处来表明这善。

就连克莱托普芬也必定承认,父辈们不仅仅是把保险箱传给继承人。他们还教育他们的小孩,即便是以最老一套的方式。然而,克莱托普芬的苏格拉底仍然责备他们,因为他们没有认识到即使经受过"语文、音乐和体育"的教育,他们和他们的小孩都仍然是amousia——非诗乐(unmusical)的。

> 然而是因为错误的节拍和懈怠,而非因为跟不上里拉琴演奏的节拍,所以兄弟与兄弟交战,彼此施加和遭受最极端的做法,而城邦与城邦彼此攻击,毫无尺度和协调,他们内部冲突不休。(407c6 – d1)

通过翻译,我们看到,阳性的"兄弟们"配上阳性的"交战",阴性的"城邦们"配上阴性的"攻击",这暗示,克莱托普芬虽认为城邦会遭受内部的斗争与分裂,但"内在不和谐"对人来说却不可能。克莱托普芬能同意的底线是"兄弟交战"。对于他来说,跟不上节拍意味着与其他人节拍不符,而非与自身节拍不符。对克莱托普芬来说,正义的内在和谐与僭主的内在和谐完全相同;(正义和僭主)这两者他都不认为是处在与自身冲突的状态中。①

在这段引述的言辞的最后一部分,克莱托普芬让苏格拉底回应一种想象出来的反驳,这些苏格拉底劝勉的人反驳说不义最终并非

---

① 对于他来说,全然正义之人和全然不义之人都好似雕塑。见《王制》361d4 – 6。

[167]教育问题,因为不义出于自愿。他的"苏格拉底"回应说,既然这些人也同意没人会选择如此坏的东西,那么自愿不义就不可能。即便对不义的"选择"来自享乐对不义施加的力量,也没有人会为了享乐而选择让这样的力量征服自己。进而,"一切选择行不义的理由(logos)都是不自愿的"(407d7 - 8);不义是缺少教育的结果。我们必须特别留意行正义,"每个人在私下生活中当全然如此,同时诸城邦在公共事务上也当全然如此"(407e1 - 2);这就是教育的目标。

从表面上说,这不外乎是在陈述那个显得属于苏格拉底的观点——"德性即知识"。克莱托普芬极其严肃地看待这一观点,以至于他相信这意味着真正的教育要向灵魂展现一个对象,这一对象如此显然地是灵魂的恰当目标,以至于灵魂不依赖任何内在性情(disposition)就会选择它。灵魂被这一目标吸引,就像磁铁被铁吸引。当然,如果不义并非自愿乃是因为不义源于误解,那么正义——其形式必定是正确理解的结果——也不该是自愿的了。苏格拉底能以何种方式变得更好或更坏的知识,将会与他尽全力追求和践行好并逃离坏的性情没任何差别。事实上,他的第二次发言将仅仅是一种同义反复(tautology),因为知道什么更好就意味着追求那种东西。苏格拉底追求更好且逃离更坏的"能力"(might[kratos])会消失,他与其他任何人也将没什么区别。逻各斯(logos)有能力(might)选择,我们不能。以这种方式理解的正义开始显得相当机械,与人类能被享乐控制没有任何不同。因此,克莱托普芬的苏格拉底把正义的灵魂描述得如此和谐,以至于正义的灵魂机械地追求合理的东西,但是随之而来的就是,正义将会与一切做好事的意愿彻底分离。在这种境况下,训练人、建立人的习惯和规划人可能有意义,但是劝勉人类的意义会是什么? 呼格与宾格将会无法区分。

事实上这个问题接下来越来越明显。克莱托普芬继续赞颂苏格拉底,但是停止了使用直接引语,而是借助间接引语指出他接下来要赞赏的内容。克莱托普芬称赞苏格拉底,因为苏格拉底批判那些关注身体超过关注灵魂的人,批判他们关心受统治的部分多于统治的部分。我们差不多可以说,他们关注结果多过原因(cause)。苏格拉底则总是关注隐藏的原因。克莱托普芬扩展了这一原则,以至于无论什么东西,"如果某人不知道怎么用,那他别干涉这件东西的使用会更好(kreitton)"(407e8 – 9)。这里的"东西"包括了我们身体的诸部分,我们作为整体的身体,从属于种种技艺的外在之物,最后还包括我们自己的灵魂。

> [168]你的这些言论(logos)也很美地收尾,[说]无论谁不知道如何使用自己灵魂,对他来说沉默着凝视自己的灵魂更好(kreitton),他们与其按自己的想法活,还不如别活。假如他们必须得生活,那么,像一个奴隶一样过日子也比像一个自由人一样来的好些(ameinon),他可以把思想的船舵交给另一个懂得领航技艺的人,苏格拉底啊,这就是你常说的"政治术"(politikē),你还说这种技艺等于审判/惩罚的技艺和正义。(408a4 – b5)

kreitton 的意思是"更好",但其本义是"更强"或"更有能力";这也是克莱托普芬在《王制》卷一中解释正义时的核心用语,与苏格拉底用来表达他追求更好且逃离更坏要尽其所能(with all his might)的这个"能"词源相同。做有力的事情就是做正义的事情。如果我们不知道什么是正义之事,我们就应当自杀。若是做不到,我们就应当至少把自己交到别人手里，让他们好好使用我们（尽管在这种情况下我们只是做得 ameinon 而非 kreitton）。克莱托普芬呈现的苏格拉底总是盯着原因，盯着人的统治部分。使用其他一切东西的部分是需要得到教育的部分，这也就是奥尔文说的"不被使用的使用者"（unused user）①。然而，克莱托普芬没法思考这一部分，除非将这一部分作为那种自身能被使用的东西。对他来说，灵魂只是另一种服从操控的东西，就像身体或里拉琴。尽管他说人如果不知道如何使用自身就该选择死或成为奴隶，但他似乎并没有意识到自己说法的意义，因为放弃了统治自身的灵魂已不再是一个灵魂。它不能被视为灵魂来使用，因为它若成了或好或坏的工具，也就不再是一个灵魂。灵魂对变好的欲求阻止灵魂自愿为奴。因而，政治术是双重的：首先，这种技艺包括正义，意思是说它知道为诸灵魂掌舵的最佳方式（408b2）；但同时，这种技艺也包括惩罚（408b4），这也就假定了诸灵魂应对其所作所为承担责任。

克莱托普芬赞许适才他称为"美"的苏格拉底言辞，通过这种赞许，他暗示，这些言辞最具规劝与勉励意味，对单纯地（atekhnōs，字面意思是"无技艺地"）警醒我们最有用。克莱托普芬将言辞视为工具，有其确切的效果，并且言辞要根据其效果估价。按这个尺度，苏格拉底的言辞非常好，但仅仅是一个开始。这些言辞警醒我们需要变得正义，但它们没把我们变得正义——苏格拉底的言辞无技艺地警醒我们。由于他想要进入下一步的目标，那就是变得有德性，克莱托普芬开始询问关注灵魂德性的技艺是什么。

---

① 　奥尔文，《论〈克莱托普芬〉》，页 123。

[169]然而,古怪的是,他的途径是间接的。克莱托普芬并没有直接问苏格拉底本人,而是去接近苏格拉底的同辈,那些与他有相同欲求的人,他的同伴,或"不管应当用什么名称称呼他们与你的关系"(408c6 - 7)。克莱托普芬,这个自觉的局外人,并不全然知道加入苏格拉底的圈子意味着什么,但是他的观念显然是,加入这个圈子,意味着共享一种教义或一种教诲———一种 didagma(409b6)。这让他格外愤愤不平,因为他没有得到这种教诲。克莱托普芬想要搞清楚那是什么,但同时,他想要证明自己。所以,克莱托普芬判断谁是那些在苏格拉底圈子里受到偏爱的少数人,进而要求与他们比赛辩证术,试图显示自己至少与他们有同样的价值。他是如此骄傲于自己战胜了他们,以至于详尽地引用自己(的话)。但是,克莱托普芬的行动再次背离了他之前的结论,因为如果至关重要的东西仅仅是包含在一套教诲中的正义技艺,他就会不惜一切代价想要这种教诲,而不会特别感到需要将他的"敌人们"制伏在一场丢脸的战败中。当苏格拉底接下来告诉他正义就是扶友损敌时(410a8 - b1),也许与其说是提出一种教义,不如说是在斥责克莱托普芬对本应视为朋友的人——哲学探索中的同伴——施加的不义之举。克莱托普芬不承认某种程度上正义必须是灵魂中愿意为善的一种性情。

对于克莱托普芬关于何种技艺涉及灵魂德性的问题,"你的同侪中看似/据称在这方面最强有力的一个人如此回答我的问题,说:'这种技艺,正是你从苏格拉底那里听到的,那就是正义'"(409a4 - 6)。克莱托普芬把这里的正义理解为一个单纯的名称,但是这里的希腊文表述 hēnper akoueis su legontos Sōkratous 也可能不是指苏格拉底所说的内容,而大约是指"当苏格拉底在说话时,你听到的东西"。这样一来,正义就不会是苏格拉底所说的某种人们应当追求的东西;而是苏格拉底说一个人应当追求的这个"说"本身。①

克莱托普芬对这些可能性并非全然毫无觉察。他知道苏格拉底所做的事情是重要的,但是他仍然认为,有可能在苏格拉底所做的事情之外分离出某种东西,正义就在其中。克莱托普芬用医术做类比,医术有双重效果:出产健康且出产医生——一件产品和一种教诲。那么正义的技艺也必定有双重效果;出产正义之人[170]就像出产医生,但是,什么像健康呢? 这就是克莱托普芬对苏格拉底的追随者要求的东西。此刻,他若更加谨慎就会看到,医学产生健康的人和医生,而医学产生的医生未必是健康的人。这样一来,他就不能说正义技艺类似的双重性生产正义之人和某种未知的产品,因为当然是正义之人与健康之人成为一对相类比的产品,而医生的类比对应物则应该是正义的导师。克莱托普芬本应该问的是,正如健康的导师可能本身不健康,是否正义的导师也可能实际上并不正义呢? 再次地,这关乎灵魂能在何种程度上与自身分离,把自身当作对象而又不损毁其作为灵魂的品质。由于变得正义的意图与正义不可分,苏格拉底"无技艺的"正义劝勉就不能理解为仅仅是那些劝诫所鼓励我们去追求的那个正义的前期预备。

克莱托普芬引用了他自己的提问——"正义之人能够为我们制作什么作品呢?"(409b8－c1)但是,苏格拉底的朋友们给的答案仅仅是间接引语,进而揭示出,在他们的对话当中应该是最重要部分

---

① 克莱托普芬一如既往把语言视为明确无误的,并且假定自己已经理解了语言。然而,柏拉图让我们了解到,他就是要使用这种恰好相同的语法形式(独立属格),以便通过语言的含混来引出克莱托普芬接下来对他自己的引用:eipontos d'emou——"随后,我说"。

之处,这些苏格拉底之友仅仅是克莱托普芬树立的稻草人;①克莱托普芬的声音就足够了。苏格拉底的朋友们回应了一连串的答案:好处、需要、益处和收益。② 对此,克莱托普芬的回应是再次引用他自己(他对自己的提问的印象显然比对别人的提问的印象更加深刻),说这一切都并非正义独有——每种东西都以自己的方式适用于其他技艺,例如,木工。最终,一位赫克托耳(Hektor)出来迎战克莱托普芬的阿基琉斯(Achilles),③这位普遍认为是苏格拉底的伙伴中最有才华或修养的人给出了答案,再次是以间接引语的形式,说只有正义有、其他任何技艺都没有的产品就是城邦中(或城邦间)的友爱。因为有很多所谓友爱是有缺陷的,所以克莱托普芬步步紧逼,使得友爱的核心被进一步定义为一种心智的一致——homonoia。

　　直到对话的这个时刻,支配行动逻辑的主题才闯入论证自身当中。我们从一开始就在关注,二合为一究竟意味着什么。克莱托普芬如今问道,心智相同指的是意见的一致还是知识的一致,他的论敌轻蔑地否决了前者。人与人之间许多有害的因而是不义的事情都归咎于意见的一致(由于此处使用间接引语,所以我们不能断定这是克莱托普芬论敌的意见,还是克莱托普芬自己的意见,还是两人共有的意见)。所以,正义产生友爱,而友爱其实就是心智一致,[171]而心智的一致就是知识的一致。但是一切技艺都在不同的人群中间产生出某种知识的一致,正如那些小团体中的人一下子就能

---

①　[译按]"稻草人"是一个逻辑术语,指辩论中常见的偷换对手论点、攻击假想敌的逻辑谬误。

②　除了"有得赚的"(gainful)未被提到之外,这些答案都在忒拉绪马霍斯禁止苏格拉底用来回答正义问题的列表上面,见《王制》卷一(336c6 – d3)。

③　[译按]调侃克莱托普芬在表述中刻意拔高自己、贬低对手的意图。

指出那个从前曾在他们中间的人。克莱托普芬对那些在他身边围着的人的转述是很美的转述。这是一段直接引语,但是里面存在着美妙的含混:

> 此刻,我们在论说(logos)中又变得困惑起来,那些在场的人都足以反驳他并说明这一论说业已回到了其起始之处,他们/我说(elegon):"医术和其他技艺也都是心灵的一致,它们都能说明自己与什么有关。但是关于你所说/所意指的这种心智的一致,到底它指向什么地方,却失去了准头,到底出产什么,也并不清楚。"(409e10 – 410a4)

这些人在态度方面变得绝对心智一致,都鄙视那位曾经是他们当中最受欢迎的成员。获得了胜利的克莱托普芬通过引用这些人的话来荣耀他们……是这样吗? 他用来引入引文的动词是 elegon,这个词的意思既可以是"他们说",也可以是"我说"。他们与克莱托普芬无法区别,正是他们心智一致的一个结果。如果正义要由他们心智中的东西来定义,并且如果某人心智中的东西与他人心智中的东西别无区分,因为这种东西是一种知识,那么,正义的人彼此将无法区分。因此,他们就不需要为他们选择做的事情各自负责,因此,他们的正义与其说是一种德性,不如说是一种将他们定义为对象的类别特征。正义将相关于某种特定举止,而与做好事的意愿无关。

克莱托普芬转述了他的质询的最后一步,即他与苏格拉底的两次对话,并且都用了间接引语。因此,我们并不知道苏格拉底究竟说了什么,我们只知道克莱托普芬所认为的苏格拉底的意思——首先是"正义就是扶友损敌"(410a8 – b1),随后是"正义之人绝不伤害任何人"(410b1－2)。这尤其令人费解,因为在《王制》卷一中苏格拉底转述了与第一种观点非常相似的看法,说是珀勒马科斯的看法(333d7－8,334b8－9),但却驳斥了这种观点,继而代之以与第二种观点相似的看法(335d11－12)。克莱托普芬似乎把这两种观点视为适用于所有时间中所有人的同一种 logos[言辞],因而,苏格拉底在他眼中必然显得纯粹是前后矛盾。但是这两种观点很有可能是针对某些特定时段的他。也许苏格拉底意在带领克莱托普芬穿过《王制》的各个论证阶段,因为他将要经历的经验会回答他的问题——以某种单纯的 logos[言辞]无法回答的方式。我们无法知道答案,因为克莱托普芬变得不耐烦并且放弃了。

可以用稍微不同的方式看待这个问题。克莱托普芬渴望变得像苏格拉底那样。他做了各种尝试想要与苏格拉底[172]成为一或单独相处(monō):在一段想象的言辞中详细引用苏格拉底以便让苏格拉底以自己的声音发言;摹仿苏格拉底询问的方式并击败他钟爱之人,以篡夺苏格拉底在青年小圈子中的地位;以及最终接近苏格拉底本人——与苏格拉底相处。但是克莱托普芬从未真正理解他自己的欲求,因而他从未分清将苏格拉底当做一个角色仿效和盗用苏格拉底的教诲有什么不同;对于克莱托普芬来说,"苏格拉底的教诲"只是苏格拉底言辞的内容。因为克莱托普芬并不理解呼格形式的意义,所以他会以苏格拉底开启对话的方式来结束对话——以宾格形式谈及他自己(410d5)。克莱托普芬无法保持 monō[单独]中的双数形式:如果苏格拉底虚化成了苏格拉底的言辞,那么,通过挪用苏格拉底的教诲,克莱托普芬会变成苏格拉底,引文则将成为叙述,这样的叙述不会意识到它正在把叙述者的声音和角色的声音折叠在一起。这种理解事物的方式会带来一种意料之外的后果:尽管无意如此,克莱托普芬还是虚化成了克莱托普芬的言辞;他将会变成一个客体,由宾格形式正确地描述出来。正是预见到了这一问题,柏拉图才让苏格拉底如是展开这场对话。

《克莱托普芬》呈现了正义的可能性中似乎无法克服的难题。克莱托普芬一开始似乎有意刁难苏格拉底,苏格拉底向我们呈现了一幅正义的光辉图景,使得我们渴求正义,但到最后,全都是戏言。苏格拉底无法提供善本身——在《王制》中,他甚至承认了这一点(532a–534e)。克莱托普芬想让正义得到界定,并在别的地方这么干了——对忒拉绪马霍斯和吕西阿斯(我们知道这个人至少写了一篇演说词赞颂心智与没爱欲的人,其中没有一个呼格——见《斐德若》230e–237a)。在他对苏格拉底的控诉当中,我们开始看到,克莱托普芬并不理解人的意图的难以捉摸,与之相关的则是人灵魂的难以捉摸。乍看之下,这是毁灭性的,因为如果我们无法知道其他人的意图,共同的善也就不可能,与之相伴的正义也就不能。善不可改变地是私人性的。苏格拉底没有回应克莱托普芬,因为不存在回应。然而,我们应当再次思考这一令人沮丧的结论,因为,并非由于正义的定义悲剧性地无法企及,我们就丧失了我们最需要的东西。毋宁说,正义的定义将会是正义的毁灭。为善的意愿不能降低为所愿之善的内容;试图这么做,会使善变得机械,也就不再是真正的善。正义与其说是灵魂想要的那个秩序,不如说是灵魂对某个秩序的意愿。反过来说,这种秩序必然不完美,所以,我们从《克莱托普芬》中学到的奇妙事实就是,灵魂的隐藏使得完美的正义不可能,同时又是使任何正义得以可能的必要条件。[173]一个完全可认知的、可理解的世界——万事万物的自然都如此固定,以至于万事万物都可以作为一个以宾格形式呈现的客观对象来认识——将是一个不适于人类灵魂居住的世界。正义是一个标志,标志着世界上有诸如灵魂这样的东西——在这个世界中,我们以呼格相称,而非单纯描述。通过展示克莱托普芬对苏格拉底的责难下潜藏的错误，《克莱托普芬》旨在提示我们不确定性（indeterminacy）的价值。由于克莱托普芬对完美正义完全可料到的渴求，他没有理解：某种意义上，德性就是对人心向德性的劝勉，而想变得正义的意愿就是正义。

第十章 僭政的对象

——柏拉图的《希普帕库斯》①

胡 镓 译

[174]一般而言,柏拉图的《希普帕库斯》并不太受重视。人们或认为这是一篇伪作,或觉得它不值一提。然而,这篇对话的主题——对善的爱欲——却将之置于哲学的顶峰,至少如苏格拉底在《王制》中展示出的那样。② 为何这样一篇微不足道的对话关注的却是一个如此意义深远的问题呢? 通常,对柏拉图对话——《希普帕库斯》亦如此——我们通过反思那些显而易见的表面细节间显露的困惑,来揭示并达到最深刻的追索。而在《希普帕库斯》中,最为明显的困惑来自其标题。因为希普帕库斯并非这次对话的参与者。

---

① 本文最初作为伯纳德特思想研讨会的讲稿于 2005 年在哈佛大学宣读。伯纳德特去世后不久,我转而研读《希普帕库斯》,并惊奇于这篇对话展现出来的表面与深层、谐趣与严肃之间的关系,而这让我回想起跟随伯纳德特读书的时光。一篇柏拉图对话,必然有着丰富的内涵。在这个意义上,《希普帕库斯》代表了对伯纳德特的纪念。

② 见《王制》502c – 516c。亦参伯纳德特如下评述:"只有两部[柏拉图]对话没有引子,直接切入以'什么是?'开始的提问。而这两篇对话中的对话者均是无名氏。对善的爱欲成为其中一部对话(《希普帕库斯》)的主题,而法[是什么]则是另一部对话(《米诺斯》)的主题,这与两部对话明显的哲学特征似乎不无关联。"见伯纳德特,《苏格拉底与柏拉图:爱欲的辩证法》(*Socrates and Plato*:*The Dialectics of Eros*), Munich:Carl Friedrich von Siemens Stiftun, 1999,页 51,亦见页 53 注释 29。

与其说这个名字著名,不若说它臭名昭著。苏格拉底确实给予了此人一篇扩展开去的描述,不过,那似乎并非关乎展示对话主题,与对话整体的关联也不显著。这次离题仅仅是这部对话中数次离题话里篇幅最大、最引人注目的,其中,苏格拉底似乎说了一些离题万里的东西,涉及一些语言、情节或角色的无谓细节。在对话第一部分的篇章中,有个引人注目的线索。接下来我首先对这一部分加以描述,接着说明希普帕库斯的长篇离题话的意义。

[175]尽管每一篇柏拉图对话,不论其主题看上去是什么,最终都关乎哲学,但柏拉图总是以较易识别的[话题]开始。因此,如果我们希望理解快乐、爱欲、友谊以及正义,那么我们最好去阅读直接提出了这些问题的对话:比如《斐勒布》《会饮》《吕西斯》以及《王制》。然而,柏拉图对话总有办法将日常问题进行升华。关于"快乐"、"爱欲"、"友谊"以及"正义"的真理,最终都显现为哲学——虽不那么容易识别,但更加重要。特别值得注意的是,即使在《斐多》中,我们对于死亡的习传理解也被转化为哲学问题。我们以一种前后矛盾因而得以显露真相的方式看待死亡,这展示了人类灵魂对于自身永恒的欺骗性渴望。当人的灵魂最终理解了自身,这一渴望就是哲学——践行死和已死。

柏拉图的《希普帕库斯》最明显的主题当是"对获利的爱欲"——philokerdiea。这个语词及其同源词在我们现有的古希腊文本中殊为罕见。除了少数例外,他们都出现于柏拉图的两部短篇对话中。在现有40例中,出现在柏拉图之后的作品中的仅为4例,前柏拉图作品中出现了两例,还有6例出现在柏拉图的同时代人色诺芬的作品中,剩下的28例则皆见于柏拉图作品。其中有19例见于《希普帕库斯》,分布在六个半斯忒法努斯(Stephanus)编码中。9例见于《王制》卷九的四个编码处(其中8例出现在占两个编码的一段论证中)。还有一例见于《法义》第一卷。① 总之可以说,柏拉图——尤其是《希普帕库斯》——是我们理解"对获利的爱欲"的唯一经典来源。

在《王制》卷九中,苏格拉底为证明僭主的生活是诸生活中最坏的,提供了三次论证。在第二次论证中,他试图说明,基于对智慧的爱——即搞哲学——而构建起来的生活方是最高的。因为不像另外两类生活(它们也意图证明自身是最佳的)——爱获利或者爱荣誉——哲学(爱智慧)自身即涵盖了对其他两类生活的体验。在这一(顺带说一句,并非特别有说服力)论证中,"爱获利"似乎意味着不假思索地满足我们的任何欲望。《希普帕库斯》呈现出类似图景,但重点有着些许不同。在苏格拉底的匿名谈话对象看来,好利者可鄙,乃是低俗之人所为(当然,也是苏格拉底在《王制》中用言辞构建的城邦里最低级的群体)。布鲁姆(Alan Bloom)假定,这一关于"爱获利"的"非苏格拉底式"[176]理解是柏拉图希望用作开端的庸常理解,所以他将 philokerdēs 译作"投机者"(profiteer)。② 这似乎与色诺芬的看法一致,色诺芬在四部不同的著作中一再将

① 参忒奥克里托斯(Theocritus),《田园诗》(Idylls),第 16 首,行 60。约瑟夫斯(Josephus),《犹太古史》(Antiquitates Judaicae), 2. 201。爱比克泰德(Epictetus),《残篇:阿庇安米塞瑞达斯战争》,8. 51。品达(Pindar),《伊斯特米凯歌》之二(Isthmian 2),行 6。阿里斯托芬,《财神》(Ploutos),行 590。色诺芬,《上行记》(Anabasis), 1. 9. 16;《色诺芬与阿里安论狩猎》(Kunegetikos), 13. 12;《居鲁士的教育》(Kuropaideia), 1. 6. 32;《齐家》(Oikonomikos), 12. 16, 14. 7 以及 14. 10。柏拉图,《希普帕库斯》(Hipparchus), 225a1, 225a2, 225a7, 225b2, 225b4, 225b8, 225c2, 226d2, 226d6, 226d8, 226e2, 226e10, 227b1, 227b3, 227c7, 227c8, 227d1, 232c5, 以及 232c7;《王制》, 581a7, 581c4, 582b3, 582b7, 582d8, 582e1, 583a10, 586d5;《法义》, 649d5。

② 参布鲁姆,《论〈希普帕库斯〉》,载《政治哲学之根》(The Roots of Political philosophy),潘戈(Thomas Pangle)主编, Ithacha, NY: Cornel University Press, 1987,页 35。

philokerdēs 与"欺骗"和"不义"相关联。① 如此一来,我们似乎有理由称 philokerdēs 为"骗子"。那么,如果每篇柏拉图对话最终都关乎哲学,我们自然要问,为何柏拉图会写下这样一篇对话,在对话中使得我们把作为最高类型的欺骗来思考。

还有个更复杂的问题。Philokerdēs 是个合成词,由动词 philein〔爱或对某物动情〕与名词 kerdos〔获取或收益〕结合而成。在《希普帕库斯》中,苏格拉底使得他的对话者——一名雅典青年——承认了两件事:如果 philokerdēs〔好利者〕是那些明知某物毫无价值却还想要从中获利的人,那么没有谁是好利者,因为,认为某物毫无价值,也就是不期待从该事物中得到什么。若我们将得到等同于利益并因而等同于好东西,那么,我们就都是 philokerdēs〔好利者〕。从另一方面来说,如果所谓的好利者喜好的是那些好的东西,那么,由于所有人都必然不得不喜爱对他们来说好的东西,所以所有人就都是 philokerdēs〔好利者〕。要么不存在好利者,要么所有人都是好利者。得出这两个结论的原则其实相同——所有人都喜爱好的东西。如此看来,也许,《希普帕库斯》的主题并非仅仅关于欺骗这一琐事,倒不如说,它反映了全体人类的某个普遍属性——对善的爱欲(love of the good)。② 这便将《希普帕库斯》与《王制》联系起来。

《希普帕库斯》这篇对话究竟关涉的是欺骗,抑或善本身? 有可能两者皆是。好利者因琐碎而是喜剧性的,又因高贵而是悲剧性的。但我们要如何想象二者的一体性呢? 在此,也许有必要提及另一对说法:有人认为,哲学是最高的也是最为典范的人类活动;又有人认为,

---

①　参色诺芬,《齐家》,12. 16,14. 10;《上行记》,1. 9. 16;《居鲁士的教育》,1. 6. 32;《色诺芬与阿里安论狩猎》,13. 12。

②　〔译注〕据文意结合汉语表达习惯,good 一词在译文中有时译作"好",有时则译作"善"。

哲学显得荒唐可笑。因为全神贯注于思考天上的事,泰勒斯(Thales)跌进了井里,这对目睹了这一幕的女奴来说,十分可笑。两者——高的和荒唐的——的一体性才是柏拉图的《希普帕库斯》潜藏的主题。

《希普帕库斯》可粗略地分为五个部分。第一部分试图回答谁是好利者这一问题,结论却是没人是好利者(225a - 226d);我将对这一部分给予特别关注。第二部分试图得出这样一个结论:既然每个人都喜爱好东西,那么每个人都是好利者(226d - 228a)。[177]为了应对对照前两部分得出的 aporia[困惑],苏格拉底用玩笑口吻指责其对话者欺骗——为了获利而欺骗,感到沮丧的对话者某种程度上更为认真地将这一指控返回给了苏格拉底。苏格拉底对这项"指控"的回应构成了第三部分,也就是那段关于希普帕库斯其人的大段离题话。这篇对话的标题亦来自于此(228b - 229d)。希普帕库斯是雅典的前统治者。虽然人们普遍将其视为僭主,但实际上,正如苏格拉底向其对话者保证的那样,希普帕库斯是一个好人、有智慧的人,其智慧部分体现在说出了譬如"不要欺骗朋友"之类的话。这一略显薄弱的说辞用以把对话中关于"希普帕库斯"的部分(占全篇四分之一篇幅)与对话的余下部分连接起来。这一离题话显然是对历史的修正。因为,一般观点——我们得知于修昔底德本人对这一流行观点的修正——正是将希普帕库斯视作一名僭主,他被哈莫迪乌斯(Harmodius)和阿里斯托格(Aristogeiton)刺杀一事也是民主雅典伟大的公民自豪感的来源。① 结束关于希普帕库斯的讲述时,苏格拉底给出了一段激励的话,以此鼓动友伴撤回之前某些导致谈话

---

① 参修昔底德,《战争志》(*Historiae*),Oxford:Oxford Classical Tests,1988,1. 20 及 6. 54 - 6. 59。

陷入 aporia[困境]的前提，并继续他们的论证。苏格拉底的友伴
选择了撤回这一说法：所有得到都好。实际上，这一说法他之前
就试图收回，苏格拉底则在接下来的部分试图重新证明这一说法
（229d‒232a）。在剩余的对话中（232a‒c），苏格拉底重述了之
前论证的要点并得出结论：既然所有人都是好利者，那么，那个轻
蔑地指责好利者的人——即那位不知名的雅典青年——自己也必
然就是一名好利者。我们注意到，如果对获利的爱欲与对好的爱
欲二者是同一回事，那么，试图谴责好利行为这一举动，就成了这
位友伴自身对获利的爱欲的显现。①

《希普帕库斯》以苏格拉底的三个——而非一个——问题开篇：

> 那么，什么[是]好利？或者说，它究竟[只能是]什么？什
> 么人[是]好利者呢？（225a1‒2）②

鉴于我们既不知对话发生的时间、地点，也不知道对话发生的
因由，这使得我们像是在对话中途撞了进来。我们不知道苏格拉底
为何提出这三个问题，也不知道为何苏格拉底认为这些问题对那位
年轻友伴而言显得重要，虽然苏格拉底提起，那位友伴看上去像是
因为自己受了欺骗而笼统乱批一气（225b10）。在这篇对时间和地

---

① ［译按］友伴对好利行为的谴责，表现了他对"好"的追求。若对获利
的爱欲与对好的爱欲是同一回事，那么友伴追求好的行为自然也可看作是追
求获利的行为。

② 关于《希普帕库斯》的所有引文皆来自伯奈特（John Burnet）版《柏拉
图对话》，卷 2，Oxford：Oxford Classical Texts，1988，由笔者自行译出。［译按］汉
译同样基于伯奈特本，由译者自行移译。其中第一问和最后一问中，原文并未
使用"是"字，故汉译加方括号。

点很醒目地闭口不言的对话开篇,苏格拉底问了三个问题,其中前两个问题并没有得到回答(第一个句子只明确给出了一个名词——是个名词性的句子,另一个则只有动词)。[178]友伴给予了答复并决定了论证下一步走向的问题则找回了明确的主语。这次不再用到好利的抽象形式,而是问什么人是好利者。这进一步隐藏了动词。① 第一个问题的提法最为抽象;第二个提问则加入了时间(从来,原文为ποτέ),因为其中包含了(字面意义上的)时间标识——"它从来[只能是]什么?"。然后这一问题又让位给了那个最不抽象的问题:我们所问的,不再是"什么是好利"甚至什么是"好利者",而是谁是"好利者"。莫非此乃这个问题唯一的提问方式? 布鲁姆表示,在这篇对话中,那未被问出的问题,也就是对好利的任何充分解释都必须回答的问题,乃是"什么是获利"。② 对此我并不确定。我们是否可以抛开获利的主体来理解获利? 让我们假设,理解获利的唯一方式是通过好利,而理解好利的唯一方式是通过好利者;换句话说,让我们假设,好和利乃是同一回事,即按伯纳德特的说法,"好本身首先是一个尺度,人们以此来衡量其他事物,并以此来判断别的事物对某个人或物而言是否有用";③此外,如果某物所为之有用的每个东

————————

①　[译按]若不附上希腊原文的话,戴维斯这里的解读就不太好理解。此处戴维斯提到的是《希普帕库斯》篇开头的第一句话,苏格拉底问:τίγὰρτὸφιλοκερδές; τί ποτέἐστιν, καὶ τίνεςοίφιλοκερδεῖς;。在三个问句中,唯一的动词是中间的ἐστιν,前后两个问句都是不带动词的名词性谓语句式。而友伴仅选择性回答了第三个问题。这导致动词"是"(ἐστιν)进一步被忽视。古希腊语中,用代词τί和τίνες打头,同样可以组成问句。如果用汉语举例的话,可以看作:"他们是谁?"和"其人何?"的区别。后者未出现系动词,仅有名词性语词组成。

②　布鲁姆,《论〈希普帕库斯〉》,前揭,页35－36。

③　参伯纳德特,《苏格拉底的第二次启航》(Socrate's Second Sailing：On Plato's Republic),Chicago and London：University of Chicago Press,1989,页155。

西最终都是对某人有用,那么,所有利益最终将由那个对之来说这是利益的人——一个好利者——来衡量。

根据友伴的答复,即他试图第一次给好利者下定义的举动,我们发现,柏拉图意欲告诉我们的事情变得明晰了一些。友伴的这一定义中的关键词是"值得"(worth):①

> 在我看来,他们[好利者]是这样一群人:他们认为,这是值得的,即从啥也不值的东西中牟利。(225a3 - 4)

也许可以说,依着那位友伴的理解,"价值"就是牟利之人所获得的东西。对友伴而言,因为好利者认为从那些毫无价值的东西中牟利是值得的,所以好利者就是欺诈者。好利者善于从那些一点儿也不好的事物中为自己捞点好东西。那么,如果好利者意图从中牟利的事物果然一点儿好处都没有,他所得着的好必然来自其他地方。这种包含了欺诈的牟利,为好利者自身牟到了好处,对其他人而言,则只有损失。当然,这个情况若要成立,则"好"必须是针对某人的"好",即使对你来说不是,对其他人而言则是。不知不觉中,那位友伴[179]已经指出了一个难题,《希普帕库斯》全篇就是围绕这个难题组织起来的。Axioun 意指"认为值得"。但这一语词的意味中又似乎包含着一点误导,即似乎世界上存在某些对象,其价值可以说并不依赖它与其他任何事物的关系。虽然一般而言,Axioun 意指"认为值得回报",但它同时也可以表示"认为应受惩罚"。也许可以把它的意思这样来补

---

① 这是本篇对话中首次出现动词 axioō[值得]和它的同源词 axios[值得的,有价值的]。在这篇仅有七个半编码的对话中,头两个编码范围里,该语词(及其同源词)就出现了 21 次。在之后的篇幅里,它们不再出现,直至最后一个编码的范围里,它们又出现了 6 次。

充完整:axioun 意味着认为某物或某人抵得上或者说配得上某个东西,它是拿一个事物与另一个作比较。如此一来,axioun 很快(甚至立刻)变成了某种速记,在其中这一双重性质受到了压制。据此,因为 X 值得上 Y,所以 X 就值得某物,因而就有价值。但这一滑动遮蔽了"值得"本身乃是相对概念的事实。"值得"总是表示"对什么而言值得"。进一步说,关于好利者的首个定义意味着,"有所值"乃是"被认为值得[某物]"的结果。也就是说,如果没有某个获利对他而言会使之增加利益的人,那么也就没有获利。在《希普帕库斯》中,并未出现 psuche——"灵魂"这个词,①这可能正是导致苏格拉底和他的友伴在定义"对获利的爱欲"时困难重重的原因。因为,脱离了"灵魂",我们就无法理解"好"。②

苏格拉底不应对第一个定义表示惊讶。如果"好"总是"对其对象而言的好",那这就意味着,"好"最终而言是对某人——即对灵魂——的好。如此,接下来的问题就是,某物所对之而言为好的那个灵魂是否必定会意识到这种好。苏格拉底问,好利者是明知某物一文不值还有意认为它有价值呢,还是因为无知才有此举,即他们是否单纯的傻子,未经思想的人(anoētoi)。但这其实是要求我们

---

① 现存的柏拉图对话中,有四篇作品未出现"灵魂"这个词。除了《希普帕库斯》,其他三篇是《忒阿格斯》、《游叙弗伦》和《克里同》。

② "好"必然是"对什么而言的好",这意味着假如世上没有灵魂,也就不会有"好"。灵魂(不仅指人的灵魂)——事物就是对灵魂而言才存在——乃是所有价值的基础(我们不妨回想一下康德《道德形而上学原理》第一节第一句话)。若脱离了灵魂,像"满意"、"充足"以及"完美"这些语汇都将失去意义。但这并非在说,任何灵魂都能仅凭其自身确定其自身的善(good)。[译按]此处提到的《道德形而上学原理》中的引文是:"在世界之中,一般地,甚至在世界之外,除了善良意志,不可能设想一个无条件善的东西。"见康德,《道德形而上学原理》,苗力田译,上海人民出版社,2005,页 42。

把"好"与"对好的意识"二者联系起来。那位友伴为了维护自己对
于欺诈的义愤,必然断言好利者们知道他们自己在做什么。而且,
如果好利者与其他人之间存在区别的话,我们必须同意,那些好利
者并非什么愚人,而是 panourgoi——无耻到敢于通过任何手段来获
利的人。大概好利者首先看到某物确实一文不值(也因此人们会认
为这东西可轻而易举地获得),却还是狡黠地设计出某种方法来从
中赚取利益。他们就像炼金术师、魔法师,或能点草成金的侏儒
怪。① 然而,如果"好"总是"有其对象的好",上述神奇的转化就
[180]只有在一种情况下变得可能:那就是一个一般来说不值一文
的东西,因为某个灵魂的聪明,突然变成了一个宝藏。基于这个仿
若神明般的能力,也就是不受限制地从无中生有的本事,好利者表
现得他们自己就是之前一文不值的事物的价值来源。照这样来理
解,好利的爱欲是掩盖人自吹自擂的面具。但是,这种反常也揭示
了一个关于作为所有价值来源的灵魂的真相。

为了将这一点解释清楚,苏格拉底依着自己的老习惯,给出一
个简单的例子:

> 那你就是说好利者是这种农夫/男庄稼汉(geōrgos anēr):
> 他们明知道自己的庄稼分文不值,却仍然想要通过种植它而获
> 取利益,你说的是这类人么?(225b4 – 6)

苏格拉底对 geōrgos anēr 这个语词的使用,是其接下来一系列

---

① [译注]侏儒怪(Rumpelstiltskin),此角色出现于《格林童话》中"古怪
的姓"这一故事。参格林兄弟,《格林童话全集》,魏以新译,北京:人民文学出
版社,1994,页 168。

举例的开始。接下来,他把某种让人觉得意外的东西——一个无谓的细节引入到对话中。他所用的语言太过肃穆。农夫难道不就是男庄稼汉么?① 修昔底德(Thucydides)笔下的伯利克勒斯(Pericles)问雅典公民们,是否真的认为对斯巴达那些农夫(geōrgosanēr)而言,学习航海术有那么容易(I.142.7)。那时伯利克勒斯就用到了相同的表述,不过用得更恰当些。伯利克勒斯是在谈论斯巴达人,而且是在备战语境中讲话。苏格拉底的例子有点复杂。首先,这个例子似乎在说,有些农夫很可能有意种下毫无价值的庄稼,同时又期待之后用这些换来点儿什么。进一步考虑,我们可以看到,不论苏格拉底是否意图让友伴这样认为,苏格拉底所言对于所有庄稼而言,都是不错的。在播种时,庄稼还只是一颗种子,不过用来喂鸡而已。所以,从某种意义上来说,所有农夫都是骗子——他们希冀从那些最初并没有什么价值的东西那里谋得收益。如果对农夫而言这个说法成立,那么对于所有技艺来说,这个说法也都成立。从这个意义上来说,只要通过劳作改变了某个原料的形式并赋予了其用处和利益,这一行为本身,就像所有的技艺一样,就都是一种欺骗的形式了。现在,苏格拉底就正在以他自己的方式做着类似的事情。他使人们通常视而不见的一类人成了一个范例。这些本来不值一提的人们暂时被转化了,并被认为值得我们的注意了。这就是他们之所以是 geōrgosanēr—— 农夫——的原因么? 难道举例子就是把某东西制作成范例?

　　苏格拉底正要就农夫大做文章,可他的友伴却轻描淡写地略过

---

　　① [译注]希腊语单词本身能够通过其词尾表示词性。故 geōrgos 一词因其 - os 阳性词尾表示指的是庄稼汉。所以,苏格拉底在 geōrgos 后加上 anēr(男人)就显得有些多余。但戴维斯显然认为这是有意为之,因而值得注意。

了这个话题。他仅仅率直地回答说,好利者"认为他必须从任何事物中牟利"(225b9 – 10)。顺带值得一提的是,我们注意到,友伴用 oietaidein[他认为他必须]这个表述替换了动词 axioun[他认为值得]。这就相当于心照不宣地声称,认为某事值得做,也就是认为对于某人来说,必须去做。苏格拉底对此的回应出乎意料地严厉:

> 不要给我这种随意的回答,好像你因谁遭受了不义一样。[181]专心点,像我开始时对你提问那样对我作答。(225b10 – c2)

刚刚消化了那个关于"男 – 农夫"的矛盾修辞,我们现在又被另一个奇怪的、故意为之的细节困住了——苏格拉底断然声称友伴在随意地回答自己。其实,友伴的回答看起来相当合理,而且符合"谁是……"(ti esti)这样一个问题的所问。那么,苏格拉底指责友伴似乎遭受了不义,又是什么意思?他如何得知呢?一个人觉得自己受骗,首先得假设他对世界的道德景观具备一定的知识。苏格拉底似乎有点儿觉察到,他的友伴之所以不能应用他的心智,症结在于其道德主义。这个回答被比作随意或无的放矢的,难道不奇怪吗?我们或许会认为道德主义包含了某种管窥之见,这种看法并不是在人随意地打量世界,而是在人带着某个前定的目标或目的打量这个世界时才出现的。然而,如果我们怀着过度的道德主义——也就是怀着激愤——看待这个世界,我们就没有对这个世界敞开心扉。敞开心扉意味着严肃对待你面前的事物,注意到那些事物的所有细微之处。对某个事物感兴趣,也就是对某个事物倾注兴趣,提升它相关于这个世界其他事物的价值,其他事物则适时地退居幕后。苏格拉底的年轻友伴无视那些需要对细微之处加以注意才能学到的东西,拉平了所有事物的价值。他太过自信,以至于太过轻易地忽略了苏格拉底在以"男－农夫"举例时所包含的特别之处。农夫们的价值在苏格拉底的例证中被提升了,友伴急于奔向更重大的话题,而把农夫给打发掉了。与此同时,苏格拉底表明,年轻友伴以这种理智上随意的方式来行动,不仅未对他的例证给予足够的关注,而且对苏格拉底本人亦是如此。

　　于是苏格拉底不得不帮助他来回忆关于农耕的细节。而且,苏格拉底还使用了一种引人注目的方式。这是第三个显得冗余的细节。苏格拉底说,农民知道农作物的价值——例如他知道在何时/何季(hōra)、何处(khōra)、以何种相称的方式栽培这些作物。关于时间和地点(我们应当没有忘记,这两点在本篇对话中恰恰缺席了)的细节大概是为各种作物赋予种别性的那条件。这些是精通任何事物价值的专家应该了然的知识。规则并不难学,然而,在特定的环境下将之有效运用出来,则是另一回事。然而,苏格拉底通过hōra/khōra 这个语带双关的俏皮话宣明了关注时间和地点的基本必要性①——这个双关会消弭二者之间的区别——然后还说他这双关就像那些法庭上讲漂亮话的智慧人一样,简直是口吐莲花。某个事物的价值或者好,取决于具体的特定处境。农夫们必须知道依时依地进行耕种。但是,苏格拉底宣明这一事实,只是要以漂亮的方式对问题加以概括,而当然不是为了再现农夫们的真实知识。这是在援引[182]特殊事物(particulars),把它们作为"特殊"(the particular)。然而,正如尼采所言:"个体是一种脆弱至极的自负。"②由

---

①　[译注]此处指 hōra 和 khōra 在拼写和读音上的相似。

②　尼采,《未刊稿:1880》(*AusdemNachlass der Achtzigerjahre*),载 *Werke in drei Bänden*,第三卷,Karl Schlechta 主编,Munich:Carl HanserVerlag,1966,页474。

此,智慧之诗(the poetry of the wise)是对特殊之特殊性的虚幻描绘。它想要揭露存在(what is),但它是一个欺瞒,这种欺瞒出自要以一种普遍的方式来处理特殊这一必然性。① 在法庭上尤其如此。

对特殊性的这一普遍描述导致了一个严重的错误。苏格拉底注意到了友伴在之前的说话中将二者混为一谈,因此他问友伴,认为获利是值得的(axioun)与相信一个人必须(oiesthaidein)获利是否是一回事。对此友伴欣然同意。dein[必须、应该]这一不定式动词的主语与oiesthai[认为,推测]的主语相同:谁相信人必须获利,谁就认为他必须是那个必须获利的人。Axioun[认为某物有价值]则不是这样起作用的。我可能会认为某本书值得写,但这并不意味着我觉得必然得去写这本书。每一位艺匠都知道,使用劣质材料将给自己带来损失,因为最终的产品质量会差些。然而,这位艺匠也有可能认为使用劣质材料是值得的,至少降低成本的开销对于他来说就是赚到了——只要损失由别人来承受。由于承认 oiesthai dein[相信人必须获利]与 axioun 与[认为某物有价值]是一码事,苏格拉底将我的获利与他人的获利看作同一码事——恰如我作为特殊的个体与普遍意义上的特殊是一回事。他忽略了两种主语之间的区别——一个是语法上的主语,一个只是非语法意义上的主体。

这就使得苏格拉底指责他那犯了迷糊的友伴正试图欺骗他,因为[在苏格拉底看来]友伴宣称的是他自己都不信的——即,深谙耕作技艺(geōrgikos anēr)的人会有意尝试从劣等作物中获取收成。到这里,苏格拉底补充说(我们一开始也不确定为何),他年轻的友伴不应试图欺骗年长者。这也是第一段论辩中的第四个冗余细节。

---

① 对比柏拉图,《米诺斯》,315a7–8。[译按]中译见柏拉图,《米诺斯》,林志猛译,华夏出版社,2010。

苏格拉底的年纪与他所谓的欺骗有何关联？字面意义上，苏格拉底是指责友伴不把心智倾向他。苏格拉底的好具有独特性；比如这份好与他的年纪有关。各种好之间的区别说明了受迷惑的可能性何以存在，从而也解释了欺骗（cheating）的可能性。这位狂热的友伴把好与灵魂分离开来，并视之为理所当然。我们将会看到，正是因为他是这样一个柏拉图主义者，所以苏格拉底才能欺骗他。

让我们看看苏格拉底如何表达对其友伴的指控：

> 那就别试图用心口不一的答案蒙我这个老头儿呀，你这个年轻人，说实话。你认为会有任何一个熟稔耕作技艺（geōrgikon）的人（andra），[183] 虽然知道他种的作物毫无价值，却还想通过种植这种作物而获利吗？（225d5 – 226a4）

乍一看，苏格拉底似乎在指责一个头脑更敏捷的年轻人占他这老朽的便宜。然而这显然是深刻的反讽，因为正是在对话的这一刻，苏格拉底最大程度地利用了友伴那年轻人的狂热——他鼓励友伴把一个人认为从没用的事物中牟利是值得的等同于认为他自己可以从中获利。关于这点，我们从他对动词 oiesthai［认为］的双重使用中能看得尤其明显。苏格拉底问友伴，是否认为农夫认为自己可以从那些已知是没用的事物中获利。柏拉图在暗示我们，思考既在给出的例证内部进行，也在对例证的接受中进行。因此，对于一个人正在欺骗的意识——苏格拉底在他的提问中否定掉的那个可能性①——已经在提问那一刻，在苏格拉底的提问行为这一层面显

---

① ［译注］也就是之前引文中苏格拉底说的，会不会有任何一个熟稔耕作技艺的人明知道某种作物毫无价值，还想通过种植这种作物而获利。

示出了它的实有。苏格拉底指控友伴在这段论辩中欺骗他,而在这段论辩中,苏格拉底已否定了欺骗的可能性,因为人不可能认为他能从毫无价值的事物中获利。其实,这段论辩本身也没多大价值。友伴并不知道自己在做什么,因而也就不是在真地欺骗。倒是苏格拉底,由于他很清楚这一点,所以他本人在哄骗那位友伴,让他以为这番论辩是充分的。不过,既然这番争论的结果将用以质疑友伴在道德上的自以为是和理智上的漫不经心,那么苏格拉底如此行事,实则是为了友伴自身的好。

接下来的一系列例证证实了这一难题。一位高明的马夫不太可能期待用缺乏营养的饲料将自己的马养健壮。他明白这会毁了他的马驹,所以,这位马夫不会期待从无甚价值的饲料中获利——当然,除非他希望通过缺乏养分的饲料养出无甚用处的马驹,并且有意将之售卖给他人。如此,他在饲料成本上的节省,将会为他带来利润的增值。所以,他不会获得健壮的马驹,但他会获得钱,他可以用这钱去购买其他健壮的马驹——如果他愿意的话。某物有价值,也就是某物值得上什么东西,而这个"什么东西"是多样的。若一艘航船倾覆了而领航员还可能从中牟利,要么是他希望得到保险赔偿,要么就是船员中的某个人是他的敌人,他意图杀死自己的敌人。获利与亏损并不像友伴所见的那样摆明了是固定不变的,苏格拉底只是使得它们看上去如此。因为获利与亏损总是与灵魂、与个体灵魂的意图——它所追求的好——相关,而个体灵魂的意图既不透明,也非恒定。一位中士给他的部队提供劣质装备,这本是极端不道德的,但他若是在新兵营中这样做,借此强制他的士兵们学习应对不同情况,那么他的[184]目的就是教育他们。① 尽管我们不

----

① 参柏拉图,《王制》467c – e。

太可能期待从丁点儿价值都没有的东西中获利,但我们仍然可能期待从一些表象中获利——要么看上去无甚价值,但实际上有,要么看上去挺有价值,但其实没有。"好利"被看作"欺骗"有赖于事物的表象在我们眼前呈现出多样性。而这些多样性,正是各式灵魂之存在的必然结果。由此,当苏格拉底最终问起,是否有任何一个艺匠或其他有才能的人会认为,他们能从毫无价值的工具或装备中获利时,友伴这样回答:"我不这样看/显得就是如此"(226d1)。这是他首次在回答中表达了并非全然肯定的意思。而友伴在这里的真实看法是"在你看来并非如此,苏格拉底哟;我必须同意,是因为在我看来除此之外别无他法,但这并不意味着对我而言真的显得是如此"。由此,在用糟糕的论证打败友伴的过程中,苏格拉底使友伴认识到获利的本质乃是它取决于灵魂。于是,以另一种腔调,友伴给出了第二次定义:

> 但是我想说,苏格拉底,那些好利者是一群贪婪的家伙,他们受异乎常人的好利之心驱使,不懈地争取从哪怕任何一点微不足道或琐碎事物中得到好处。

这是第二段论辩的开始,不过这里我们不予探讨。苏格拉底将会逼着他的友伴得出这样的结论:既然这些人不可能在明知某物没有价值的情况下还对其趋之若鹜,他们必然认为自己喜爱的东西有其价值,因此,他们其实与其他人无甚区别,因为所有人都喜爱他们认为好的事物。然而,值得注意的是,在这第二次定义中,友伴强调的并非那些好利者喜爱的对象之状态,而是好利者灵魂的状态——时刻被那远超自然水平的、永无止境的欲望所填满的状态。对获利的爱欲——它在我们所有人里面——包含着僭政的种子。

在第二段论辩的末尾处,苏格拉底继续了他对友伴行蒙蔽举动的指责:"你在试图蒙骗我哟,有意用与我们之前达成一致的看法相反的说法"(228a6 - 7)。他们刚已证明,人无论做什么都是为了好。思考也是如此。思考是带有目的的思考——为了好。随意的作答就不是好好思考。① 而提问,意味着对这个世界的某个部分产生了兴趣,然而又尚未理解它对什么而言好,以及它有何价值。追索答案,即是试图将当下尚不具有多大价值的事物,转化为具有价值的。如果我们的提问全无限制——即,如果我们渴望理解一切事物从而搞起哲学探究来——那我们就会寻求所有事物中的好。自然而然,就那些对这个世界并不抱有如此兴趣的人们而言,哲学就会显得是在欺骗人——或者说搞[185]智术。既然好必须总是理解为对某物的好,试图理解所有事物之好的举动就指向了两个方向。要么我可以寻求改变自身,以成为那种灵魂——所有事物在某种程度上对我都是好的,也就是成为对所有事物都感兴趣的人;要么,我可以寻求改变这个世界,使得世上所有事物在某种程度上对我的灵魂而言都是好的,也就是变成仅对自身感兴趣的人。这两种选择即是哲学或僭政选择。关于希普帕库斯——这篇对话的标题正是以此命名——的大段离题话,如今看来,不再像初见时那样显得多余,因为在这段离题话中,苏格拉底玩了一点智术,这种智术可能将一名僭主转变为一位哲人。

在逼得友伴不得不给出每个人都好利这一结论之后,苏格拉底立刻指责友伴诓他,因为友伴"有意用与我们之前达成一致的看法

---

① [译注]此处指原文 225c1 处苏格拉底对友伴的指责:"不要给我这种笼统的回答,好像你因谁遭受了不义一样。"

相反的说法"（228a6 - 7）。苏格拉底暗示，友伴在为了某个潜在的好处或者利益隐藏真相。所以苏格拉底才指责友伴欺骗他。然而看起来很明显，友伴已经不情愿地被引入了一个 aporia［困境］。他回应并抗议说，苏格拉底才是那个试图哄骗自己的人——即他不知怎么就在言辞中把事情颠倒了过来。这时，苏格拉底让友伴别乱说话，而他的用词意味着友伴说了亵渎的言语。亵渎本指不遵守或不听某个善良、智慧之人的话，那个人后来被证明是希普帕库斯。苏格拉底将希普帕库斯像一位神明一般引入对话，由此开始了一项令人意外的活动——为一个恶名昭著的雅典人恢复名誉。苏格拉底刚已证明了所有人都有对好的爱欲，并指责友伴暗藏着一个甚至连他自己都没意识到的目的，现在他开始讲述希普帕库斯的故事。这个故事试图把僭主希普帕库斯理解成一个追求好的人。表面上，这个故事是要否认希普帕库斯真的是个僭主，还将他的统治比作克洛诺斯的统治（当然，克洛诺斯的名声也并非毫无瑕疵）。苏格拉底之前已证明所有人都喜爱好东西，如今，他很可能意在通过检验最困难的一个案例——即僭主喜爱的好——来跟进自己的论证。因此，把希普帕库斯塑造成好人，与其说是证明他并非僭主的必要条件，不如说是理解僭政的必要条件。我们首先面对的是表面的现象。习俗为表面现象设定了价值，但只要我们对这现象产生困惑，其价值就受到质疑。由于试图理解现象，我们被迫深入到习俗的表面之下，以挖掘其真实的含义。这一挖掘真相的举动，被经验为一个价值由少成多的运动。友伴认为，那些认为从没有价值的事物中牟利是值得的人是没什么价值的。他鄙视欺诈者。苏格拉底有意先向友伴说明，要理解欺诈者的行事理由，就得基于与之相关的好去理解他们，这个好就是他们的行动目的——也许他们自己都未意识到。为了说明自己的观点，苏格拉底就在我们眼皮底下将一个声名狼藉的雅典僭主变成了一位[186]"明智的好人"（228b2）和"佩希斯特拉图斯（Peisistratus）儿女中最为年长、同时也是最明智的那个"（228b5－6）。不仅如此，僭主所追求的好还颇具启发意义，因为，爱所有事物即表明所有事物原则上都是可爱的。通过发掘那最初看起来无甚价值的表象之下的潜藏之好，我们体验到了真正的好。

经苏格拉底洗净了的希普帕库斯首先显示出其"明智的优良举止"：他将《荷马史诗》带到雅典，还命令吟游诗人[在泛雅典娜节上]轮流吟诵，以确保荷马的原始意图[不致被误解]。之后，他还给予在世的诗人以庇护：他将阿纳克瑞翁（Anacreon）和西蒙尼德（Simonides）带到雅典，大概是要叫他们能够继续写作诗歌。诗人的诗处理的是具体事物，但又使它们更加宏伟壮丽，不再是日常生活中的样子。我们也许无法确定希普帕库斯的意图是什么，但看起来比较可信的是他希望把他的世界变得更美——以那些擅长在法庭上说漂亮话的老手们的方式。① 然而，这些看起来还不够。希普帕库斯还试图教育雅典邦民。不过，他这样做并非为了邦民，而是为了自己可以统治最好的民众——即使他自己更加辉煌彪炳。希普帕库斯对民众并不吝啬自己的智慧，因为他自己就是既美又好的（kalos te k'agathos）。在城镇民逐渐惊讶于他的智慧之后，希普帕库斯又将其慷慨扩展到了乡村，在乡村地区播撒出他的种子。他设立赫尔墨斯神雕像，使之遍布城镇和乡村，并将自己的格言铭刻其上。希普帕库斯正是通过这些将自身奉献出来。而他这样做的意

---

① ［译注］此处对应原文225c6－7处苏格拉底的一句话："现在告诉我，世人哪个知五谷？何时栽来培何土？——如果我们想像那些在法庭辩论上言辞漂亮的聪明人那样表达的话。"

图是覆盖那些刻写在德尔斐神庙的传统格言,譬如"认识你自己"以及"勿过度"。待会儿我们再回过头来关注这些雕像,现在更重要的是要看到,希普帕库斯在雅典的一切所作所为,可以看作是出于这样一个目的:在他的天地中发起一场变革,以使所有事物都变得全然是好的。但希普帕库斯并未进一步把事物中潜藏的好梳理出来——若非如此,则这些事物的价值将知乎其微甚至全无价值。他知道,"好"是"有其对象的好",但他把自身理解成了这个好的对象。希普帕库斯以他的方式把握到了好取决于灵魂这一事实,但他认为这意味着他的灵魂乃是衡量一切善的固定尺度。他称雅典人为"他的邦民们"(228e2),称那些应当铭记的智慧为"他的智慧"(228d3 – 4,228e6)——似乎智慧是个可以被占有并放置于雕像之上的对象一般。对希普帕库斯而言,"希普帕库斯"就是"好",他只知道这个希普帕库斯是谁。后世关于希普帕库斯真实身份的争议,无疑昭示了他在传承这一[关于他的]知识的努力上的失败。通过揭示一个无甚价值之人里面的价值——希普帕库斯以某种纯粹展示了人类灵魂的基本特征——苏格拉底可以在这篇对话中为希普帕库斯恢复名誉,但即使这一经过重述的希普帕库斯也仍然是个僭主。

[187]僭主之好在于,他比大多数人都了解,好有赖于灵魂。对僭主而言,"何谓对获利的爱欲"这个问题并不会引发"何谓获利"这个问题,而是会引发"谁是爱欲者"这个问题。不过,因为僭主理解自身的方式,使得他终归还是愚人(anoētos)。苏格拉底关于希普帕库斯树立赫尔墨斯神像的讲述揭示了这一问题。希普帕库斯渴望其智慧受到人们的尊崇——像荷马一样;同时,他也知道,一旦诗歌脱离了[创造它们的]诗人,就成了其他人可以出于自身意图加以利用的对象。吟游诗人不需要咏唱全本的《伊利

亚特》,也不需要按照诗歌原有的先后次序来吟唱。也许一首诗确能呈现智慧,但伴随的结果是,最为重要的东西——智慧之人——消失了。希普帕库斯开始是收买诗歌,继而收买了诗人。

希普帕库斯希求克服这样一个诗人和诗歌相分离的困境:他想找到一个即使自己不在场,也能把他的智慧和他本人一起呈现出来的方法。他知道,好作为"有其对象的好"总是取决于某个灵魂或某个"自己"。不过,由于以为灵魂可以被直接地再现,希普帕库斯错误理解了灵魂的存在。为了使他自己——作为好之所为的对象——成为与其他对象并置的对象,希普帕库斯不知不觉又返回到这样一个观点:"好"也以其他存在物实存的方式实存着。他把"好"诗化了。苏格拉底这样描述希普帕库斯的计划:

在邦民们都受到了希普帕库斯的教育[228d]并叹服于他的智慧之后,他决定将自己的教育推向乡村。他在城市中心的街道和各个郊社建立起赫尔墨斯雕像。至于希普帕库斯的智慧,既来自于学习,也有他自己的发现。[d5]他选取了自己觉得最为明智的一些——他的诗歌和智慧的实例,将这些智慧转写成挽歌对句的形式[228e],铭刻在赫尔墨斯雕像上。这些是他首要做的,因为如此一来,他的邦民们就不会再对德尔菲神庙的铭文"了解你自己"、"凡事勿过度"等诸如此类的话感到惊叹,[e5]而是认为希普帕库斯的话更明智。而且,过往的旅人将会读到他的铭文,体味到希普帕库斯的智慧。在他们走出乡村的时候他就完成了对他们的教育。[229a]此类铭文分刻于赫尔墨斯雕像的两边,左边是:"赫尔墨斯立于市中心或者郊社",右边则是:"此为对希普帕库斯的纪念:行思当中正"。[a5]还有很多不同的名言警句篆刻在其他的赫尔墨斯雕像上。

[188]特别是在斯忒里亚(Steiria)地区的路上,有一尊赫尔墨斯雕像上写着:[229b]"此为对希普帕库斯的纪念:勿欺骗友人"。现在,我既然是你的朋友,自然不敢欺骗你,那也违背了希普帕库斯……(228d3 – 229b3)

此处有很多东西值得我们详加探索。苏格拉底接着提供了哈莫尼迪乌斯和阿里斯托格通刺杀希普帕库斯的另一种说法。由此看来,希普帕库斯意图不朽的努力似乎并不太成功——希普帕库斯就是他那个时代的阿兹曼迪阿斯(Ozymandias)。① 也许并非偶然的是,就在修昔底德自己以西西里远征中征服雅典城的狂热情欲为背景,改写了这一故事后,阿尔喀比亚德,这一远征的推动者,就因被控损毁赫尔墨斯神像而陨落。不过让我们把讨论先限定在当下这个文本。

希普帕库斯期待这些纪念碑不仅象征着其智慧,更加重要的是代表他本人。② 那么,到底这些神像意图给予在路上闲逛的雅典人以怎样的体验? 恐怕不单只有格言的智慧。为此,神像也好,关于所有权的宣示也好,都并非必要。希普帕库斯期望通过这些[神像作为]代理来制造雅典人对他个人的敬畏。因此,他试图找到一个

① [译注]阿兹曼迪阿斯是埃及法老拉美西斯二世的别称。其统治时段为公元前1279年至前1213年。据说此人是一位伟大的统治者,战无不胜的将军和一位慈父。他头顶众多光环,其丰功伟业至今为人们传颂。他死后被制成木乃伊,安葬在底比斯。但几十年后,其陵墓被洗劫。

② 据修昔底德,《战争志》6.27,赫尔墨斯神像乃方形石柱状,常见于私宅或神庙的入口处。[修昔底德]此处的描述并未十分详细。但是总体而言,我们可以认为每个赫尔墨斯神像都带有两面铭刻,左右各一。至于如此铭刻的含义,我们并不全然知晓。而且,这两面铭刻是可以同时看见,抑或一次只能看到一面,也不能确定。

方法,好让雅典人觉得他们正面对着某个说出特殊的智慧格言的人。而今,我们所知道的神像左侧的铭刻都是一些间接话语,所以我们并不能确切知道这些话语的形式。铭文告诉我们赫尔墨斯神像被放置于城镇和乡社,但我们并不知道,该铭文只是在告诉我们此像是一个赫尔墨斯雕像呢,还是说这左边的文字也属于铭文的一部分。那些话语可以理解成第一人称,也可以理解成第三人称的形式——"吾乃赫尔墨斯,立于克罗诺斯",或者"吾立于克罗诺斯",或者"此赫尔墨斯立于克罗诺斯",还有可能是"这个立于克罗诺斯"。而且,究竟是神还是雕像在发言? 无论如何,在神像的左面,要么是神,要么是雕像,给出了关于地点的说明。大概这使得该神像区别于其他雕像。关于右面的铭刻,我们读到两个例子。它们都是直接引语,不过它们被引出的方式还是让我们不清楚究竟是谁或者说什么在发言,因为 phēsin 可以译作"他说",也可以译作"它说"。在左侧的左侧,两例铭文上都写着:"此为对希普帕库斯的纪念"。如果是神说这是对希普帕库斯的纪念,那么紧跟着在右边的就是一句[189]引文。神在引用希普帕库斯的智慧格言,不过,如此把权威赋予格言,会削弱希普帕库斯的权威。当然,phēsin 这个词可以仅仅表示"它说",在这种情况下,可能意在表示希普帕库斯是整个这一行的发言人。或者,雕像也可以将它自身作为一个纪念,那么希普帕库斯就成了右边智慧格言的发言者。或者,意在作为纪念的,是格言而非神像? 希普帕库斯试图让他自己因其智慧而永恒,但这一意图却再三受到阻挠——因为很难弄清楚这些言辞(logos)的言说者究竟是谁。首先,我们并不理解神像和刻写在神像之上的话存在怎样的关系。如果,左侧的文字是以这样的形式写下的:"吾立于克罗诺斯",言说者就要么是神像——然而这不太可能,因为石头不能说话;要么是神——但在这种情况下,这一说法其实又不真实,因为神只是象征性地立于克罗诺斯。我们也不知道左侧的铭文与右边的铭文如何得以结合起来。在右边,有个没法确定的发言人告诉我们,这是关于希普帕库斯的一份记忆或纪念。同样这句话引出了紧右边那些完全不同的希普帕库斯的格言。这些格言铭刻在每个神像上,其意图都是提醒我们记住一个人——希普帕库斯。现在可以确定的是,希普帕库斯并未找到一个方法,可以通过把他自身与他的智慧并置来颂扬他自己有智慧。

希普帕库斯的真实动机在离题话的末尾,也就是关于他死因的另一个说法中得到了揭示。依通行说法,希普帕库斯是个僭主。为了羞辱哈莫迪乌斯的姐姐,希普帕库斯禁止她参加一个宗教庆典。① 哈莫迪乌斯和他的情人阿里斯托格通于是杀死了希普帕库斯,也成就了一件著名的诛戮暴君的行动。修昔底德在其作品中修订了这个说法:首先,他引用证据(一些祭坛和廊柱之上的铭文)表示,希琵阿斯——而非希普帕库斯——才是僭主;随后,他提出了哈莫迪乌斯的姐姐之所以受辱的另一个缘由——哈莫迪乌斯两次拒绝了希普帕库斯的求爱。② 修昔底德的这段记述被一个更大故事环绕着:那时的雅典,“对远航的 erōs[爱欲]抓住了所有人”,他们渴望征服西西里。由此,这段叙述明确地将爱欲之争与政治之争关联起来。③ 而在苏格拉底自己的这个版本里,他改变了爱欲竞争的品质。希普帕库斯从哈莫迪乌斯和阿里斯托格通那里拐走了一个学生(苏格拉底曾认识那人,但已记不起他的名字)。那位模样俊俏且有好出身的青年曾惊叹于他俩的智慧,但自从与希普帕库斯交往

---

① ［译注］此处的庆典指古希腊的提篮节,主要参加者为妇女。

② 关于这些记述,请参修昔底德,《战争志》,1.20,6.54－59。

③ 参修昔底德,《战争志》,6.24.3。

（此处亦有暗指两人性关系的双关之意），便看不起他们了。因为受到了这样的侮辱，哈莫迪乌斯和阿里斯托格通才杀死了希普帕库斯。所以，这件事与哈莫迪乌斯的姐姐一点儿关系都没有，[190]也与阿里斯托格通对哈莫迪乌斯的爱情不相干，而他们对那位俊美青年的爱也不是弑杀僭主的动机；[这件事的]缘由在于对智慧之名声的嫉妒。但是，苏格拉底在多大程度上真正改变了[关于这件事的说法]？哈莫迪乌斯与阿里斯托格通的 erōs[爱欲]被政治化了。为了使自己成为尊崇和惊叹的对象，他们效法了希普帕库斯那僭主般的欲望，意图成为全人类的所爱——也就是成为好。

在《斐德若》中，苏格拉底对文章写作（logographic）的必然性有一个著名的描述，他告诉斐德若，一个完美的言辞（speech），就像一个活物，必须是一个有机的整全，它的每个部分都要恰如其分地处于适当的位置。尸体也不乏其有机的结构，但活物必然是可活动的；它必须活起来——具有灵魂。苏格拉底说，一篇 logos[言辞]，宛如一个活物，必然长有脑袋（264c2 – 5）。而就在距此话 11 行之前，苏格拉底称呼斐德若为"亲爱的脑袋"（264a8）。logos[言辞]如果要活起来，就需要其接收者。紧接着，苏格拉底将完美的讲话与密达斯（Midas）坟墓上刻写的铭文做了对比。① 此处提到了坟墓的两处：一个青铜的少女雕像和刻写在坟墓之上的 logos[言辞]。我们认为这段话的发言者是那个女孩，但这不过是个错觉，因为二者相去甚远。表明这两者并非一体的标志是，那段铭文带有技艺高超的设计，以至于四行铭文可以依任意次序，从任何地方开始阅读。

---

① [译注]这铭文为："密达斯的铜处女，卧守坟前。任水流花开，时光斯逝，我依然在此，长伴哭冢，对路人轻诉，王已安息。"——吴雅凌译文。见柏拉图，《斐德若》，刘小枫译文未刊稿，注释529。密达斯是佛律格的王，许多英雄传说里的主人公。

接下来让我们看看伯纳德特对这段文字的解读:

> 一个没有生命的存在物,以一个有生命的存在者之形象言说。它给出一段关于无生命存在物的讲话,犹如它自己并非没有生命一般。这段言语本身并没有任何时序可言,任何一行都可以放在其他任一行之前或之后。它时时序的漠不关心,似乎与它讲说永恒完全一致……女孩的言说散漫随意;她的形象毫无生机。这二者的并置表明你很难将二者看作一体。无论如何修改语法——虽然也许那可能会硬塞给句子的顺序以某种必要性——都无法使这段话语成为一个整体。它不能成为一个整体,除非它可能来自那个女孩;而它不可能来自那个女孩,除非她是活的。①

密达斯的坟墓中所缺失的,是灵魂。

柏拉图写了一篇对话:在这篇对话中,苏格拉底通过把欺骗理解为一种对好的爱欲来为欺骗辩护。在这篇对话最令人难忘的章节中,苏格拉底为一名僭主辩护,称他既好又智慧。希普帕库斯的智慧在于,他意识到在某种意义上他即是好。而其愚蠢则在于他太把这一点当回事,太过于珍视自己,将自己当作好[本身],以至于无法放开自己。因为错将自己——即他的灵魂——理解为某个可以被永远崇拜的对象,希普帕库斯将自己变作了[191]黄金,并随之成为某种无甚价值,或者说毫无价值的东西。这一反转颇为滑稽。人们普遍认为《希普帕库斯》无甚重要——虽然并非伪作,但可能

---

① 伯纳德特,《道德与哲学的修辞术》(*The Rhetoric of Morality and Philosophy*),Chicago and London:University of Chicago Press,1999,页177。

也只是柏拉图某段无聊时光的创作。然而,分析证明这篇对话提出了那个至高的问题——哲学的本性与善的关系。有鉴于此,也许可以说《希普帕库斯》是在模仿它所谈论之物,以证明哲学如何因处处发现好,而从初看似乎是无中创造出了某种有。在此过程中,它又并非僭主式的。灵魂确实与善密不可分,但灵魂只有在一个条件下才能无条件地把自己当作善来赞美:那就是灵魂知道它在赞美的是什么——也就是它有关于自我的知识。若非如此,它就必须将自己投身于那种它最能体验到自己为善的行为之中。借着承担起那些最小的事,借着理解它们真正的意义并提升它们的价值,灵魂让它们成了善的,并由此间接地体验到自身的善。这一严肃的戏谑——哲学的标志性特征——说明了柏拉图为何一方面可以如此严肃地对待那些通常被视为浅显的事物,一方面又带着那么深刻的谐趣。

第十一章　柏拉图的《斐德若》

——爱欲和灵魂的结构

戴晓光　译

看起来,《斐德若》中的灵魂神话构成了柏拉图诸对话中最为柔软、最为美丽的时刻。那么,不足为奇,《斐德若》明显的主题就应当是不朽的灵魂和永恒的诸型相(ideas)——它们看来构成了柏拉图式形而上学的两个支柱。[①] 然而,为了勘察灵魂神话对柏拉图哲学来说具有何等核心的地位,就有必要诉诸某种不恭敬。《斐德若》全篇分为两个部分。[②] 第一部分由三篇情赋构成:第一篇据称是由赋作家吕西阿斯所作,在其中,一位没爱欲的人(non - lover)在一位被爱欲者(beloved)面前,称赞年轻人与某位不爱他的人之间发生性爱往来的种种好处;第二篇由苏格拉底即兴而作,其中,一位隐藏自己爱欲的人在被爱欲者面前称赞无爱欲(nonlove);最后,在第三篇情赋中,苏格拉底宣布撤回前一篇赋,他向一位被爱欲者

[①]　参伯格,《柏拉图式的迷宫——〈斐多〉义疏》(*The Phaedo:A Platonic Labyrinth*),New Haven,CT,and London:Yale University Press,1984,页 1 - 2。

[②]　参伯纳德特,《道德与哲学的修辞》(*The Rhetoric of Morality and Philosophy*),Chicago and London:University of Chicago Press,1991,页 103;罗娜·伯格,《为哲学的写作技艺一辩:柏拉图〈斐德若〉疏证》(*Plato'Phaedrus:A Defense of a Philosophical Art of Writing*),Birmingham:University of Alabama Press,1980,页 3 - 7。

(beloved)致辞,并将爱欲称颂为神圣的疯狂。对话的第二部分是对修辞——尤其是对写作——的长篇分析,在这部分中,完美的写作被苏格拉底描述为服从他所谓的文章写作(logographic)的必然性。在好的作品中,正如在一只动物那里,整体中每个部分的所处位置都自有理由。对任何部分的移动或转变都会危及全体的完整。既然《斐德若》自身两个部分之间的关系非常晦暗,这篇对话就在提请我们询问,就其作为一篇写作作品而言,是什么使这篇对话成为一个整体?这篇关于一篇作品应当如何写作的作品,是如何符合自身标准的呢?

约略言之,可以说,《斐德若》的第一部分关于爱欲(erōs),而第二部分则有关逻各斯(logos)、言辞或理性。因此,各个部分之间颇成问题的汇聚恰恰是理性与非理性之间成问[193]题的汇聚。如果《斐德若》是一只动物,它就是一只理性的动物。《斐德若》之整全性的问题因此就等同于理性动物之整全性的问题,尽管我们并未充分认识到这一点①因此,将《斐德若》统合为一的问题就是人的灵魂问题。只要《斐德若》反映着某种特定存在物——也即人的灵魂——的颇成问题的统一性,文章写作的必然性就在支配着《斐德若》。某种东西必定要通过渴望与外在、不变的事物"相处"——即企图造成改变——而与这些事物相关联,这种东西的存在是什么?

《斐德若》以如下问题开篇:"亲爱的斐德若哟",苏格拉底问道,"打哪儿来,去哪儿?"而斐德若的回答其实是撒了个谎——他为了保持健康,出来散步。斐德若在外衣底下藏着一篇吕西阿斯的情赋讲稿,正试着背诵它。因此,斐德若呈现了对整篇对话核心问题——人的灵魂发生运动和变化的根源所在——的一番诙谐的模

---

① 参伯纳德特,《道德与哲学的修辞》,前揭,页 103 – 5。

仿。对话以关于斐德若活动的起点和终点的问题开篇。这两个问题的真实答案很奇特——因为答案其实是相同的。斐德若刚从吕西阿斯那里来，但因为他带着吕西阿斯的手稿，那么可以说，他现在的活动正是往吕西阿斯那儿去。活动的目的，是与吕西阿斯的赋结合在一起。自我运动——全篇对话的谜题——明显与走向你所来自的起点有关系。为了一探究竟，我们需要返回到神话（myth）之中。

苏格拉底的第二篇情赋是一次"撤回"（palinōidia 的意思既可以是"撤回"，也可以是"反悔"）。苏格拉底宣称，他的第一篇赋（现在他将之归诸斐德若）令他感到羞耻；这是对爱欲（erōs）的一番攻击，但爱欲毕竟是一位神，或者至少是神圣的。爱欲是一种疯狂，而苏格拉底曾经错误地认为一切疯狂都坏。有些疯狂是神圣的。①这篇赋的第一部分事实上并不包含什么论证，而只有一些极成问题的词源学说法：通过增加了一个 t，将 manikē［疯狂］转变为 mantikē［预言］，并通过把 o 增长［194］为 w，将 oionoistikē 转变为 oiōnistikē［鸟卜学］——oionoistikē 是一个奇妙的复合词，由 oiēsis［观念］、nous［心智］和 histoira［探究］复合而成。这看起来非常怪异，除非

---

①　苏格拉底将疯狂划分为四类——预言的疯狂、净化的疯狂、诗艺的（或受到缪斯感召的）疯狂和爱欲的疯狂。值得注意的是，在做出这种划分之前，苏格拉底在口占前一篇情赋时吁请缪斯的帮助，然而，由于被水泽仙女附体并开始采用史诗诗体，苏格拉底随即拒绝完成这篇情赋。接着，苏格拉底声称，他的灵魂受到了神灵启示，要求他撤回所作的情赋，由此涤清自己。因此，苏格拉底是这般彻底地陷入了神圣的疯狂，以至于他遇到的难题（也即他的前一篇情赋）、他对这个难题之为难题的清醒以及对难题的解决，都是神圣疯狂的各种表现形式。所以，苏格拉底对节制的疯狂赞扬（他的前一篇情赋）将通过一次对疯狂的节制赞扬得到治愈——之所以是节制的，乃是因为后文将表明陷入疯狂是非常明智的（244a）。

人们可以回想到,在荷马史诗的版本里,erōs 以 o 取代了 w,而 eros 的属格形式 erous 在阿提卡方言中增加了一个 t,而变成了 erotos。①因此,这个玩笑式的词源学暗示着一种真实的词源学。而在荷马史诗的希腊文中,erōs 可能意指某种像欲望一样的中性事物,erōs 只是在后来才特指性爱。因此,真实的词源学指出了爱欲之爱在含义上发生的现实转变。苏格拉底为自己的撤回给出的理由是,他几乎是在吟咏史诗,并忘记了爱欲原本是一位神明。爱欲在含义上的转变与它受到的神化有关,而爱欲的神化反过来关联着一种推动力,它不仅推动着语词推原,②而且推动着人格化(在这个部分,苏格拉底把疯狂和爱欲都加以人格化)。前两篇情赋都并不真实(etumos,在后世作家那里,这个词原本意指一个语词在词源上的真实含义)。我们是通过词源学发现这一点的——通过词源学,我们努力在此前看起来任意的变化中发现意义。然而,这些词源学努力是错误的。只要使爱欲与一般的欲望区别开来的地方在于,爱欲倾向于为每件事物充满意义,那么词源学背后的真相就是爱欲。将爱欲型相化(idealizing),使之成为一位神明,事实上就是爱欲的实例。苏格拉底以一番词源学的说明开始了第二篇情赋,目的在于引导我们进行语词推原。当我们看到,词源学的真正意义就在于爱欲的引诱时,我们就在语词推原过程中受到引诱。某种撤回是有必要的,因为前两篇情赋忽略了对爱欲的型相化,好似认为爱欲单纯意味着交合的欲望。但爱欲完全

---

① 关于这一细节,参伯纳德特,《道德与哲学的修辞》,前揭,页 133 – 134。

② [译按]作者在这段论述中,着眼于希腊语原义使用 etymology(词源学)这个语词(etumology 由 etumos 和 logos 组合而成,形容词 etumos 意为"合乎语词[logos]本意的")。为了贴近作者原意,译者在一些情况下将 etymology 译为"语词推原"。

与另外某些事物有关。你只想到你需要性爱。因此,苏格拉底通过宣称爱欲是一位神明而开始了第二篇情赋,并区分了神圣的疯狂和属人的疯狂,因此强调爱欲事物不能脱离神圣事物来理解。为了弄清楚苏格拉底的含义,我们需要转向灵魂问题。

在这篇情赋的第二部分,①苏格拉底引入了对"关于神和人的灵魂本性的真理"的描述(245c2－3)。苏格拉底展开他的论证,意在表明灵魂是不朽的,并且以这种方式运转着某些事物。如果生命是一种运动,而如果任何出于其本性而自我运动的东西都不会停止运转其自身,那么任何运转自身的东西都是不死的。现在,如果存在着某种能运转自身的东西,那就是灵魂。但是,必然存在着某种自我运动的东西。如果有运动,那么,运动就必须有个[195]起点。一个起点不能由任何其他东西运转,否则它就不再是一个起点。既然存在着运动,就必然存在着运动的起点,而这起点因此是由自身推动的。这就是我们所称的灵魂。既然灵魂的特性就是自我运动,它就不会停止运动或死去,那么,灵魂就是不朽的。

与柏拉图作品中每个灵魂不死的论证一样,这个论证中存在着诸多疑难(柏拉图对这些疑难心知肚明)。② 这段论证的开头几个语词,pasa psuchē,既可以指"所有灵魂",也可以指"每个灵魂",因此,即便这个论证是牢靠的,也仍然存在问题:个人的灵魂究竟被证

---

① 伯纳德特注意到,这篇情赋分为九个部分(《道德与哲学的修辞》,页132－133)。

② 参见拙文[《苏格拉底的前苏格拉底主义:对柏拉图〈斐多〉结构的一些评论》]("Socrates' Pre-Socratism:Some Remarks on the Structure of Plato's *Phaedo*"),载于*Review of Metaphysics* 33,no. 3(Mar. 1980),页559－577。另见拙著[《古典悲剧与现代科学的起源》](*Ancient Trugedy and the Origins of Modern Science*),Carbondale:Southern Illinois University Press,1988,页124－133。

明是不朽的,还是仅仅被证明是某种与灵魂本性或世界灵魂相似的东西。同样不甚清晰的是,究竟是说自我运动等同于生命,还是说灵魂只是一个生命的原则。我们已经看到,亚里士多德将生命和意识作为灵魂的双重含义。苏格拉底从未解释过自我运动的灵魂如何能够运转其他事物,因此,他接下来展示的仅仅是,如果存在着运动,就必然有"某种东西"自身不被运转,而是运转其他的一切事物。无论论它是什么,若说它与我的灵魂有什么关系,却都不那么显而易见。然而,这不过是我们需要由之开始的模糊性;解作"所有灵魂(*all* soul)"的 pasa psuchē 可以以某种方式理解为对所有其他事物之运动的一个自我运转的原因,但这未必意指每个灵魂都是一个这样的原因。

这一番困难可以变换方式来表述。若说灵魂运转其自身,就是说没有任何外在于灵魂的东西开启了灵魂的运动;灵魂不是派生的。但这就意味着,灵魂恰恰以经历运动或转变而开始——灵魂总是变为它尚且不是的东西。相应地,灵魂就绝非某种稳定之物。柏拉图意欲指的就是这种东西,这个意图可以通过 to be 在当前情境下几乎完全缺席这一点来看出。① 从 245c 到 246a,有一连串、将近一打的名词句式——在句子中,各个名词并置在一起,而系动词却模棱两可,没有给出。② 这些名词被放在一起,只因为是我们将它们并置,所以似乎正是我们才将事物并列,或者通过在头脑中进行拼合,才把它们修补起来。金星和地球尽管相隔百万公里,却是同胞星球。不过,并排停靠着的两辆汽车却并非一对,除非我们将它

---

① 我的这个见解归功于伯纳德特。

② 只有两句话中包含了动词 to be——一句(245d3 – 4)说,灵魂不是被造之物,另一句(245e7 – 246a2)说,如果论证确实如此,那么灵魂就是既不生也不死的。

们看成一对。因此,柏拉图提醒我们注意灵魂的独特"运动"。
[196]就灵魂在头脑中将事物收集为一而言,灵魂"统治着"事物;
在这种运动中,灵魂显现其自身。因此,不是在苏格拉底的论证内
容中,而是在其论证形式中,灵魂使自身显现出来。灵魂作为自身
行动的结果而出现,而且只通过与这种活动的关系而得到认识。因
此,灵魂并非一种与其他存在物相似的存在物。

与此同时,这种将灵魂视为与其他存在物之间彻底独立的描
述,就与下文中将灵魂结构比喻为两匹马和一名御者的描述相抵
触。① 根据下文的描述,只要人是有爱欲的人(lover),他就推动着
自身。有爱欲的人的运动起源于一种匮乏,有爱欲的人(lover)通过
凝视作为欲望对象的被爱欲者(beloved),就认识到了这种匮乏。
但是,如果灵魂确实是自我运动的,那么它就应当将这个对象涵纳
在自身之内。然而,倘若如此,灵魂就根本不会运动了;由于已经涵
纳了自身的欲望,灵魂就将静止下来。因此,永恒运动一方面预设
了苏格拉底详加描述的自我运动,一方面又与之相矛盾。只有当欲
望的对象同时处于自身之内又无法企及时,灵魂的自我运动才能是
永恒的。在某种意义上,这恰恰是 pasa psuchē[所有灵魂]的困难。
全部的灵魂以永恒运动、因而也以自我运动作为自身的本质。成为
一个灵魂就意味着运动。但是,任何特殊的灵魂都必然极不完整,

---

① 所有这些说法都意味着,在灵魂与受到灵魂运转的事物中,将不存在
共同的秩序——受到灵魂运转的事物是指天空内部的事物和天外之境的各种
存在物,苏格拉底随后将称之为"真实存在(ousia)/在真正的(ontōs)存在(ou-
sa)之中"。所以,比如说,在一个灵魂于天界之外所见到的事物与这个秩序良
好的灵魂之间,并没有明确的关联。也并无暗示说,当御者将头伸出天外的空
间时,他所见到的东西会对他驾驭马儿的能力发生丝毫的影响。这与如下事
实有关,即滋养御者的东西(天外景象)与滋养马儿的东西(天空之下的牧场)
极为不同。

并且,即使它处于运动之中,这种运动也是"他者取向的"。特殊的灵魂必须通过外在于它的东西获得定位。

与此相应,在这则神话的下一节,当苏格拉底试图将灵魂的结构或形式(型相[idea])描述为这样的一种存在物——即它的存在就是自我运动——时,他就会把灵魂描述为两匹马儿和一位御者。然而,灵魂受到的推动并不是源于自身整体,而是源于自身的一个部分。① 对某物的运动加以描述(即加以言说)总是意味着将之描述为受到由外而来的推动。那么,尝试将灵魂的结构描述为自我运动,就是将它转换为某种与所有其他存在物相似的存在物,而那就意味着将灵魂置于静止状态,从而杀死了灵魂。在避免这个结果的同时对[197]灵魂做出描述,就是苏格拉底这篇情赋——由两匹马和一名御者组成的灵魂神话——其余部分的任务。

灵魂有如一对长着翅膀的动物和一名御者。起初,难以看清这是一对什么动物、这些翅膀长在什么动物身上,另外,也不清楚这个三一组合是否也备有一辆马车。结果证明,这对动物是一对马,至于翅膀长在什么动物身上的问题却始终没有弄清,而马车则完全未加描述。与此相应,我们从来没能知晓是什么将灵魂的各个部分统合为一——尽管无论马车是什么,都有理由说,灵魂统一体的原则同时也就是妨碍了马车上升的沉重羁负。

苏格拉底以在我们的马和诸神的马之间进行对比开篇。我们

---

① 在245c5–6,这个问题已经以某种方式在语法细节中得到了暗示。其中,对灵魂不死的论证始于宣称"推动其他事物的东西(to kinoun)同时也受到其他存在物的推动(kinoumenon)"。因为 kinoumenon 既是动词 kinein 的中动态分词,又是其被动态分词,这里就存在一种有趣的含糊性。到底是推动其他事物的东西同样受到其他事物的推动呢,还是说它借由其他事物来推动自身?

的马是混合的——其中一匹不但自身骏美良善,并且是由骏美良善的父母所生,另外一匹无论就自身还是出身来看,都与前者相反。而诸神的马则既良善,而且也出身良善。那么,不朽的灵魂——既包括人的不朽灵魂,也包括诸神的不朽灵魂——是由其他的马所生育的马所构成的吗?而如果我们的灵魂中永远有一匹劣马,那么苏格拉底接下来描述我们的堕落,又意味着什么?我们的劫数看来早已注定。根据苏格拉底所描述(的神话)的一种版本,我们的境况是永恒的。我们是无辜的,却也无法怀有希望。而根据苏格拉底所描述的另一种版本,我们的处境是自身堕落的结果。我们有希望,但同时也要经受指责。

对诸神灵魂的描述也存在着相似的问题。(此外,苏格拉底从未明确说,诸神有灵魂。)苏格拉底说,出于生有翅膀的本性,我们有力量"负重上升"(246d6),那么对一位神的灵魂来说,既然不存在困阻、没有重负,那么生有翅膀又意味着什么呢?苏格拉底的诸神对自己做些什么?既然他们是灵魂,他们就在宙斯的天界军队中飞行,神游观览(thēai)于天界之外(hyperurania,宇宙之外的所在)。然而,其中一位女神(theaí)赫斯提娅(Hestia)则留守在家。很明显,赫斯提娅不具备聆听希腊腔调(这希腊腔调尚未加上标点[as yet unpunctuated])的耳朵,她注视自己就已经满意了。现在,宙斯关心一切,而赫斯提娅作为灶神则只关心自己的事情——家。赫斯提娅有可能留在家里,这提醒我们注意一个事实——其他的神走出去,需要一个理由。为什么完美的诸神(theoí)要到别处观览景致(thēai)?为什么他们本身不是应当观看的景象?宙斯统领着一支奇怪的军队——这种军队完美地符合上升到天外的活动,但是,恰恰出于这个原因,他们没有走出天外的动机。恰恰因为诸神不希望运动,所以他们很容易运动。因此,在诸神之间没有羡慕或忌妒(247a7),但因而也没有爱欲。苏格拉底对诸神做了双重描述。宙斯指出了完美的运动力量，而赫斯提娅则指出了运动动机的完全缺乏。作为女神，她们不需要去任何地方。那么，诸神就是对完美与自我运动的成问题的结合。而诸神恰恰是我们所希望成为的。与此同时，通过使得诸神变得如此问题重重，[198]苏格拉底暗中质疑了诸神是否可能如同人们所说的那样。灵魂为了存在，就必然不完美吗？将灵魂的特性认定为爱欲式的，是否就意味着这一点？

如果诸神就其存在而言是成问题的，那么诸神所到的天外之境也同样存在问题。这个天外的所在是一种无色、无形、无法触及的"景象（sights）"。当诸神到达天外之时，他们究竟会看到什么？

> 在周行期间，灵魂俯察到正义本身，见到审慎，见到知识，不是那种仍在生成变易中的知识，也非对随时随地在变换的东西——我们如今叫这些东西为"在那里的东西"——的认知，而是对真实的东西的确确实实的认知。灵魂以如此这般的方式见到、并饱览（hestiatheisa）了那别一番在那里的东西，它就又下到天体的内部，[驾着马车]驶回自己的家。到家后，御车者把马儿牵到马厩，给马儿们喂仙食，给它们饮琼浆玉液。（247d5 – e6）①

这些存在物的确是真实的——确确实实如此——但这说法太有原子论性质。就像一个名词句式一样，天外之境将彼此并置的述

---

① ［译按］主要依据刘小枫《斐德若》译文（未刊稿），与作者的英文译文不同之处，以后者为准，有所改动，下同。

语收集在一起,但却并未描述这些述语之间的关系。它们都确实存在,但每一个都不是别的任何东西——正义是存在的,但正义并非知识。我们并不清楚,坐在天庭脊背上的诸神究竟只看到了一个存在物——也就是与天庭的脊背一同运动的存在物——还是看到了众多的存在物。无论哪种情况,在他们所见到的事物和观察的顺序中,都有一些任意的东西。与完美的写作不同,天外之境并非宇宙(kosmos)。每位神都以一种与众不同的方式将视野聚拢起来。这对人类来说尤其如此,人类(灵魂中)的御者要花费长久的时间来努力驾驭马儿,以避免因为竞争而冲撞起来。因此,即使在最好的情况下,人类也只能在这种已然原子化(atomized)的场景面前获得一种片面的视野。

即使对天外之境和诸神灵魂的描述是融贯的,但是,在对我们上升过程的描述中,也伴随着诸多费解的难题。爱欲渴望的效果之一是,有爱欲的人忘记了母亲们——不仅忘记了他自己的母亲,而且忘记了所有的母亲(252a3)。① 在后文某处,在描述赫娜(Hera)(在这段描述中,赫娜是除了赫斯提娅之外唯一被提起的女神)时,苏格拉底说,追随赫娜的人们要寻求的是帝王禀性的被爱欲者(253b1 - 2)。这位被爱欲者的性别是男性。在248d2,苏格拉底明确说,灵魂化身后诞生的人是位 anēr——一位男人。也许最令人困惑的是,[199]在251a1,苏格拉底提到,旨在生育孩子的性爱是"违背自然的"。所有这些说法都引导我们注意,到目前为止最明显的困难是什么——爱欲向来只是作为一种同性间的爱欲来理解的,爱

① "母亲、兄弟、朋友统统全忘,即便财产因疏忽流失,也满不在乎。"句中动词是单数形式,而对象是复数形式。因此看起来,他忘记了所有的母亲,或者说,忘记了母亲本身。

欲也就是男童恋（pederasty）。苏格拉底对生育的描述完全抽离了性爱的生育过程，以致性爱不再是生育的原因，相反，生育才是性爱的原因。在这种描述中，母亲们被有意地忽略了——必须忘记她们——目的是忽略人类"由二生一"的起源。兄弟姐妹也应当忘记，原因是，联结他们的是一种共同的生育起源。从这段描述的开始方式来看，所有这一切都并不奇怪。作为自我运动之物，灵魂必须为自身负责，并且自我诞生。体现在这篇情赋中的自我理想化过程（self‑idealizing），就是我们如何将自身呈现给自己的过程，看来，这个过程也是将自己理解为受自身推动（之事物）的必要条件。

灵魂需要营养才能生出翅膀，但滋养灵魂的东西却仅在必须依靠翅膀才能到达的地方获得。因此，他们必须依靠虚假的营养来喂养（doxa——"模棱两可"/"意见"），不过，这当然也会使他们止步不前。各种灵魂无法接近天外之境，因为它们在自身之内挣扎，反过来说，它们在自身之内挣扎，正是因为它们无法接近天外之境。因此，它们跌落下来是因为失去了翅膀，但是它们之所以失去翅膀，是因为在跌落过程中受了伤。重新获得翅膀的过程被描述得含糊不清，所以我们并不清楚，重获翅膀究竟是上升的原因，还是上升的结果（249d4‑8）。我们看到，灵魂选择了新的生命，但这只是为了第二次化身成人。因为灵魂是基于在第一次生命中的所见来做出选择的，所以，我们并不清楚灵魂第一次化身成人意味着什么。这样一个灵魂必须在尚未成为任何事物之时选择自己的生活。因此，对灵魂诞生的描述就预设了灵魂已经存在。灵魂忘记了母亲们，是因为灵魂将自己看作自生之物。为了将自身理解为自我运动的，灵魂必须把自身视为不朽的。但是，很难理解一个灵魂怎样才能永恒地变化。看起来，自我运动既要求有朽，也要求不朽。运转着自己的自身必须作为自身保持不变；同时，运转着自己的自身又必须与自身不同。苏格拉底对爱欲的描述旨在同时"满足"这两个要求。这个问题以线性形式来表达,便是有关回忆的论证。

只有其御者的头曾经伸出天外的那些灵魂才是人的灵魂。因此,每个人的灵魂定义都在于,它曾经见到过某些在原则上可能回忆起来的东西。当灵魂瞥见与[200]在天外之境曾经见过的东西依稀相似的事物时,回忆就受到了激发。我们清楚这种相似,因为这事物是美的。因为美的存在就在于显现(虚幻的善并非真正的善,但是,一个美丽的幻象却仍是美的),所以在所有天外的存在物之中,唯有美才是在凡间确确实实真实(to on ontōs)的东西。而由于其他的天外之物在凡间显现为美的,所以美就成了我们与所遗忘的事物之间的一条独享的通道。每个灵魂都被它认为美的东西所推动,而灵魂以何种东西为美,则要由它对诸存在物所投射的粗略一瞥的禀性来决定。

看起来,这既优美地描述了我们是如何学习的,也优美地描述了爱欲何以一方面具有普遍的意义,一方面又必然是各自与众不同的。不过,此处仍有一点儿问题。为了将自己拉回到我们曾经来自的地方,我们需要清楚,对我们来说美的东西在此处仅仅是名义上的(a namesake)。我们必然被我们所见之物推动(从 250e1 到 252a2 的语言充满了爱欲),同时我们必须看到,我们所见到的东西并非真正地在推动我们。我们已经与一位具有神之形象的被爱欲者相爱(251a2)。爱欲毕竟是属于人的,而非属于正义——这正义自身显现为美。但这意味着我们并不会爱上我们曾经见到的存在物或诸存在物的一个名相(a namesake);毋宁说我们会爱上在上升途中曾经追寻过的神的一个形象(image)(251a6)。我们爱上的是一个曾经见到诸存在物的灵魂,而不是灵魂曾经见到的诸存在物。显而易见,爱欲(erōs)从来不会直接与存在物本身相关联。所以,当我们注视一位被爱欲者时,我们所回忆起的东西仅仅是我们当前体验的另一个版本。

这一点在被爱欲者缺席之时发生的事情中得到了确证。我们面对模仿物之缺席时的反应,与面对原初事物(原初事物作为一位神,而非一个存在物,同样也是一种模仿)的缺席时的反应相同。在两种情形下,缺席都通过激发回忆从而创生出被爱欲者的一个形象来引发行动。形象以缺席的方式在场,从而使自我运动成为可能。因此,灵魂的自我运动只有在被爱欲者永恒不在场的情况下才是可能的。这种永恒的不在场正是爱欲的真相。只有当有爱欲的人把被爱欲者转化为其他某种事物的一个形象时,爱欲之爱才开始。

那么,被爱欲者的永恒不在场是如何发挥作用的?① 每个人,因为曾经做过某位神的追随者,都相应地选择自己的被爱欲者——被爱欲者反映着神的本性。但有爱欲的人怎样才能发现他们曾经追随的是哪位神呢?"在自己身上找到线索,来发现属于各自的神的天性"(252e7 – 253a1)。因此,有爱欲的人将被爱欲者作为神的镜子,而神反过来也成为他自己的镜子。在追求被爱欲者时,他无意间在追求着自己。爱欲者所追求的形[201]象——由于认为这形象是一位神,他将这形象投映到被爱欲者身上——是他自身的一个理想化的版本。这形象既是他自身,又不是。因此,作为自身对自身的追求,爱欲就是灵魂的自我运动。爱欲是可能的,只是因为灵魂将自己错认为别的灵魂。灵魂将自己外化,同时就将自己理想化——它使自己变得美好。

对于我们理解灵魂的三重结构来说,以上这些说法的结果是什

① 对这个论证,参见伯纳德特,《道德与哲学的修辞》,前揭,页 147 – 149;以及伯格,《柏拉图的〈斐德若〉》,前揭,页 62 – 64。

么？在神话的结尾,苏格拉底回头说起我们灵魂中的马儿,我们读到如下的描述:

> 两匹马儿中,在形相(eidos)方面处在更美的位置的那匹,站着挺直,形体健美,脖子高高的,鼻子有点儿钩,白色,眼睛黑黑的,爱荣誉,却不乏分寸和羞耻,是真实意见的好伴侣——驾驭无需鞭策,仅仅吩咐和交待一下就听使唤。另一匹相反——伛偻、硕大而不成比例,脖子既短又粗,鼻子扁平,皮毛黑黑的,眼睛呈带血红的灰色,喜欢肆心(hubris)和自吹自擂,耳朵上一圈乱蓬蓬的长毛,又聋——鞭打脚踢一起来都难驾驭。(253d3 – e5)

一方面,白马有着更好的美誉,另一方面,下文的描述却表明,黑马成了灵魂中的推动力,这就显得尤其奇怪。若没有黑马在行动和言辞上持续的督促,就完全不会有对被爱欲者的追求了。同样令人惊奇的是,在两匹马儿中,正是黑色的马儿努力争取一致,并进行着争论(254c5 – d1)。在对这匹黑马鲜有恭维的描述中,我们发现了“鼻子扁平”——这是苏格拉底出了名儿的独特相貌。[1] 我们还发现了肆心,苏格拉底经常受到这种指控。[2] 因此,苏格拉底看起来是把自己投映在黑色马儿身上,用以描述爱欲何以是一种自身的投映。

所有这些内容都引导我们对轻易在灵魂中划分好坏部分产生怀疑,因此,灵魂的三重结构就不再像一眼看上去那般简单。苏格拉底首先将御者和白马并置在一起,反对黑马的要求(在254b2,苏

---

[1]　例如,参见《泰阿泰德》,143e8 – 9。

[2]　例如,参见《会饮》,216b7。

格拉底以分词的双数形式将它们结成了一对儿）。苏格拉底接下来描述御者是如何驾驭两匹马儿的：

> 他们［灵魂的三个部分］来到［被爱欲者］跟前，看见他的脸光彩夺目、耀眼得很。这时，御者虽在盯着他看，其实却回想起那美的自然，然后，就看到美与审慎一起站在神像基座下；一看到它们，御者就战栗起来，敬畏令他不禁倒退一步，同［202］时不得不往后猛地一拉缰绳，使得两匹马儿屁蹾坐地，一匹心甘情愿，因为本来就不抵触御者，另一匹却犟着不依。（254b3 - c3）

在叙述的过程中，动词的时态转为不定过去时，所以，整个一番经历是以过去时态呈现的。所以，御者在被爱欲者面前倒退的“决定”表现为一次回忆——几乎是一次条件反射。

> ［御者］把那匹狂躁的马儿口中的辔头都扯了出来，搞得它那恶言恶语的舌头和下唇鲜血淋漓，把它的大腿和屁股摁倒在地，痛得［它］不死不活。由于这样子反复多次，那匹不驯的马儿不再搞不轨行径，终于俯首贴耳，听从御者看着引路，当看到那美人的美时，它也战栗得不行了。（254e2 - 8）

由于御者的经历是以“感受到了刺戳”的语词来描述的——御者为了控制黑色的马儿，恰恰被描述为对黑马进行“刺戳”（254a1），那么其中的关联就得到了确证。看起来，御者恰恰就是被先前的经历所驯服的黑马。值得注意的是，御者大概是一个人，他本人也必然会有一个灵魂，而这灵魂同样是由两匹马儿和一位御者组成的——以此类推。

将御者还原为黑色的马儿,其中有什么直白的含义? 是否可以说,将爱欲描述为回忆,意在指出,我们从来不曾直接体验到我们所称的爱欲,而我们称为爱欲的经验总是已然由"先前的经历"构成的? 那么,作为人,就意味着永远向后回望。这就是爱欲作为对形象的爱的含义。我们起初以现在时态读到的,其实是过去时。当下的经验永远是一种对过去经历的回忆。以这种方式,推动我们的事物——即我们所渴求的事物——也永远在阻止我们;也就是说,这种事物根据某种理想再现了我们当前的渴求。

白马和御者曾经像现在的黑马和御者一样结成一对儿。那么,两匹马儿之间的关系是怎样的? 为了弄清楚这一点,我们需要首先询问爱欲关系中的被爱欲者。① 有爱欲的人将被爱欲者视作神明,在他向被爱欲者表白情意时,就将这位神当作范型。被爱欲者想必会被有爱欲的人创造的形象而激发。对有爱欲的人来说,他可能对被爱欲者一见钟情,但是,为了得到爱的回应,他必须将自己的经历转换为词句(words)。但是,[203]既然有爱欲的人的形象不经意把自己做成了范型,被爱欲者就受到了他所认为的自身形象的吸引,但事实上这个形象是有爱欲的人的一个理想化版本。但被爱欲者对此并不清楚,他开始感受到一种渴望,但却不太清楚自己究竟渴望什么。此事——即从被爱欲者中产生了一位有爱欲的人——被爱欲者把它称为 philia,即友谊,而不是爱欲(erōs)。所以,我们现在有了一位被爱欲者(也就是说,他没有相爱,而是一位非爱欲者),这位被爱欲者事实上在爱着,但本人却并不知情,只是把这种经历称之为 philia[友谊]。但这正是吕西阿斯的情赋中对发言者所

---

① 　以下论证很大程度上要归功于伯纳德特。例如,参见《道德与哲学的修辞》,前揭,页 148 - 151。

做的描述——这位发言者被假定为非爱者,他称赞着 philia 的好处。

所有这一切与白色的马儿有什么关系?《斐德若》以三篇关于爱的情赋开篇。① 首先,吕西阿斯的情赋宣称说,有爱欲的人对被爱欲者并无要求。这番对冷静(dispassion)的功利式的称赞在对心智的称赞中达到顶点。吕西阿斯所讲述的有爱欲的人与被爱欲者的关系,好似心智与天外事物的关系。你爱它们;它们却并不回应。吕西阿斯的情赋,就像灵魂的御者。苏格拉底的第一篇赋称赞了节制,初看起来好像同意吕西阿斯,但事实上,这篇赋是由一个隐藏了自己爱欲的人所作的。苏格拉底把这篇赋归于斐德若,他说,只是因为自己的嘴被斐德若下了药,他才说出这篇赋来(242d11 - e1)。苏格拉底说,他被逼迫着讲话,是出于斐德若的缘故。也就是说,有爱欲的人隐藏了自己的爱,并表现得很节制,因为他被迫要投放出自己的被爱欲者所喜悦的形象。这番节制的外表就像那只白色的马儿——当然很高贵,却仍然是一只马儿。白马是黑马就高贵性作出的投映——白马是有爱欲的人与被爱欲者的一种理想化的版本,它对不可遏止、不知节制的爱欲加以约束,而爱欲的疯狂则由苏格拉底在第二篇情赋中加以称颂。因此,白马就是自我的理想化版本——自我既在自身之内,同时又永远被体验为不同于自身。由于总是表现为对另一个人的爱,爱欲看起来并不能决定灵魂的自我运动。如果一个人只是单纯地爱自己,就不存在自我运动,他就会像赫斯提娅一样留在家里,丝毫不变化、不移动,也不成长。另一方面,若是爱上完全不同于自己的东西,结果就会有点类似于自鄙;并

① 关于三篇情赋与灵魂的三个部分之间的关系,参伯纳德特,《道德与哲学的修辞》,前揭,页 152 - 154。

且,尽管爱欲意味着承认匮乏,但是如果否认这正是我们所爱的东西,就会是愚蠢的。因此,爱欲永远是对人所自认为的他者的爱欲,但事实上却是自身的一个理想化的版本——经过投映后,它显得与自己不同了。当然,由于经过了理想化,在某种意义上它的确已经有所不同。

那么,对自我推动的灵魂与具有一个形式或结构的灵魂之间的张力来说,又发生了什么变化?灵魂看起来由一种三重实体塌陷为一个单独体(a one)。这个过程不是一次完成,而是[204]通过一系列的配对才完成的。御者与白马一同有所节制,并反对黑马。御者被还原为黑马对自己的尴尬经历的回忆。最后,白马被还原为黑马的理想化投映。因此,原则上,灵魂的统一性是可以设想的。灵魂各个部分的每一个都崩塌成为另一个。然而,由于这个过程总是要求两个崩塌的部分按照残存的第三部分加以界定,这个还原过程就不可能一次全部完成。灵魂的整全性是一种运动,然而是一种具有特定结构的运动。灵魂的真相是爱欲,是爱欲在追寻自身完美的过程中使自己变得谦逊的经历。它因此得以与神圣之物相关联,因为,《斐德若》的灵魂神话中的诸神,不过就是各种类型的人分别特有的白色马儿们。

第十二章　灵魂的语法

——柏拉图《游叙弗伦》中的中动态

唐　敏　译

[205]《游叙弗伦》(*Euthyphro*)是一篇关于虔敬——我们与诸神的关系——的对话。它的场景暗示着某种紧迫的情势,因为苏格拉底马上要进入法庭,在那里听那些控告,随后将受审、被定罪和被处死。这就是作为哲人典范的苏格拉底,柏拉图使其在他的作品中不朽。因此,也许可以说,在《游叙弗伦》里最好的人谈论最好的存在者。尽管这应足以表明这篇对话的重要性,但无疑并非完全显出理解这种重要性的方法是讨论希腊语的语法。不过,我们还是需要从这里开始。

英语动词有两种语态——主动态和被动态。语态是动词的一种基本特征,因为时态、语气、体(aspect)、人称和数的变化都必须发生在某种语态中——"他看见过""我们被看过了""她将要看到""他们或许被看到""看"(to see)"已经被看到"(having been seen)等等。按照本尼维斯特(Emile Benveniste)的说法,"语态表示主语与动作之间关系的一种特定情态(attitude),经由它这个动作才获得基本的规定"。① 现在,印欧语系(我们马上

---

① 《普通语言学中的问题》(*Problems in General Linguistics*, Coral Gables, 1971),页146。随后的诸多论说概括了本尼维斯特对印欧语言中动态的简洁讨论。

会专门关注柏拉图的语言，即阿提卡希腊语）不仅有主动态和被动态，还有中动态。主动态和被动态看上去相当简单，一个涉及做出动作，一个表示经受动作——前者"我敲打"，后者"我被敲打"。但中动态要更难些，其名称就已表明，它首先似乎是一种模糊的中间状态——演化自另外两种更为基本的语态，根据希腊语语法，"通常指主语对自身或为自身（原文强调）施动"。① 但对于主语而言[206]，怎么可能不是对自身或为自己施动？这个问题自然就表明为何很难标明中动态的界限。

[我们]禁不住要把中动态认作一种混合。其名称（在公元前2世纪，它被称为 mesotēs）表明它是主动态与被动态之间的中间状态（mean），通过划分前两者的差异而得来。这在古希腊文中特别真实，除了少数例外，希腊文的中动词与被动动词的形式完全一样，人们只能在语境中确定它的意思。那么，中动词就是一个主动动词，其中我就像是自己动作的被动对象。在这一点上，它有点像现代欧语中的反身动词，它既可以翻译成被动，也可以翻译成主动，即把反身代词当作[施动]对象，在其中反身性（reflexivity）似乎从视野里完全消失了。Sich interressieren 意思是"感到有兴趣"或"使自己有兴趣"。Je me trouve 意思是"我发现自己"（I find myself）或"我在"（I am）。然而有趣的是，即便在此处，被动态之于中动态的优先性也不十分明显。我们把 aqui se habla espanol 翻译成"这里讲西班牙语"，但更字面的翻译是"这里西班牙语说自己"（Spanish speaks itself here）。②

---

① Herbert Weir Smyth，《古希腊语语法》（*Greek Grammar*，Cambridge，1980），页107。

② 我从 Carl W. Conrad 公布在网络的文章中借用了这个例子，《对古希腊语语态的一些考察》（"Observations on Ancient Greek Voice"），见 *B - Greek Archives*，1997年5月27日。

然而 Je me trouve——"我记得"——虽有一种反身形式，但[我们]很难翻译那种反身性。事实上，历史上印欧语言中存在的每个迹象[都表明]，原初的二无结构（dualism）不是主动态与被动态，而是主动态与中动态。本尼维斯特这样描述这种二元结构：

> 在主动态中，这动词表示一个动作过程在主语之外被完成。在中动态里……这动词表示一个动作过程处于主语中，而主语又在这动作过程中……主语是这动作过程的场所（seat）……；主语既是中心又是这过程的施行人。他达成了某事，但这事乃是在他身上被完成……①

由此可以推测，在古希腊语中，有些动词没有中动 - 被动形式，因为它们标示的动作他者导向（other - directed）太强，以至于无法支撑起一个这样的语态。有些（被称作异相动词[deponent verbs]）则没有主动形式，因为它们的动作如此内向化（internalized），以至于你甚至无法离开施动者的变形而去思考它。Aisthanesthai，"感知"，正是这种动词。

让我们把中动态牢记心底，并转向柏拉图的《游叙弗伦》。在这篇十三个斯式法努斯编码的篇幅的对话中，中动 - 被动动词形式出现了 291 次。其中，83 处是被动含义，208 处有中动[207]含义。然而，这种分布有点具有迷惑性，因为 52 处被动含义出现在同一段论证中，这段论证仅仅持续了一个半编码的篇幅（10a - 11b）——这论证本身发端于区分主动动词与被动动词，因而被动形式若没有反

---

① 《普通语言学中的问题》，前揭，页 148 - 149。

常的出现率,论证就不可能表述。在这个论证之前的八个编码里,中动－被动形式中,19 处是被动含义,126 处是中动含义;而在这段论证之后的四个篇码中,有 79 处中动－被动形式,10 处是被动含义,69 处是中动含义。动词,是表示动作的词语,根据《游叙弗伦》中苏格拉底的看法,"某物生成或受到影响,不是因为它是会生成的东西所以它生成,而是因为它生成所以它是会生成的东西"(10c1－3)。① 一个人被爱(被动),因为有个人在爱(主动)。相应地,被爱之所以存在,因为有爱。在一篇对话里,苏格拉底如此坚定地声称,在所有生成之物或受到影响之物中,被动都依赖于主动——这个说法大概可以涵盖所有的动词——但在这样都对话里,却又有那么多的动词显得不符合这一范式,以至排除掉那段必须多次提到被动态的反常论证,具有"被动"形式却没有被动含义的动词,比例竟然超过七比一。这不是特别奇怪吗?苏格拉底为了他的论证目的,竟无视了所有以中动态描述的"活动",这到底是什么意思?

考虑到他的主要例子,这尤为奇怪。论证中的 52 处被动态中,29 处涉及动词 philein——"去爱"(to love)。[我们]可用如下方式表述这个普遍难题。根据柏拉图(《斐德若》245c)和亚里士多德(《论灵魂》第三章第九节),灵魂自我运动。当我们试图理解这种自我运动时,我们发现自己会将灵魂分为运动的部分与被推动的部分,前者主动,后者被动。当然,如此便开始了一种倒退模式,因为此刻我们又在问:推动另一部分的这部分如何首先推动自身呢?中

---

① [译注]参看中译《游叙弗伦》,顾丽玲译,上海:华东师范大学出版社,2010,页 57－58。后文的段落参照该译本,根据作者的英译文会做改动。

动态不会允许自身被分解为主动部分与被动部分。为了避免这种倒退，柏拉图和亚里士多德都将爱作为解释灵魂自我运动的一种方式。① 我们被自身拽出自身。

《游叙弗伦》以 ti neōteron 这词开头，即"有啥新鲜事（what's new）？"更为字面的译法是，"什么成了较新鲜的（what has come to be newer）？"这是对革新的一种通常说法，甚至包括具有颠覆性的革新。游叙弗伦是个年轻人，对神圣事物有着异乎寻常的理解，并将自身定位成一位宗教预言家，但如此自誉太过以至有些滑稽（比如，他向苏格拉底保证，莫勒图斯的控告不会给苏格拉底造成什么影响）。游叙弗伦惊奇地发现，苏格拉底在王廊下转悠，这里是在诉讼案件中初步聆讯的地方。[208]他确信苏格拉底定是遭到了控告，因为苏格拉底断不会控告他人。另一方面，游叙弗伦则不仅正要控告他人，他控告的还是自己的父亲——他存在的来源——而且是控告父亲杀人（尽管那种情形非常情有可原）。于是，对话开始于对比热心的行动者（agent）游叙弗伦与永远的被动者（patient）苏格拉底。事实上，游叙弗伦是位如此典型的行动者，他把宙斯捆绑克罗诺斯作为自己的榜样（顺带一句，俄狄浦斯隐匿在这幕后）。像宙斯（事实上，克罗诺斯同样如此）一样，游叙弗伦攻击自己的父亲。捆绑克罗诺斯（他的名字与 khronos［时间］双关）标志着开启奥林波斯诸神的统治，奥林波斯诸神的名字不再像乌罗诺斯（苍天）与该娅（大地）的普通名词那样具有双重性。古希腊人的诸神是独特的存在者。他们既可成为可理解的原则（正如阿瑞斯是战争之神，他与阿芙洛狄忒的丑事可以理解成隐喻爱与战争的复杂关系［它也是《伊利亚特》的主题］），本身

---

① 参看前文第十一章和亚里士多德的《形而上学》1072b4。

也是行动者(阿瑞斯有一个身位[person],①他能被阿芙洛狄忒吸引,并与她睡一起;不同于爱和战争,波提切利[Botticelli]②可以画出阿芙洛狄忒和阿瑞斯,却画不出爱和战争的模样)。作为原则,诸神指向诸事物不变的永恒秩序。理解诸神的多样性及其相互关系也意味着理解这个世界。然而,作为身位,诸神也是创造新事物的行动者。虽然奥林波斯诸神的名字不再直接表示宇宙现象,但至少柏拉图利用了这个事实,即宙斯名字的宾格(Dia)可以解释成"原因"。③ 如果宙斯取代克罗诺斯意味着推翻时间,那么奥林波斯神的统治就代表着给这世界引入原因的可能性意味着什么,这些因不单根植于它们由以生长的过去,即不仅仅是作为结果(effects)的因。这点对于《游叙弗伦》特别重要,即这些神代表着在这世间有各种灵魂意味着什么。并非偶然的是,psuchē[灵魂]这词并未出现在《游叙弗伦》里。④ 在一个没有灵魂作用的世界,一切事物将牢牢地扎根在过去,以至于没有任何事物不可预见——没有新事物,游叙弗伦的开场问题也将没有任何意义。对话的第一句话暗示出的问题是:在这么一个世界中——它完全可理解,以至于所有的事物都有条不紊,都有一个位置,都有其根源,因而也没有真正的变化——在这么一个世界中,如何可能有行动(agency)?诸神,既是可理解的原则又是开创性的行动

----

① [译注]这里的 person 既指人的身型,又指诸神的各自的特定身位,指向每个神所代表的特定的抽象原则。

② [译注]波提切利是文艺复兴时期著名的油画家,代表作有《春》、《维纳斯的诞生》等。

③ 参看《克拉底鲁》396a - b。

④ 参 Leo Strauss,《论〈游叙弗伦〉》("On the *Euthyphron*"),载于《古典政治理性主义的重生》(*The Rebirth of Classical Political Rationalism*,Chicago and London,1989),页289。

者,他们乃是人[209]类向自身表达该问题的途径。通过言说诸神,我们为自己提出了灵魂问题,尽管我们并未充分认识到这一点。① 在某种程度上,诸神正是动词中动态的神话式样本,在中动态里,"内在于动作过程"的主语"完成某件在他身上被完成的事";一旦细致考察起来,他们又同样令人困惑。我们已经看到,尽管中动态是基本语态,但是所谓不难将其解释成出自主动态与被动态的结合,只是一种迷惑性的假象。

　　游叙弗伦行动,以便越过他拥有一个过去这一事实;他的目标是完成某种弑父行动,并实现其中伴随的所有悲剧涵义。他的首要冲动是要确证自身行动(agency)的纯净。"真可笑,苏格拉底,你竟然认为被害人是外人、家人有什么差别。相反,人们只需看看这个杀人者杀人到底正义不正义。"(4b7－9)然而,游绪弗伦接着说,他控告自己的父亲是为了清除他家里的血污。所以,为了净化先祖,

---

　　① 更深的问题是:古希腊的诸神有灵魂吗?当然,把人类灵魂与诸神联系起来谈论,这很正常。比如在《斐德若》中(246d－248c),灵魂的类型似乎通过他们跟随的神来定义。在《法义》中(899a),雅典异乡人说到每个人必须把灵魂当作一个神。但这两处都不足以说明宙斯有一个灵魂。一则,诸神的完满本身已意味着他们不可能有灵魂;一个没有渴望的存在者似乎缺乏灵魂的标志性特征。即便诗人们把诸神描写得具有灵魂的特质,比如渴望、嫉妒等等,但诗人们明确说过诸神有灵魂吗?再则,在柏拉图那里,问题要更复杂些。在《蒂迈欧》中(34a),宇宙是一位神,并且禀有灵魂。最重要的段落或许是《斐德若》246c－d,此处苏格拉底说到,"我们既没看见过神,又不能恰切地构识出一个神,只能想象神是一种不死的生物,既有灵魂又有身体,而且两者永远结合在一起"。当然,这些可能仅意味我们把不能真正结合的东西凑在了一起——即我们发明了诸神。但即便实情是这样,诸神似乎也是一个典范,代表着完美地结合完美的可理解性(intelligibility)与理解力——即给灵魂一个可理解的结构——将意味着什么。诸神对于我们而言是这样一种东西的型相:我们并不清楚我们究竟能否获得关于这种东西的型相。

游叙弗伦要攻击先祖的特性（idiosyncrasy）。他希望净化家里的血污。这似乎是虔敬经验的基本特征——它是一种身受不洁的经验，一种羞耻的经验，一种需要净化自身的经验。但这种净化行为据以实施的原则只是一个人的独特自我（idiosyncratic self）的更纯净的版本。换句话说，游叙弗伦感觉到，仅仅因为碰巧[210]属于自己，就对属己之物——特殊事物（the particular）——抱有未经审查的忠诚，这里面有某种错误。他的第一反应是基于一种虔敬纠正这一情况，但这虔敬在于对个别与独特之物的某种更深层的未经审查的忠诚。在实践上，它采取了要城邦裁决这场冲突的形式。通过将父亲告上法庭，游绪弗伦演示了某种实际的历史发展，即从诸家火神（祖先崇拜）发展到诸城邦神。苏格拉底要游叙弗伦正视他会在城邦里输掉官司的前景，游叙弗伦则以正义的名义重申他的理由——没有再提及血污。但苏格拉底接着表明诸神里面同样包含了游叙弗伦里面的张力——宙斯绑缚克罗诺斯的故事正是通过攻击神圣来净化神圣，由此，苏格拉底质疑城邦诸神。父神宙斯取代了父神克罗诺斯。游叙弗伦把自己扮演为完全负责的行动者的企图也因为自相矛盾而破裂。

游叙弗伦的案子到此为止。苏格拉底以如下方式描述自己的官司：

> 据说，他不单知道青年是怎么被教坏的（[作者按]diaphtheirontai——这是这篇对话的第一个被动动词），还知道是谁教坏的。他好像很有智慧的样子，看到我愚笨无知，教坏了他的同辈人，就像小孩跑到母亲那里一样，跑到城邦那里去告我。我看呐，在城邦的老百姓中，他是唯一一个首先这么关心青年的人，想让这些青年变得尽可能好，如同好的农夫首先关心那些幼苗，然后再去关心其他的庄稼。据米利都自己说，他首先

就要清除我们这些败坏幼苗的人,随后,显然他还会关心年长的人们,他要为城邦造最大最多的福祉。看来,他已经开始这么干了。[①]（《游叙弗伦》2c3－3a5）

这段陈述令人吃惊之处在于,苏格拉底描绘了莫勒图斯对城邦青年的理解:他把他们理解为或受滋养是遭败坏的植物。[②] 或者换种不同的说法,如果城邦是我们的母亲,难不成我们永远都是孩子,从未度过青春期而成长为我们自己？如果城邦中的这些人如此幼小化（infantilized）,以至于像植物一般,彻底受或滋养或败坏他们的环境摆布,那么,毕竟是他们一员的苏格拉底怎么可能是败坏他们的原因？或者,既然如此,莫勒图斯怎么可能是城邦青年获救的原因？对话里第一个中动－被动动词形式是 diaphtheirontai,它有被动含义——莫勒图斯[211]声称知道青年被何种方式败坏。但被败坏仅仅是被动的吗？难道 diaphtheirontai 不应该是中动动词形式吗——这样的话青年至少部分要为"败坏他们自己"负责？如果根据莫勒图斯的话去判断,苏格拉底应是年轻人中热烈讨论的话题,莫勒图斯则甚至从未见过他。伟大的老师们往往如此。他们与亚里士多德所讲的不动的推动者不无相似:他们通过榜样,通过吸引而非强迫,通过他们所是而非他们所为,推动与他们分离的东西。他们所影响的人被说服（peithonati）,而非简单地服从（peithontai）。他们是终极因,而非动力因,在自身推动的事物中预先置入了某些运动的原则。当你发现一出电影在放映（moving）,你只是在隐喻意

---

① ［译注］参照顾丽玲编译《游叙弗伦》,前揭,页30－31。
② 依照爱利亚异乡人所言,在克罗诺斯时代,人类就像植物。参看《治邦者》271a 及其以下。

义上被电影抓住。作为雅典城内炙手可热的崇拜对象,苏格拉底超过他的祖先代达洛斯(Daedalus)——他赋予他人的雕像以生命。

以宙斯为样板,游叙弗伦把自己表现为纯净的行动者,这也是他认为的虔敬的要义。另一方面,莫勒图斯指责苏格拉底破坏青年和老人与公民生活规范之间的被动顺从关系(passive acquiescence)。在莫勒图斯看来,虔敬是纯粹的被动。奇怪了,只有罪犯才是行动者。游叙弗伦自相矛盾,因为在效仿宙斯的行为时,他是被动的;莫勒图斯也自相矛盾,因为在拯救公民德性的被动性时,他是位行动者。他的虔敬变成了犯罪。行动与被动之间的这种张力为一系列关于虔敬的论证创造了条件,这些论证构成了《游叙弗伦》的主体。

苏格拉底开玩笑地打算成为游叙弗伦的学生,以便能够安排一种认罪辩诉协议(plea bargain)。① 苏格拉底将把游叙弗伦交给莫勒图斯,这个有理性的存在,游叙弗伦是苏格拉底的老师,从而必然被理解为败坏了苏格拉底。苏格拉底为了自身的目的,将莫勒图斯的看法运用到自己身上,他将求助于宣称自己是一株植物,一种完全被动的事物来避祸。当然,这就引出了是谁败坏游叙弗伦这个问题,但游叙弗伦没有留意到,因为苏格拉底已把游叙弗伦过分自信[的矛头]调转过来针对这自负本身。游叙弗伦同样没有注意到,在这种认罪辩诉协议里事情的顺序是多么荒谬。在被指控前,苏格拉底从未说到从游叙弗伦处学到过什么,然而他打算将自身的败坏归咎于游叙弗伦。因此,无论如何,在苏格拉底的所为与游叙弗伦将要说的东西之间没有任何因果联系。那么,苏格拉底的盘算有什

---

① ［译注］法律术语,指在法庭审判中,被告与起诉人达成协议,被告承认较轻的指控罪行,而起诉人相应减轻较重的指控。

么意义？既然它明显具有反讽和玩笑［意味］，那苏格拉底向喜剧的、过分自信的游叙弗伦寻求帮助，在这背后有什么严肃的意图？

苏格拉底必须为自己辩护，反对莫勒图斯的观点：时间统治一切事物，就是说，先前出现的事物完全决定［212］后来的事物；在克诺罗斯的世界，一切事物都是植物，年轻或新的事物必然仅仅是年老的事物的结果，所以在这里任何事物要成为新的都绝无可能。时间统治一切就意味着必然性统治一切。苏格拉底在他的辩护里将诉诸那个代表着时间逆转的人。游叙弗伦/宙斯是攻击莫勒图斯/克诺罗斯的工具。游叙弗伦表示那就由他取代苏格拉底好了，他这样说道，

> 凭宙斯发誓，苏格拉底，倘若他真想告我，我想我准能找出他的要害所在，那么，对我们而言，法庭上的辩论矛头首先会更多地指向他，而不是我。（《游叙弗伦》5b8 – c3）

苏格拉底刚碰见游叙弗伦，不可能是从游叙弗伦那里学来了他所被控的罪行，这是一个精心设计的玩笑，以让我们看到诸如时间暂停或逆转对于败坏的发生、对于新事物的发生乃是必要条件。莫勒图斯没有考虑到的是，他极端正统的看法本身如何产生了对这种看法本身的攻击。他还没有理解他所控告苏格拉底的事如何可能成立，游叙弗伦又如何可能以祖先的名义忤逆父亲，以及宙斯如何可能存在。传统要远比莫勒图斯意识到的复杂。另一方面，游叙弗伦此处的回应很有趣。他改变了动词的时态——想象莫勒图斯此刻试图告他，随后把整个事件放在过去，这样他就能在自己心里预演出事情的必然结果。为了设想自身意愿的胜利，游叙弗伦只能让他业已战胜了的时间之必然性重新上位。游叙弗伦不明白他对传

统的依赖。

苏格拉底的盘算是或向游叙弗伦学习为自身辩护所需的东西，或将游叙弗伦作为自身罪行的一个托辞。他以一个关键问题开始自己的学习历程：

> 所以，现在请你以宙斯的名义告诉我，我刚刚非常确信知道得一清二楚的东西，杀人也好，其他什么都好，你说说，怎样才算敬神，怎样算不敬神？或者所有的事情中，虔敬难道不是自身同一吗？而不虔敬的事情，虽与所有虔敬的事情相对，但亦是自身同一的。就不虔敬这一点而言，凡不虔敬，它都有一个什么型相吧？（《游叙弗伦》5c8 - d5）

通常认为接下来的内容是这篇对话的真正核心。苏格拉底从游叙弗伦那里探问出一系列关于虔敬的定义。［这些定义］无一成功，但至少询问事物的 idea［形相］或 eidos［型相］（即事物"本身"是什么）的过程［213］，被认为是柏拉图著名的"型相论"（theory of ideas）或"形式论"（forms）的最早范例之一。我们将会看到，苏格拉底坚持定义虔敬，极有可能使得作为能动身位的诸神从属于全然不变且被动的诸原则。不过我们这会儿已经跑到自个儿前头去了。

游叙弗伦回应苏格拉底的请求，他说虔敬

> 就是我现在所做的，杀人也好，盗窃神物也好，或者干其他诸如此类的坏事，不管这干了不义之事的人碰巧是你父亲、母亲，还是其他什么人，都得告发他，否则就不虔敬。（《游叙弗伦》5d8 - e2）

苏格拉底基于形式上的理由拒不接受这段说明,认为游叙弗伦只是给出了虔敬的例子。苏格拉底是要问"所有虔敬的事之所以虔敬,它所凭靠的 eidos[形相]"(6d10－11),然后还要问"凡不虔敬的事不虔敬,凡虔敬的事虔敬"所凭靠的那"一个 idea[型相]"(6d11－e1)。这似乎不无公允,但我们需要注意游叙弗伦的例子确实暗示了一个定义——他将自己的行为与宙斯的行为做了广泛的比较。正如施特劳斯看到的,游叙弗伦以此开始的隐含定义,即虔敬就是模仿诸神——做他们所做之事。① 游叙弗伦诸定义中最主动的这一个只是表达在字里行间——即间接地出现。既然它从未显白说出来,也就从未被驳斥。然而,它影响随后所有定义。

当苏格拉底催促他以更可接受的方式给出一个定义时,游叙弗伦回答道,虔敬就是为神所爱的,不虔敬就是不为神所爱的(6e10－7a)。首先,苏格拉底把这[说法]改成神所爱的与神所恨的(以下两种表达存在着有趣的差异——形容词短语同样也可以翻译成"爱神的"和"恨神的")。接着,他通过展示游叙弗伦自己的说法来反驳它,既然存在许多神,他们彼此之间时常不一致,同一件事物就会既为神所爱,又为神所恨,所以既虔敬又不虔敬。② 为了解决诸神在所爱事物上的多样性难题,苏格拉底帮着游叙弗伦重新解释他的第一个明确定义。虔敬现在变成所有神都爱的,不虔敬就是所有神都恨的(9e1－3)。苏格拉底对这个定义的反驳就是语法论证——对此我们已经有段时间停滞不前了。

[214]苏格拉底问道,虔敬之物是因为虔敬才为神所爱呢,还是

---

① 施特劳斯,《论游叙弗伦》,前揭,页 197－198。

② 在这个反驳的过程里,苏格拉底引入了第二种对虔敬的隐含理解——即虔敬是我们不敢否认的东西;在此则指我们不敢否认不义应受到惩罚(8c－e)。这是第一个包含畏惧之意在其中的定义。

因为为神所爱才虔敬。这里有大量问题处在不定之中。如果它因为虔敬才为神所爱，那么爱它就有理由——这个理由一旦被知晓就可能比诸神自身更高或者更值得爱。我们的虔敬或许在于模仿善爱虔敬的诸神，但诸神若爱比自身更高的事物，就不再成其为我们推崇的诸神了。如果有比作为身位的诸神更高的秩序原则，神就不再是神。另一方面，如果虔敬之所以虔敬是因为诸神爱它，那这世界的"秩序"就依赖于他们一时的突发奇想（whim）了。我们只能求助于做诸神所说，因为诸神的能力超过了我们的能力，他们爱他们所爱的理由不是我们能知道的，正如在苏格拉底道出之前，游叙弗伦也不可能知道苏格拉底在9c – d处的论证的新路线。毕竟，直到苏格拉底说"刚才你这么说的时候，我有这样的想法"（9c1 – 2）为止，游叙弗伦肯定还一直以为苏格拉底在留意听他说话呢。看起来，似乎如果诸神彻底主动，那么我们必然彻底被动。而如果诸神被动，那我们可能主动。

语法论证相当复杂，尽管如下描述有可能过于简化，但要点似乎大体如此。何处存在一个动作，何处就存在相应的被作用。苏格拉底列举了一系列例子。某物在携带是某物被携带的原因。引导是被引导的原因。看是被看见的原因。同样，爱是被爱的原因。相应地，某物为诸神所爱的原因就是诸神爱它。但是，虔敬之事肯定是因为虔敬才为神所爱，而不是因为被神所爱所以才虔敬。为神所爱是被动，就是说，这与其说涉及被爱事物的自然，不如说涉及诸神爱的行为。为神所爱本身并没有告诉我们任何有关虔敬的事情，因此，将虔敬定义为为神所爱不可能正确。尽管游叙弗伦的定义在形式上很美，对我们而言却没多大用，因为它没有告诉我们为何诸神爱他们所爱，所以我们对于应该如何行动仍然完全摸不着头脑。

目前，这个论证的困难在于，尽管它在语法上成立，事实上最终并不真正成立。苏格拉底的三个例子尤为特别。他首先举了一对分词——pheron［carrying/携带］和 pheromenon［being carrying/被携带］。在中动态里,pheromenon 又可以指"为自己赢得"(carry off for oneself),而 pheron 本身又可以指"命运"。① 在论证的末尾,苏格拉底劝告游叙弗伦找寻另外的定义,说他们在虔敬为神所爱这一事实上不会有什么"异议"(11b4)。这个"有异议"是动词 diapheresthai,[215]由中动－被动形式的"携带"组成。但显然"不同意"的主动与被动含义一样多。

苏格拉底的第二个例子也丝毫不比第一个更恰当。Agomenon 此处的意思必定是"被引导",但也有诸如"为自己引导"、"携带"、"结合"等主动含义。即便情况不如此,如果"被引导"的意思是跟随,那"跟随"当然就和引导一样是行动。不必是彻底的黑格尔派也能注意到,有时被跟随取决于那些跟随的人。此外,《游叙弗伦》的第一部分也提供了一个极其鲜明的例子,说明人如何也可能主动地被引导。尽管苏格拉底一直在跟从游叙弗伦的引导,但此处谁在掌控局面却毫无疑问。第三个"看"(horōn)与"被看"(horōmenon)的例子也不比前两个例子更好,因为 horōmenon［被看］意思也可以是"露面",让自己被看见。再者,当苏格拉底在 11a3 处问游叙弗伦"你看到没?",他是在询问游叙弗伦他是否把握其意。动词"看"是主动性的,但若是在描述我们所经历的,在某种意义上,它不也有被动含义吗?

关键动词 philein［爱］同样成问题。通常在古希腊语里,philein 指与性无关的爱,最初用来表示亲属之间的爱,后来表示朋友之间的爱。然而 philoumenon,即它的中动－被动分词常用来指称恋爱关系中的被爱者。一个被爱者完全是被动的吗? 受众人欢迎的苏格拉底

---

① 例如,可以参看索福克勒斯的《俄狄浦斯在科罗诺斯》,行 1694。

肯定明白挑逗(flirtation)是怎么一回事。主动动词怎么样呢?当我们恋爱时,我们是在做某事,还是在经历某事,抑或是在遭受某事?即便这动词意思是"成为某人的朋友",但一个人可能是一个朋友而不同时被[别人]以朋友相待吗?至少,亚里士多德不这样认为。①

仿佛主动与被动的差别还没混淆够似的,苏格拉底继续加深这个难题。先前我们分别有个"引领的事物"和对应的"被引领的事物"——即这个动词的主动和被动分词。现在,苏格拉底问某个东西是因为"它被引领"(限定的被动动词)所以才是"被引领的事物"(被动分词)呢,还是反过来。换句话说,现在这个分词被当作被动,而被动承受的动作(activity)被当做主动。换言之,苏格拉底论证的第一阶段是这样:我打你,因此你被打。第二阶段是这样:你被打,因为你处在一种被打状态。在第一阶段,"你被打"被视为被动性的,在第二阶段,则被视为主动性的。

在 10c 处,苏格拉底总体概括他的观点时,这种主动态和被动态的扩展和相对化达到了极点:

> 我想(中动态)这样说,某物生成(gignetai)或受到影响(paschei),不是因为它是会生成的东西[216]所以它生成,而是因为它生成所以它才是会生成的东西。也不是因为它是受影响的东西所以它受影响,而是因为它受影响所以它才是受影响的东西。

苏格拉底又一次以限定动词(比如,"它遭受")与分词(比如,"遭受…的某物")的差别区分了主动态与被动态。这个概括奇怪

---

① 参看《尼各马克伦理学》1155b – 1156a。

之处在于,为了表达一般性的主动含义,苏格拉底使用了一个异相动词,它有一种主动含义,但却是中动－被动形式(gignesthai)。然后,为了表达一般性的被动含义,苏格拉底使用了一个具有主动形式却有被动含义的动词(paschein)。这就引我们得出总的结论,即视乎情景,任何动词事实上都可以认为带有主动或被动含义,全取决于你看待这个动作的角度。既然反驳游叙弗伦的虔敬就是为神所爱这一看法,有赖于严格区分主动态与被动态,那么柏拉图已特意对苏格拉底的反驳提出了质疑。为什么呢?

在它的潜台词里,苏格拉底的论证促使我们询问,是不是所有的人类行为都是反应(reaction),因而都有几分是被动的。这是以另一种方式询问是不是所有生物都必然是反应型的(reactive)。一个人不可能杀死他的父亲,因为任何试图抹去过去的行为都只是再次确证这过去。因此,世上也没有如纯粹意志这种东西,无物(nothing)仅仅因为有人爱它而被爱。行动总是[对某物的]反应。这正是苏格拉底在 11a7－9 处所作区分的重要性:"游叙弗伦,当你被问到什么是虔敬时,你冒着险不愿告诉我它的本质(being),而只是说到属于它的某种 pathos/影响。"苏格拉底似乎在说,定义某物不是去描述它发生了什么事,而是说在它的存在或本质中它是什么——它的 ousia[本在]。游叙弗伦曾试图说某物的虔敬在于它碰巧被诸神所爱。然而,难道不可以有某种东西,其 ousia[本在]或存在是具有某种pathos[遭遇]吗? 它不就是我们所谓灵魂的意思吗? 灵魂离开了某种遭受或经受某种经验的力量或能力,就将什么也不是。灵魂与它的遭遇(affects)密不可分,它的存在首先就是(is)去遭受(be affected)。如果我们要将诸神理解成完美的灵魂,那他们必然有这种遭受,经受或遭受上的完美性。如此一来,崇拜他们就等于崇拜纯粹的感受力(receptivity)——即世上有"遭受"这么一种东西的事实。

[217]让我们重新开始。所有的行动最终都是由灵魂所为,但没有经受或遭际就没有灵魂(philon,即爱者,就是灵魂,而爱则是某种碰巧发生在我们身上的事情)。① 所有的行动首先是某种被经受的东西,某种被施加于人的东西。行动必然是反应,所以没有任何新颖的东西——总是只有父亲。因此,询问"有啥新鲜事?"就是在要一个并非反应的行动——一个没有前因的原因。"有啥新鲜事?"意味着"向我展示完美的灵魂,它只行动而不反应"。对于这个请求,似乎有三种可能的回应:(1)没啥新鲜的事物,我们只是植物或台球,只是时间进行中的一个个瞬间;(2)有新鲜的事物,即一个如此主动的灵魂,以至于它完全在日常时间秩序之外;或者(3)有某种居间的东西(游叙弗伦的第一句话毕竟不是"有啥新鲜事?",它在字面上是"有什么成了较新鲜的?"),我们经受,并做出反应,但我们的反应不可预期。第一种选择描述了一个无物变化的世界,它完全可理解,只是在这里没有这么一个存在者(being):对这个存在者而言任何事物都能变得可理解。② 第二项选择描述的世界中,有些存在者可以影响世界,但由于全然新颖的东西有可能随时都在生成,所以这个世界不可理解。最后,第三个选项描述了我们的世界。我们从一个时间序列里产生,而没有被这个时间序列所吞灭。我们既不是任性的诸神,能消灭时间,也不是植物。我们是有反应能力的灵魂。也许可以称它为一种拒绝的能力,一位"小神"(little god)在我们之中,这位小神与其说是在告诉我们要做什么,不如说是在告诉我们不要做什么。

---

① 在 11b1,苏格拉底对游叙弗伦说,"如果你乐意的话[即你要是喜欢(philon / dear)的话],不要向我隐瞒,从头开始,告诉我什么是虔敬"。

② 参看 Stanley Rosen,《虚无主义:哲学论文集》(*Nihilism:A Philosophical Essay*,New Haven,1969),页 162。

游叙弗伦对这个反驳感到沮丧,不过并不完全确定自己身上到底发生了什么。在回应苏格拉底要他再次尝试的请求时,他答道,

> 但是,苏格拉底,我不知道如何向你说明我的意思。只要我们提出(中动态)一个什么说法,它总是绕着(中动态)我们转,不肯在我们确立(中动态)它的地方持续存在下来。(11b 6–8)。

对此,苏格拉底回应道,游叙弗伦所说的东西像他的祖先代达洛斯的雕塑——打造得如此之好以至于它们自己就能移动。① 当游叙弗伦谴责苏格拉底是代达罗斯时,[218]苏格拉底感到非常惊讶。他说,他最喜欢的事莫过于他的论证能稳定下来;如果说是他的聪明推动了它们,那只是一种并非出于他自愿的智慧。这个插入很有启发,因为它是关于谁是运动原因上的分歧——是苏格拉底或是游叙弗伦。游叙弗伦一开始就承认,自己不能描述他周遭正在发生什么——即他刚经受了什么。因此,游绪弗伦就将一个他们自己的意愿归咎于"我们"的言辞。而苏格拉底否认自己要为运动承担任何责任,并且声称游叙弗伦才是运动的原因。于是,游叙弗伦就以责怪苏格拉底作为回应,他这样说道,"如果你不承认它们推动了自身,而坚持认为有个原因[推动],那么你就是这个原因"。苏格拉底没有否认这个指控,而是说倘若这是事实,那他一定比代达洛

---

① 代达洛斯是位神话人物,这一点在这段插入的末尾相当重要。他是一个雕刻人像的人,这像如此"真实",自己就能动起来。他给人的身体赋予灵魂。他还想出一个逃出克里特的办法,即用蜡和羽毛制成翅膀[飞走]。他的儿子伊卡卢斯(Icarus)试图飞到天上像神一样,结果太阳熔化了他翅膀中的蜡,他摔死了。孩子的父亲则较为节制,采取了中间道路,飞得既不高也不低,最后安全逃到了伯罗奔半岛。

斯更神奇,因为他能使别人的言辞运动起来,而且他这样做后,甚至不知道自己是如何做到的。所以,推动言辞的原因先被说成是言辞本身,然后转移到游叙弗伦,再转到苏格拉底,再然后又转到苏格拉底身上加他自己都没意识到的某个隐藏的部分。这一运动的意义,从游叙弗伦得出结论的方式上显现出来,他的结论是,言辞有一个自己的心智。游叙弗伦发现自己身处窘况之中,而把言辞说成是活的可以逃避窘境所带来的责难。尽管苏格拉底不让他以此方式开溜,但他们也不想这些言辞落败,或者说至少不知道他们想让言辞失败。这暗示着,虽然表面看来这些存在者与苏格拉底和游叙弗伦分离,有自己的生命,但在这种表象之下潜藏着苏格拉底和游叙弗伦的某个部分,它赋予言辞生命,却不知它这样做了。神奇的不是言辞,而是隐藏在深处的灵魂。游叙弗伦把言辞说成活的,这只是一种方式,为的是通过将自身中潜藏的力量——他的灵魂——投射到一个外在的事物之上,以便向他自己解释他自己。游叙弗伦的把言辞说成活的,揭示了我们如何造神以及为何造神。游叙弗伦企图理解事物,而这一企图使灵魂不见了,其实灵魂正是这种企图的原因,也正是此处真正所谈的东西。苏格拉底拒绝在这种"神谱"中跟随游叙弗伦,这表明苏格拉底明白使灵魂可见的方式只有一种,即从那些由灵魂对自身的困惑中产生出来的具体化的事物往后追溯。

对话第二部分的开头,苏格拉底询问游叙弗伦是不是所有的虔敬都正义,以及是不是所有的正义都虔敬(11e4 – 12a2)。游叙弗伦不能理解,[苏格拉底]表达了诧异,因为[219]"你不仅比我聪明得多,也比我年轻(neōteros, newer)得多"(12a4 – 5)。苏格拉底引入两个例子来说明他所要表达的意思。正如恐惧(deos)是一类,敬畏(aidōs)是它的一个子类(subclass);数字是一类,奇数是它的一个子类;这里同样,正义是一类,而虔敬是它的一个子类。此处有太多问题以至于没法充分讨论,但这样说必定足够了:正如模仿神是推动对话第一部分的暗含的[虔敬]定义,惧怕神则是推动对话第二部分的暗含的[虔敬]定义。随后,游叙弗伦同意虔敬是正义中与照料诸神有关的那个部分(12e)。这被苏格拉底反驳掉了,因为它暗示我们可以使神变得更好。而在寻找纠正这个定义的那个定义中,我们从诸神的牧人降格为诸神的奴隶。虔敬变成做诸神奴隶的技艺(13d)。这个定义也失败了,因为它预设诸神需要我们为他们生产某种东西。下一个提议是虔敬涉及祈祷和献祭的知识(14b)。注意两者的相对关系:一个被动,另一个主动——一个请求对方行动(action),另一个做出行动(acts)。然而,这就堕落成诸神与人类之间的一项交易,既然诸神不需要任何东西,那么在这关系中,我们不得不哄骗诸神。最后,游叙弗伦几乎绕了一个满圆,再次声称虔敬就是为诸神所爱(15b)。

游叙弗伦以一种兴奋过头(hyperactive)、自我陶醉的方式模仿宙斯,开启了这篇对话,以至于苏格拉底公开表示惊讶,怎么他也不怕自己正做的事不虔敬(4e4 – 8)。在插入代达洛斯的话题后,这篇对话发生了关键性转变。苏格拉底变得公开主动起来,潜在的议题也变成了虔敬与恐惧的关系问题。这个转变不是随意的。对话第一部分的论证完全是两难性的(aporetic),对话的作用在于把游叙弗伦置于这样一种处境里:面对某种某些他不能理解的事物,他的恐惧使他假定一种有生命的事物存在。游绪弗伦和苏格拉底共同在寻求一种虔敬的确定原则。当他们找不到时,游叙弗伦失去了信心。为了保护自己,他把逻各斯/言辞(logos)说成是活的。于是,柏拉图让我们见证了一位神如何被造成——原本是要作为一种解释,实则出于恐惧。在对话的第二部分,我们看到把言辞说成活的所带来的自然结果。首先,诸神作为解释性的隐喻生成了——如通过乌罗诺斯和该娅的结合,宇宙形成——同时又是惊奇的对象。我们把他们制作成诸神,而不单是各种原则,因为他们是作为无前因的原因,在我们的经验中只有一种事物可以和他们相提并论,那就是灵魂。由此,我们把诸神说成活的,好叫我们的世界有意义——即为了掌控世界。要这样做,我们必须使诸神比我们经验到的灵魂更强有力。然而,为了成为灵魂,诸神必须要有所有灵魂的基本特征——幽暗(opacity)。由此,他们便从[220]惊奇的对象变成了恐惧的对象。正如施特劳斯与其他人认为的,苏格拉底确实想将游叙弗伦带回他过于轻易丢弃的正统信仰。① 苏格拉底要让他敬畏神,以此惩戒他有肆心的灵魂。游叙弗伦本打算进入法庭控告他的父亲,到对话结尾处,他却"离开"了(apienai,15e)。然而,这不仅仅是一次道德教训。游叙弗伦经受的运动指向人们所谓的宗教的自然史。为了理解我们自身,我们发明了诸神——为着他们的解释力把他们作为完美行动者的样本。但他们作为行动者的完美却有毁掉我们世界的可理解性的危险,使得世界变得难以解释。一旦这种情况发生,我们必定把自身看作处在这位力量强大的行动者的控制之下,虽然这行动者是我们为了自我理解所生的工具。[到那时]除了接受奴役,没有其他选择。游叙弗伦开始的宣称——即他像宙斯——无论他愿不愿意,都导致他成了宙斯的奴隶,成了一株植物。主动态产生出被动态作为它的必然结果(corollary);两者共同掩盖了中动态,它是它们共同的起源。在某种意义上,游叙弗伦是未成年的"年轻"苏格拉底,他轻易就向莫勒图斯(一位败坏的"老年"苏格拉底)缴械。游叙弗伦是宙斯,莫勒图斯则是克罗诺斯。游叙弗伦是个主动动词,莫勒图斯是个被动动词。苏格拉底处在中动态

---

① 施特劳斯,《论〈游叙弗伦〉》,前揭,页204。

中——既是唯一要在的位置，又是一个不固定的位置。

正因为《游叙弗伦》谈的是灵魂，所以它没有提到灵魂。但它向我们呈现了灵魂的典型运动。《游绪弗伦》揭示我们灵魂的自然：灵魂必然同时既主动又被动，更确切地说，灵魂是中动态，总是倾向于分解为主动态和被动态。这篇对话处处都表现出这种不确定的二元结构的标志。虔敬的定义或明确或暗含，从模仿诸神过渡到仆人般的服从，但最终没有任何一端是稳定的，每一端都从自身中重新产生出它的反面。这篇对话包含一种类似的——即便不太明显——与哲学相关联的二元结构。一方面，这篇"早期"对话似乎提供了一种不成熟的"型相论"（theory of ideas）范本，根据这种理论，哲学在于寻求确定性的原则，这些原则使得整全可以理解。然而，另一方面，型相只是柏拉图哲学方案的一半，另外一半是着力呈现苏格拉底这个人以作为效仿的榜样。为了可以被理解，整全必须含有可理解性，但如果它含有可理解性，则它必然不是完全可理解的。"为什么人崇拜诸神？"与这个问题相对的哲学问题是："为什么人为了学习需要活生生的榜样？"苏格拉底即将在雅典受审，因为年轻人都追随他。年轻人的热爱或许跟型相论有些关系，但更明显的原因是苏格拉底提供了活的灵魂如何运作[221]的榜样。年轻人仰望苏格拉底是为了理解他们自身。这就是灵魂的方式——在与自身分离的东西中寻求自身。正是它引导灵魂将自身分解成主动的部分和被动的部分——这两部分都不能真的独自存在——然后却又只是试图恢复它原初的统一。① 或许可以称之为灵魂的语法。

---

① 因此，《游叙弗伦》意在说明，苏格拉底哲学的核心——对自我知识的寻求——如何就在人类灵魂的中心；但正是由于这原因，这也是导致苏格拉底遭受审判和死刑的核心所在。雅典人的控告苏格拉底同时也是一场自我控告。

结语:苏格拉底的灵魂

唐　敏　译

[223] 从《斐德若》中,我们可以看到 erōs[爱欲]如何在某种程度上是灵魂中的灵魂。从《游叙弗伦》中,我们看到带着本质性不完全的苏格拉底如何变得像一位神,年轻人都把他看作如何生活的榜样。《会饮》的最后一篇讲辞是阿尔喀比亚德颂扬苏格拉底,以此取代了颂扬 erōs[爱若斯]——阿尔喀比亚德是那些年轻时曾被苏格拉底吸引而跟随过他的人之一。在《会饮》中,苏格拉底阐明了自己特殊的颂扬原则:只讲真话,也就是说,从真实里挑出最美的部分,用最得当的方式把它们组织起来(198d)。这跟或许可称为苏格拉底哲学的基本原则的东西有关,即从意见/表面/doxa 开始,因为意见无论多么愚昧,都并非单纯是错的,而是总以自己的方式反映了真实——无物从无中来。于是,哲学就在于搞明白总是潜藏在事物表面之下的存在。正因为如此,哲学不仅可能甚至很有必要从探究流行的意见开始,却不可能从规定的第一原理出发构建一个演绎体系。政治哲学是哲学的"离心性的"圆心,这意味着最终无论愿不愿意,灵魂总是处在与世界的恋爱中。

在《会饮》中,这意味着苏格拉底之前的五位发言人对爱若斯的颂扬都不单纯是错误的。因此,我们期待苏格拉底自己的阐述反映这点。比如,斐德若的爱欲赞辞是向一个更高的被爱欲者(a higher beloved)献身,在结尾他如此嫉羡爱欲者的无私,以至于情难自禁,也要将这种无私归给被爱欲者阿基琉斯(179e1 – 180a7)。爱欲的最高对象看似必须被赋予灵魂这种主体(subject)的诸特征——这主体是一个自我(self),它在为某种被视为是更高的东西而自愿舍弃自身时,显示出自己灵魂的自然。它是一个愿意为他的被爱欲者去死的爱欲者。至少从一开始,这似乎就是苏格拉底的讲辞乃至他的灵魂的关键所在。

表面上,在苏格拉底的第俄提玛描述的爱欲里,诸如"我爱你"式的爱消失了,取而代之的是对美本身(to kalon kath' auto)的爱。这种爱欲以一种戏谑的方式出现,苏格拉底的用词形式[224]既可是中性,也可是阳性,这让我们看到他在模糊爱欲者与被爱欲者的身位(personhood)(198d4 – 6)。他的论证以一种成问题的方式进行到底,因为,如果爱欲仅仅是欲求拥有欠缺之物,但爱欲的对象又绝不是一个"什么",而是一个"谁",那么,一个被拥有了的"谁"还是谁吗?一个主体一旦被拥有,还是一个主体吗?这跟一个问题有关,即苏格拉底没能告诉第俄提玛一旦某人拥有美本身,他会获得什么(204d5 – 11)。

为了解释我们如何不停欲求我们似乎已经拥有的东西,苏格拉底引入了时间(206a9)。欲求总是包括欲求那当下在的将来也依然在。这必定意味着,所有欲求在其自身之内都有一个让正在欲求者——作为一个自我的灵魂——持续存在的欲求。因此,正如阿里斯托芬已经看到的(我们也可以从《斐德若》中看到),某种意义上所有的爱都是自爱。但是,让欲求主体持续存在的欲求必然也是一种让欲求对象持续缺席的欲求。我们对完美的渴求掩盖了我们对不完美的某种更深层的渴求。当赫淮斯托斯走近的时候,恋人们不能告诉他自己在渴求什么(192d2 – 9),这并非偶然。爱若斯作为对美的欲求,总是以某种方式暗示某些事物在场,这些事物在其缺席中保留着诱惑。我们爱这种缺席的在场。

由此,我们对美的经验绝不仅仅是对我们完整或完全拥有的某物的经验。美与其说是其类别中的完美范例,不如说是某种似乎跃出了它类别的东西——即似乎比它之所是(it is)要多。美的存在指向自身之外。因为美从不单纯被感知为其自身之所是(what it is),而总是被感知为更多,所以,关于美,总有某种东西让人不安,甚至混乱。① 或许可以说,我们是把美的事物作为整全中的对象来经验,美的事物指向整全的秩序。美的事物是整全之完满性的影像(image)。但是,如果整全是一种完美的秩序,每个部分都完美地契合整全,没有浪费,也没有过度地发挥作用;如果反映整全的整全中的一个部分要能反映整全,只能通过与整全的其他部分分离且不为其他部分所限制——如果这样,那么整全的这部分只能通过破坏整全的完美秩序,才可能是美的。这样破坏整全的整全性(the wholeness),等同于将似像(seeming)、因此也将虚妄(falsity)引入整全的存在。由此,美就跟整全中的这样一个部分密切相连:事物看似如何如何都是对它而言看似如何如何——这个部分便是灵魂。显然,被理解成对美的爱欲的爱,远比它初看上去要复杂得多。

美本身就字面上讲无法想象。美本身似乎[225]首先是在描述一种内在于爱欲中的倾向——撇开特殊事物,而且想要表明这种倾向同样也意味着撇开对好、幸福和不朽的占有。也就是说,第俄提玛对美本身的颂扬实则是在说明,爱若斯如何导致某种对所有属人事物的轻蔑。在这种意义上,对美本身的追求只是《会饮》中每位发言人所颂扬的东西的最极端的版本。但这种说明并不充分,因

---

① 参看拙著《古代悲剧与现代科学的起源》(*Ancient Tragedy and the Origins of Modern Science*,Carbondale,1988),页 115–116。

为它没有向我们解释,过这种净化版本的爱欲生活如何可能不带自鄙。爱欲的真相不单纯是自鄙(这似乎是阿尔喀比亚德与阿波罗多洛斯共有的东西)。至少,柏拉图似乎认为第俄提玛讲辞不完整,因为他给了我们阿尔喀比亚德[的讲辞]。

当我们考虑三件事时,第俄提玛讲辞的不完整性就浮现出来。第一点我们已经知晓,即我们对美的经验总是指向超出自身的事物。因此,我们发现美不仅让人满足,同样也让人困惑、不安,而且还是惊讶的来源。第二点,当第俄提玛把美本身置于爱欲上升的顶点,要么她错了,要么她的意思根本不是她表面在说的意思。美本身不可能是完美的 kath' auto[它本身],因为它的存在就是成为不完整——它的存在是关系性的。因此,第俄提玛必定是说,美本身因为这种不完美所以才是完美的显现——范例(paradigm)。美本身是完美地、理想地不完整的,或者也许就是不完整性的形式本身(form)。第三点,我们关于某些事物既在场又从未真正在场的经验——它必须与我们分离才能在场——恰当地描述了我们关于另一个人、即另一个灵魂的经验,该灵魂作为灵魂绝不可能被完全客体化、被确定或被固化而又不中止它之所是。

或许柏拉图的《会饮》里所有讲辞的惟一共通的特征就是,无论它宣称要颂扬什么,总是在颂扬自我。当第俄提玛让不死成为爱欲的目标时,已把这点带至明处。但随后论证奇怪地漏掉了不死,凝视美本身(theōrein kalon kath' auto)取代了"欲求自己永远拥有好的东西"。第俄提玛看到,爱自己没那么容易,因为爱你自己,你就需要认识自己、把握自己,而这些是否可能却并不如此清楚。爱欲必然与孕育、生产和胎儿有关——即与 poiein 或者说制作有关,因为自爱要求我们把我们可能爱的某种东西投射到我们自身之外。由于灵魂是为了自己而出离自己的东西(我们甚至能在进食中看到这一点),所以自爱只能以爱他者(other – love)的面目出现。当然,这意味着爱欲必然总是部分弄错它爱的对象。犯错是驱使第俄提玛上升的引擎。我们获得我们渴求的东西后,最后却只发现它并非我们所求。上升的顶点——美本身——是作为如此彻底的他者的被爱欲者,以至于它把我们完全拖出自身之外。通过这么做,美本身给我们提供了[226]关于我们自身——总是为了自己的缘故生离自己的事物——的完美投影(projection)。因此,美本身就是某种像纯粹灵魂的事物。

表达得再悖谬一点,也许可以说,美本身完美地令人不满足。于是,爱若斯最终就不单纯是一种我们想满足的欲求,不如说它是一种让不满足得到担保的欲求——即欲求确保我们的不完整。①这正是自爱所要求的。所以,美本身,作为纯粹灵魂的被爱欲者,纯粹的他者性(otherness),将不得不对无论哪个爱它的人表现得毫无兴趣;当然,第俄提玛的讲辞中也是如此。

这一切都已指向后来阿尔喀比亚德的讲辞,在那篇讲辞中我们认识到,爱欲,即便作为自爱,也总是对另一个灵魂的爱——爱你不能拥有的东西并非某些爱欲的偶然特征,而是爱欲本身的必然特征。与我们起初所想的相反,一旦我们看到第俄提玛给了我们一种我们永远不可能真正拥有的经验的理想化版本,即一个投影,我们也就能看到,阿尔喀比亚德对苏格拉底的经验(未必是他对苏格拉底的理解)并非与第俄提玛的叙述不一致,反而正是这一叙述所包含的真实。

我们若说,《会饮》伪装成一篇关于爱欲的对话,实则是一篇关于 thumos—— 愤怒或血气(spiritedness)——的对话,这并不完全错误。Thumos 是一种自我关涉的情感。这跟《会饮》开场的第一句话

---

① Gwen Grewal 告诉我这个想法。

相关——"我依我看"（dokō moi, I seem to me）。"我"在这里两次出现，可见 dokō moi 是一种特别主观的表达。① 对话的转述者，充满［愤怒］的阿波罗多洛斯，第一次说出这句话。人意识到自身不完整，却完全没意识到完整意味着什么，这种意识促成了 thumos。它是一种强有力的、在某种程度上却很空洞的自我确证。它伴随着一种遭受不义进而自尊受伤的感觉。Thumos 由此而处于政治的核心——它是人们主宰自身生活的尝试。不足为怪，它也是阿基琉斯故事的核心。另一方面，爱欲首先似乎不是这样自我关涉的，它倒是要求一个对象去吸引我们注意。但事实表明爱欲经常搞错自己爱的对象。爱欲最终欲求美本身，而美本身并不真正可爱，或者就此而言，它甚至为想象所不能及。美本身不过是对某种使我们完满所必需的东西的一种不确定的意识。其不确定性也仅仅是 thumos 之不确定性翻转的另一面。因此，对完美被爱者的欲求不是植根于爱欲而是植根于 thumos。表面上完全忽略自我的爱欲，实则是自爱——thumos［愤怒］——的最高显现。爱欲最终是自爱，自爱［227］本身最终是 thumos。所以，愤怒的阿波罗多洛斯是《会饮》恰当的转述人，而《会饮》的结尾也恰到好处，在那里阿尔喀比亚德控诉苏格拉底的内在根本就没有爱欲（unerotic），苏格拉底只想让每个人都爱他，以此作为他自我确证的手段。因此，《会饮》的最终问题是，可能根本就没有苏格拉底的爱欲这种东西。正如阿尔喀比亚德所想，不论是为了自我确证或者自我发现，苏格拉底仅仅是在利用他人。他没有爱欲。

---

① 参拙著《古代悲剧与现代科学的起源》，前揭，页 5 - 13；也参 Leo Strauss，《论柏拉图的〈会饮〉》（*On Plato's Symposium*，Chicago and London，2001），页 19。

抑或这种看法错过了要点？如果我们以 dokō moi[我依我看]
在对话中的三次出现开始[考察],就可以看到,这话最先是阿波罗
多洛斯说的,为要引出他的转述;然后由厄里克希马库斯(Eryxima-
chus)说出,他将要把爱欲的领域扩展到整个宇宙;最后是宙斯说
的,他想到了一个机智的法子来把原初的圆球人——他们攻击天庭
而获罪——切割成两半,这样既能削弱他们,又能使宙斯的崇拜者
数量翻倍。这三处运用将以下三者联系起来:第一,阿波罗多洛斯
苛刻的道德说教(puritanical moralism)、义愤与自鄙;第二,一个神
的视角——宙斯希望增加自己崇拜者的数量;第三,厄里克希马库
斯扩展了被爱欲者,使其涵括了整全。将这三者放在一起,我们就
能够看到它们正是阿尔喀比亚德对苏格拉底的理解中所包含的那
些要素:苏格拉底像神,想所有的美人都崇拜他,他内在的核心完全
节制,蔑视其他人不能如此,能够无限沉浸于沉思天上的东西。但
是,阿尔喀比亚德对苏格拉底的理解错了。毫不奇怪,阿尔喀比亚
德将自身的渴求投射到了苏格拉底身上,把他说成没有爱欲的人。
那么,柏拉图的观点是什么呢?

阿尔喀比亚德认为苏格拉底善变(fickle)。确实,对话里有一
些迹象表明他并不完全错误。只需考虑苏格拉底与阿波罗多洛斯、
阿里斯托德莫斯、阿尔喀比亚德的关系,以及他与阿伽通的调情就
够了——更不用提柏拉图了。苏格拉底似乎从不痴情于一位特定
的被爱欲者,从而排斥其他所有人,因此,他似乎是为了自己的意
图,尤其是为了自我认识而利用别人。或许这倒应该使我们去问,
通常钟情于一个被爱欲者有什么涵义。难道这不必定意味着,爱欲
者要求一种关于他的被爱欲者的知识吗？我们已经看到,如果被爱
者是灵魂,那就完全并不清楚那种知识是否真有可能。比如,我们
已经见识过,阿尔喀比亚德通过把自己投射到苏格拉底身上,从而

错解了苏格拉底。假定苏格拉底与众不同并非由于他的"爱欲"的计算式实用主义，而是因为他某种程度上总是允许自己被特定的被爱欲者吸引，但又不至于把我们所讨论的灵魂如此具体化或理想化，以至于他以为自己知道自己爱着什么或爱着谁。如果是这样，那么，一方面苏格拉底的爱欲将总是对一个特定被爱欲者的爱，但另一方面，它又从不是完全确定的，以至于排除了对所有其他人的经验。苏格拉底或许会开玩笑地说，"当我不在 [228] 我爱的女孩身旁时，我就爱我身边的女孩"，但并不完全如此，因为苏格拉底不与某个唯一的被爱欲者结合，所以对他来说爱者与被爱欲者没有明确的区分。对苏格拉底而言，爱他自己意味着爱任何一个能将他从自身抽离出来的人。因此，他可以既深深迷恋，同时又从不彻底忠诚。苏格拉底这种向他者彻底开放与自爱的统一是一种哲学的活动。在通常的爱恋中，爱者满脑子都是自己的被爱者，这意味着他不能从自己的脑子里抹除对于被爱者的某种视见——这种视见象必然会扭曲真实。但若没有任何这样的视见或形象，一个人又完全无法出离自己。这个机巧显然会让你从自身超拔出来，但又不执着于那将你超拔出来却很容易让你陷入另一个自己中去的形象。阿尔喀比亚德搞错了苏格拉底，因为苏格拉底不可能通过被所有人爱来确证自己，除非他首先将"苏格拉底"理解成一个固定和完全可知的存在。这一理解，即渴求名望（fame）——渴求 kleos——的前提条件，是对充满爱欲的灵魂的永恒诱惑。这就是阿基琉斯的奥德修斯之旅，我们的探究也由此启程。但这种对荣誉的渴求并不是非悲剧性的（nontragic）苏格拉底的真相，而是阿基琉斯的悲剧性的模仿者阿尔喀比亚德的真相。阿尔喀比亚德以一种典型的传统方式迷恋着苏格拉底，他突破了这个好色者的表层，却发现了隐藏在其核心处的自己。

索 引

Abraham, compared to Agamemnon, 127

Achaeans, 116; in epithet of Menelaus, 108; suffering on behalf of Helen (3.156–58), 116

Achilles, 7–17, 110; discovery of Hades in *Iliad*, 17; as *eidōlon* in *Odyssey*, 17; choice of *kleos*, 7–8; *mēnis* of, 7–10; mother as a god, 16n24; nobility of, 120; sending many souls to Hades, 19n26; in *Symposium*, 229; *thumos* of, 229; tragedy of, 10

Aeschylus, 6; *Eumenides*, 125n7; *Oresteia*, 69; *Persians*, 126; *Prometheus Bound*, 144n8

Agamemnon, 9–11, 15, 132; avenged by Orestes, 69; as conventional ruler, 16; sacrificer of Iphigeneia, 123–25, 131; son of Atreus, 125

agathon, 158

Alcibiades, head of Sicilian Expedition, 188; in *Symposium*, 223, 225–28; tragic understanding of life, 4

Anacreon, and Hipparchus of Athens, 186

Anaxagoras of Samos, 19n2

Antigone, 134n17, 151n27

Aphrodite: Bath of, 150n23; in *Helen*, 92, 106, 114–16, 118–19; in *Iliad*, 10, 14; as principle of intelligibility and as agent, 208

Apollo: in *Iliad*, 13, 15; in *Iphigeneia among the Taurians*, 124, 128, 129; oracle of, in *Helen*, 108, 110, 120

aporia: in *Hipparchus*, 177, 185; in tragedy, 134

archē: in Aristotle, as origin for *dianoia* (thinking through), 49; defined, 27; as principle of the Nile in Herodotus, 82–83

Archilochus of Paros, in Herodotus (*History*, 1.12), 142n2

Ares: in Herodotus, *agalma* of, 95; in *Iliad*, 14; as principle of intelligibility and as agent, 208; as universal particular, 114–15

Aristeas, resurrection of, in Herodotus, 97

aristeia, 15; of Diomedes, 11

Aristophanes, 6, 175n2; in *Symposium*, 224

Aristotle

  De Anima: absence of love as theme in, 28; *eidēsis* (psychology) in, 24–27; as first treatment of soul, 19; occurrence of term *psuchē* in, 34; regressively dyadic structure of, 23–25, 45; self-reflexivity of, 23–24; ugliness of style of, 23–24

  De Anima, soul in: apartness of, 29; atemporality of, 28; the common sense, 21–22; double detachment of, 20; doubleness of (duality, dualism of), 21–22; *energeia* (actuality) of, 33; as first entelechy, 33; function of light for, 32–33; good as governing principle of, 22; as indeterminate dyad, 52–54;

madness: Dionysus as leader into, 96;
duality of reality and significance
resolved in, in Euripides, 128; four
varieties of, 193n4; in Herodotus,
Cambyses accused of, 148; love as
divine, 192, 193; personified, 194; in
Phaedrus, of immoderate *erōs*, 203
mimēsis, derivation of term, 24
Mishnah, 150n23
muses, 5; omniscience of, 193n4
myth: of Er, 154–55; in *Phaedrus*, of
the soul, 192–93, 196–97, 201, 204;
philosopher as lover of, for Aris-
totle, 136

New Testament, *psuchē* adopted as term
for soul in, 9
Nicomachean Ethics. See Aristotle: *Nico-
machean Ethics*
Nietzsche, Friedrich, 182
nomos. See Gyges story; Herodotus

Odyssey (Homer), *eidōlon* of Achilles
in, 17
Oedipus, 2n2, 17; *arthra* as eye sockets
of, 93n5; in *Euthyphro*, 208, 214;
story of Cyrus told as story of, 125,
149
oracles: absence of, among Persians,
147n20; of Egyptians, concerning
Nile, 82; in Euripides, of Apollo,
108, 120, 128
Orwin, Clifford, 159n2, 168
Ouranos: cosmos formed by coupling
of Gaia with, 219; name doubling as
common noun, 115, 208

Pan, in Egyptian religion, 86
Parmenides of Elea, 6, 160; *psuchē* not
found in extant work, 19
Peisistratus, as father of Hipparchus
(*Hipparchus*, 228b5–6), 186
Pericles, described by Thucydides as us-
ing phrase *geōrgos anēr*, 180
Persian War. *See* Herodotus
Phaedo, 2, 6; soul as subject subordinate
to discussion of death, 19; under-

standing of death transformed into
philosophy, 175
Phaedrus: eros as madness, 193; *eros* as
pursuit of self by the self, 200–201,
203; *eros* and recollection, 202;
eternal ideas, 192; etymologies in,
193–94; gods, 197–98; immortal-
ity of soul, 194–96; logographic
necessity, 193; madness, varieties of,
193n4; myth of soul as winged pair
and driver, 23, 196–203; summary
of, 192–93
phantasia. See Aristotle: *De Anima*
philia: as creative principle in Empe-
docles, 44; double edge of mir-
roring quality of, 74; in Euripides'
Iphigeneia among the Taurians, 130;
in *Nichomachean Ethics*, as "the
good and the best," 73; in Plato's
Phaedrus, 203
philosophy. *See* names of individual phi-
losophers
phusis: in Aristotle, 26; revealed by trag-
edy as underlying *nomos*, 136
piety, 128, 131, 132, 214, 219; as based
on loyalty to the particular and
idiosyncratic, 210; child sacrifice
as sign of, 127; frequency of occur-
rence in *History*, book 2, 79; as pure
agency, 21
Pindar, 6; quotation of "*nomos* is king of
all," 88, 148
Plato: logographic necessity, 190, 192;
serious playfulness of, 191; transfig-
uration of the ordinary in, 175. *See
also aporia; Cleitophon; Euthyphro;
Gyges story; Hipparchus; Phaedrus;
Socrates*
Ploutos. See Hades
poetry: as central to Greek culture, 103;
as constituting reality of Scythians,
96; in Herodotus, hostility of Egypt
to, 75; and the political, 76; as
search for stability, 104
polis: illusion of its own atemporality,
152; individual action as a sign of
deeper willing of the structure, 69;

图书在版编目（CIP）数据

探究希腊人的灵魂 / （美）迈克尔·戴维斯(Michael Davis)著；
柯常咏等译. -- 北京：华夏出版社，2016.10
（西方传统：经典与解释）
书名原文：The Soul of the Greeks:An Inquiry
ISBN 978-7-5080-8909-6

Ⅰ. ①探… Ⅱ. ①迈… ②柯… Ⅲ. ①古希腊罗马哲学－研究
Ⅳ. ①B502

中国版本图书馆CIP数据核字(2016)第176186号

北京市版权局著作权合同登记号：图字01-2013-2532号

探究希腊人的灵魂

作　　者	（美）迈克尔·戴维斯
译　　者	柯常咏等
责任编辑	王霄翎
责任印制	刘　洋

出版发行	华夏出版社
经　　销	新华书店
印　　刷	三河市少明印务有限公司
装　　订	三河市少明印务有限公司
版　　次	2016年10月北京第1版
	2016年10月北京第1次印刷
开　　本	880×1230　1/32
印　　张	11.25
字　　数	262千字
定　　价	65.00元

华夏出版社　　地址：北京市东直门外香河园北里4号　　邮编：100028
网址：www.hxph.com.cn　　电话：(010)64663331(转)
若发现本版图书有印装质量问题，请与我社营销中心联系调换。

西方传统：经典与解释
Classici et Commentarii
HERMES
刘小枫◎主编

大革命与诗话小说——诺瓦利斯选集卷二
[德]诺瓦利斯 著

黑格尔的观念论
[美]皮平 著

浪漫派风格——施莱格尔批评文集
[德]施莱格尔 著

美国宪政与古典传统
美国1787年宪法讲疏
[美]阿纳斯塔普罗 著

品达注疏集
幽暗的诱惑——品达、晦涩与古典传统
[美]汉密尔顿 著

阿里斯托芬集
《阿卡奈人》笺释
[古希腊]阿里斯托芬 著

色诺芬注疏集
居鲁士的教育
[古希腊]色诺芬 著

色诺芬的《会饮》
[古希腊]色诺芬 著

柏拉图注疏集
哲学的奥德赛——《王制》引论
[美]郝兰 著

爱欲与启蒙的迷醉——论柏拉图的《会饮》
[美]贝尔格 著

为哲学的写作技艺一辩——《斐德若》疏证
[美]伯格 著

柏拉图式的迷宫——《斐多》义疏
[美]伯格 著

人应该如何生活
[美]布鲁姆 著

情敌
[古希腊]柏拉图 著

哲学如何成为苏格拉底式的
[美]朗佩特 著

苏格拉底与希琵阿斯
王江涛 编译

理想国
[古希腊]柏拉图 著

谁来教育老师——《普罗塔戈拉》发微
刘小枫 编

立法者的神学——柏拉图《法义》卷十绎读
林志猛 编

柏拉图对话中的神
[德]薇依 著

厄庇诺米斯
[古希腊]柏拉图 著

智慧与幸福——柏拉图的《厄庇诺米斯》
程志敏 选编

论柏拉图对话
[德]施莱尔马赫 著

柏拉图《美诺》疏证
[美]克莱因 著

政治哲学的悖论——苏格拉底的哲学审判
[美]郝岚 著

神话诗人柏拉图
张文涛 选编

阿尔喀比亚德
[古希腊]柏拉图 著

叙拉古的雅典异乡人——柏拉图《书简七》探幽
彭磊 选编

阿威罗伊论《王制》
[阿拉伯]阿威罗伊 著

《王制》要义
刘小枫 选编

柏拉图的《会饮》
[古希腊]柏拉图 等著

苏格拉底的申辩
[古希腊]柏拉图 著

苏格拉底与政治共同体
[美]尼科尔斯 著

政制与美德——柏拉图《法义》疏解
[美]潘戈 著

《法义》导读
[法]卡斯代尔·布舒奇 著

论真理的本质
[德]海德格尔 著

哲人的无知
[德]费勃 著

米诺斯
[古希腊]柏拉图 著

亚里士多德注疏集
品格的技艺
[美]加佛 著

亚里士多德哲学的基本概念
[德]海德格尔 著

《政治学》疏证
[意]托马斯·阿奎那 著

中国传统：经典与解释
Classici et Commentarii

素王微言

刘小枫 陈少明◎主编

经典与解释辑刊（刘小枫 陈少明 主编）

刘小枫集

诗化哲学［重订本］
拯救与逍遥［修订本］
走向十字架上的真
这一代人的怕和爱［增订本］
现代性与现代中国：现代性社会理论绪论
沉重的肉身
圣灵降临的叙事［增订本］
罪与欠
西学断章
现代人及其敌人
儒教与民族国家
拣尽寒枝
施特劳斯的路标
重启古典诗学
共和与经纶
设计共和
古典学与古今之争
卢梭与我们
好智之罪：普罗米修斯神话通释
民主与爱欲：柏拉图《会饮》绎读
民主与教化：柏拉图《普罗塔戈拉》绎读
巫阳招魂：《诗术》绎读

编修［博雅读本］

凯若斯：古希腊语文读本［全二册］
古希腊语文学述要
雅努斯：古典拉丁语文读本
古典拉丁语文学述要
危微精一：政治法学原理九讲
琴瑟友之：钢琴与古典乐色十讲